구조와 핵심으로 보는
하이라이트 성경 2
| 구약편 |

하이라이트 성경 구약편 2

지은이 임용섭
펴낸이 김명식
펴낸곳 (주)넥서스

초판 1쇄 발행 2014년 1월 5일
초판 3쇄 발행 2014년 1월 30일

출판신고 1992년 4월 3일 제311-2002-2호
121-840 서울시 마포구 서교동 394-2
Tel (02)330-5500 Fax (02)330-5555

ISBN 978-89-6790-643-6 04230
　　　978-89-6790-641-2 (세트)

www.nexusbook.com
넥서스CROSS는 (주)넥서스의 기독 브랜드입니다.

답답했던 성경이
시원하게 읽힌다

Highlight Bible 2

| 구약편 |
역대기~말라기

구조와 핵심으로 보는

하이라이트 성경

임용섭 지음

넥서스CROSS

이 책은 기본적으로 평신도들도 이해할 수 있는 구약 개관입니다. 신학적인 논쟁보다는 본문 중심으로 구조와 흐름을 이해하고 핵심 주제를 파악하는 데 주안점을 두었습니다. 또한 단순히 각 권에 대한 부분적인 개요가 아니라 성경 전체가 '하나님 나라'와 '언약 신학'을 중심으로 진행되는 것을 보이고자 하였고, 그래서 각 성경의 전후 문맥과 상호 연결을 중요하게 다루었습니다. 비록 학문적인 논쟁을 직접 소개하지는 않았지만 신학적인 작업의 기초 위에서 구약성경을 바르게 다루어 한국 교회에 하나님 말씀의 부흥이 일어나는 데 크게 일조할 것입니다.

_박희석 교수(총신대학교 부총장 겸 신학대원장)

신학교에서 짧은 시간 공부를 마치고 목회 현장에서 오랜 시간 뒹굴다 보니 느끼는 어려움들이 있습니다. 한 가지는 신학교에서 배운 기초 지식과 열정이 3년 정도가 지나면 바닥이 난다는 것이고, 또 한 가지는 신학교와 목회 현장과의 괴리감입니다. 신학을 성도들의 신앙생활로 풀어내고 적용시키는 것은 보통의 내공이 아니고서는 쉽지 않은 일이었습니다. 그런 면에서 구약을 관통하는《하이라이트 성경》은 구약 신학을 실천 신학과 연계하고, 신학교에서 들을 수 있는 깊이 있는 내용을 성도들의 입장에서 쉽게 이해하고 적용할 수 있는 눈높이를 맞춘 책으로 보석 같은 선물입니다. 성도들에게는 성경 읽기에 새로운 눈을 열어 줄 것이며, 목회자에게도 구약의 퍼즐을 새롭게 맞춰 볼 수 있는 귀한 도구가 될 것입니다. _김영삼 목사(성남 금광교회 담임)

이 책은 하나님 나라를 핵심 주제로 구약성경 39권의 핵심 내용을 쉽게 정리한 안내서입니다. 이전에 확실한 이해 없이 성경을 읽어 가던 이들이 이제 이 책과 더불어 성경을 읽으면 그에 대한 이해가 심화되고 증폭될 것입니다. 좋은 안내자는 모든 정보를 다 제공하는 것이 아니라, 목적지에 도달하는 데 꼭 필요한 정보만을 정확하게 제시하는 자입니다. 이 책이 바로 그러한 안내자입니다. 이러한 확신에 근거하여 본서를 기쁨으로 추천하는 바입니다. 이 책을 읽는 모든 독자가 성경에 대한 자신감을 회복하고 성경의 맛을 알고 누리고 나누기를 바랍니다.

_유상섭 목사(창신교회 담임, 전 총신대학교 교수)

이 책은 마치 예수님이 가나 혼인 잔치에서 베푸신 기적처럼, 처음 포도주보다 더 나은 포도주와 같습니다. 임 교수님의 이전 성경 개관에서 신학적 깊이가 더해지고, 그럼에도 더 쉽고 일목요연하게 〈창세기〉부터 〈말라기〉까지가 잘 정리된 구약성경 개관서입니다. 이 책을 통해 하나님 말씀의 깊은 맛을 체험하며, 다시 한 번 말씀으로 굳게 세워질 한국 교회를 기대합니다.

_이재성 목사 (신원예닮교회 담임, 예장순장총회 부총회장 겸 성경신학대학원대학교 신약 교수)

이 책을 통해 구약성경 각 권의 주요 내용과 전체 흐름을 이해하는 데 큰 유익을 얻을 수 있습니다. 또한 성경의 중심 주제가 '하나님의 나라'라는 관점에서 구약성경 전체를 설명하고 있기 때문에 구약의 맥을 잡을 수 있습니다. 내용 이해에 용이한 문체를 사용하고 있는 것도 본서의 장점이며, 요약 도표나 삽입된 자료들은 독자의 이해에 큰 도움을 줄 것입니다. 하나님의 말씀을 사모하지만 어렵다는 생각에 성경읽기를 주저하는 분들에게 꼭 추천하고 싶습니다.

_조휘 교수(아세아연합신학대학교 구약학 교수)

성경을 처음부터 끝까지 정독하기는 쉽지 않습니다. 구약은 특히 고루하게 느껴지고 이해하기 어려운 부분도 많기 때문에 더 그렇습니다. 신학교를 마치고 목사가 되는 시점에서도 구약성경이 쉽지 않아서 저는 구약을 제대로 이해하고 성도들에게 쉽게 가르치는 주의 종이 되리라는 포부를 가지고 유학길에 올랐습니다. 쉽지 않은 기간이었지만 보수적이면서도 세계적으로 인정을 받으시는 훌륭하신 스승들 특히 박사 논문을 지도해 주신 밴게메렌(W. VanGemeren) 교수님의 가르침을 받으면서 광대한 구약의 세계에 눈을 뜰 수 있었습니다.

성경의 큰 그림이 보이며 그것을 통해 하나님이 어떤 분이신지, 또 그분이 어떻게 그의 나라와 의를 이루어 가시는지 알게 되었습니다. 인간의 끝없는 반역 속에서도 여전히 세상을 사랑하시고 포기하지 않으시며, 신실하게 당신의 언약을 이루어 가시는 하나님, 마지막에는 독생자 예수를 이 땅에 보내셔서 죽도록 내어 주시기까지 하나님 나라를 이루시고, 지금도 이루어 가시며, 장차 완전히 이루실 그분의 열정적인 사랑과 선하신 뜻을 확실히 볼 수 있었습니다.

그러한 가운데 저의 관심은 어떻게 하면 이 말씀을 성도들에게 쉽게 전달할 수 있을까 하는 것이었습니다. 그래서 목회 현장에서 직접 교재를 만들어 가며 성경을 가르치고 말씀의 은혜를 나누었습니다. 그러다 조국에 돌아와 신학교 교단에서 구약을 가르쳤습니다. 그때도 저의 관심사는 학생들에게 지나치게 소모적인 학문적 논쟁보다는 성경 본문과 씨름하며 말씀의 깊은 의도와 의미를 찾도록 돕는 것이었습니다. 그렇게 해서 학생들이 "구약이 이렇게 재미있는 줄 몰랐다."고 반응하며 구약의 말씀을 이해하는 것을 볼 때 저 자신도 무척이나 기뻤습니다. 또한 기회가 닿는 대로 그 말씀의 은혜를 교회의 현장에서 직접 가르치며 함께 나누었습니다. 말씀에 갈급해 하는 신실한 성도들이 성경의 큰 그림을 통해 말씀을 더 깊이 이해할 때 말씀의 사역자로서 정말 큰 은혜와 보람을 느낄 수 있었습니다.

그렇게 강단과 교단에서 나눈 은혜의 말씀을 책으로 옮겨왔습니다. 제가 직접 나눌 수 있는 현장의 범위를 넘어서 말씀을 사모하는 분들에게 안내자가 되고자 하는 마음 때문입니다. 이 책을 통해 누구라도 성경을 쉽게 이해할 수 있도록 노력했습니다. 또한 오래 기억에 남을 수 있도록 가급적 단순화하고 체계적으로 정리했습니다. 그러면서도 성경의 세세한 부분까지 놓치지 않고 전달하려는 욕심도 부렸습니다.

물론 아직도 말씀을 대할 때마다 새 은혜를 부어 주시고 새롭게 깨닫게 하시는 것을 보면 여전히 더 배우고 더 깨달아야 할 것이 분명합니다. 그래서 성경을 "달고 오묘한 말씀"이라고 하나 봅니다. 그래도 다양한 삶의 현장에서 말씀을 붙잡고 씨름하는 분들에게 한 길라잡이가 되기를 소망하며 겸손하게 이 책을 내놓습니다. 목회지나 선교지에서 수고하는 사역자들에게는 말씀의 은혜를 나누기 위한 도구로 쓰였으면 좋겠습니다. 신학도들에게는 성경의 밑그림을 그리는 입문서가 되었으면 좋겠습니다. 그리고 누구보다도 하나님을 사랑하며 그의 나라와 그의 의를 구하는 삶을 살기 위해 말씀을 사모하는 많은 성도에게 하나의 안내서가 되기를 바랍니다.

끝으로 제가 이 자리에 서기까지 숱한 어려움과 아픔 속에서도 참고 견디며 헌신적으로 뒷바라지해 온 아내 박경이와 우리의 사랑스러운 네 자녀 경건, 사랑, 화평, 승리에게 고맙고, 항상 기도해 주신 어머니에게도 감사를 드립니다. 그리고 이미 많은 성경 개관서가 나와 있음에도 불구하고 이 책의 가치를 알아주시고 출판해 주신 (주)넥서스의 김명식 목사님과 예쁘게 책을 만들어 주신 크로스팀에게 감사를 드리며, 아울러 이 책을 위해 추천하고 격려해 주신 스승님들과 동역자들에게도 감사를 전합니다.

말씀의 사역자

임용섭

 교재 활용법

1. 장기적인 계획을 세우십시오.

이 책은 성경을 진지하게 통독하고자 하는 분들에게 도움이 되도록 만든 것입니다. 구약성경의 장르와 내용 구분을 따라 5부로 구성되어 있습니다. 각 파트는 4과로 구성되어 있어 기본적으로 한 주에 1과씩, 한 달에 1부씩 진행하면 좋습니다. 형편에 따라 일정은 조정할 수도 있을 것입니다. 다만 장기적인 계획을 세워 꾸준하게 성경과 교재를 병행하여 읽으시기 바랍니다.

2. 차례대로 읽으십시오.

이 책은 우리가 가지고 있는 성경의 순서를 따르고 있습니다. 현재 성경의 배열 역시 중요한 의미를 가지고 있다고 믿기 때문입니다. 입맛에 맞게 역사적으로 재구성하여 읽기보다는 성경의 전후 문맥에 따라 그 구성과 흐름을 살피면 전체의 그림을 볼 수 있는 것은 물론 부분에 대해 보다 깊이 있고 확실한 의미를 발견할 수 있을 것입니다.

3. 빠짐없이 읽으십시오.

성경에는 족보나 명단과 같이 읽기 힘들고 어려운 부분도 있습니다. 하지만 그것들이 의미 없이 그 자리에 있지는 않습니다. 이 교재는 그런 부분들까지 읽을 수 있도록 그 명단이나 목록의 의도가 무엇인지, 그 안의 구조가 어떻게 되어 있는지 등을 설명하려고 했습니다. 지루한 부분이라도 포기하지 않고 그 의도와 구성을 파악하면서 읽는다면, 빨리 가면서도 그 깊은 의미를 놓치지 않고 성경을 읽을 수 있을 것입니다.

4. 비교하며 읽으십시오.

구약의 〈열왕기〉와 〈역대기〉 혹은 신약의 사복음서는 같은 사건을 다양한 시각에서 다루고 있습니다. 이렇게 다른 관점에서 기록된 성경을 통합해서 한 가지 사실을 알아내려고 하는 것은 바른 읽기가 아닙니다. 그것은 같은 재료를 가지고 양념과 조리법을 달리하여 독특하게 요리한 것을 섞어서 잡탕을 만들어 버리는 것과 같습니다. 각각의 성경은 성령의 감동으로 기록된 책이므로 그 나름의 의미를 있는 그대로 각각의 성경이 전달하려고 하는 의도를 이해해야 합니다. 서로 비교하면서 읽는 것은 각각의 강조점과 독특한 관점을 파악하는 데 도움이 됩니다.

구약의 시가서나 선지서 그리고 신약의 서신서를 읽을 때도 마찬가지입니다. 각각의 성경은 다른 상황 다른 주제를 다루고 있지만 별개의 책들이 아닙니다. 거기에는 공통적인 맥락이 있고, 또 각각의 독특한 기여를 통해 공동의 신학적인 메시지를 전달합니다. 그러므로 각 성경을 읽을 때 개별적인 내용과 주제를 볼 뿐만 아니라, 서로 비교하면서 그 전체적인 구성과 흐름을 염두에 두고 읽을 필요가 있습니다.

5. 교재와 성경을 병행하여 읽으십시오.

이 책은 성경을 읽을 수 있도록 돕는 길잡이입니다. 이것은 위대한 예술 작품을 감상하도록 돕는 안내서와 같습니다. 안내서 없이도 작품을 감상할 수 있지만, 안내서를 잘 활용하면 작품의 진가를 이해하는 데 도움이 될 것입니다. 안내서 읽기와 작품 감상을 병행하듯이 이 책과 성경을 함께 읽으십시오. 이 책은 성경 전체를 대단원에서부터 소단원에 이르기까지 단계적인 단원 구분을 한 다음, 각 단원의 핵심 내용과 주제를 정리하였습니다. 그러므로 교재를 통해 단원 구분과 구조, 그리고 내용 전개의 흐름을 간략하게 살펴보고 그다음에 성경을 읽으면서 그 깊은 의미를 탐구하시기 바랍니다.

6. 도표를 잘 활용하십시오.

각 단원의 큰 그림을 쉽게 기억할 수 있도록 곳곳에 도표가 정리되어 있습니다. 각 단원의 도입 부분에서 전체 내용을 구조적으로 정리하였습니다. 그러므로 위에서 말한 바와 같이 각 성경을 읽기 전에 도표를 통해 먼저 구조적인 큰 틀을 파악하도록 하십시오. 본문에 대한 설명이 마치고 각 과의 마지막에는 핵심 단어를 도표로 다시 정리했습니다. 앞에서부터 차례로 핵심 단어를 되새기면서 차근차근 구조적인 흐름을 암기해 가면 마지막에는 전체 구조가 자연스럽게 머리에 남게 될 것입니다.

7. 목적에 맞는 교재를 사용하십시오.

이 교재는 인도자용과 학습자용으로 구분되어 있습니다.

학습자용은 성경 구절을 직접 적기도 하고 빈 도표를 채우면서 정리를 할 수 있으므로 더 활동적으로 교재를 쓸 수 있습니다. 또한 여러분이 성경에서 얻은 감동이나 깨달은 지식을 난외 여백에 기록하여 둠으로써 다음에 성경을 통독할 때 더 큰 은혜를 받을 수 있을 것입니다. 단지 수동적으로 책에서 지식을 얻는 것이 아니라 능동적으로 여러분이 책을 만들어 가는 것도 큰 의미가 있습니다.

인도자용은 난외 여백에 관련된 중심 성구들을 비롯해 경우에 따라 더 깊이 다루어야 할 내용들이 있습니다. 그러므로 성경 통독반 인도자라면 난외의 내용까지 미리 충분히 숙지해서 참여자들을 인도해야 할 것입니다. 난외주는 기본적으로 다음과 같은 내용을 담고 있습니다.

† **생각해 보세요**   본문의 의미를 다른 각도에서 생각해 보거나 보충하여 설명하는 것입니다.

† **짚어 두세요**   말씀의 더 깊은 의미나 혹은 전체 구속사에서 핵심적인 요소를 짚는 것입니다.

† **적용해 보세요**   본문의 의미를 실제 삶 속에서 적용하거나 교훈을 찾기 위한 것입니다.

† **기억하세요**   성경의 다른 부분 혹은 신약의 성취와 관련된 사항을 새겨보는 것입니다.

1. 통독 과정을 함께 하십시오.

말씀을 묵상하면서 하나님과 일대일의 인격적인 관계를 갖는 것은 아주 중요합니다. 그러나 동시에 말씀의 은혜를 공동체 안에서 함께 나누는 것에도 많은 유익이 있습니다. 더구나 혼자 성경 통독을 결심해서 처음에는 열심히 하다가 중간에 멈춰 버리는 경우가 많지 않습니까? "빨리 가려면 혼자 가고, 멀리 가려면 함께 가라."는 말을 기억하십시오. 교회 안에 성경 통독 과정이 있다면 함께 참여하고, 혹시 없다면 담임 목회자의 허락을 얻어 몇 사람이 함께 일정을 맞추어 통독하는 것이 유익합니다.

2. 결단하고 헌신하십시오.

이 교재는 4과씩 5부로 구분되어 있습니다. 처음부터 끝까지 모든 과정을 마치면 좋겠지만 그렇지 못한 경우에는 적어도 4과로 된 1부를 마칠 수 있도록 결단하고, 시작한 것은 빠짐없이 그리고 끝까지 마치십시오. 1부와 2부는 구원 역사의 기본적인 틀을 세우는 과정이므로 차례대로 함께 마치는 것이 좋습니다.

3. 교재와 함께 성경을 읽으십시오.

이 교재는 성경을 대신하는 책이 아닙니다. 구조와 핵심을 파악하여 성경을 이해하도록 돕는 길잡이입니다. 통독 학교 과정에 참여한다면 성경을 미리 읽어 가는 것이 좋습니다. 이 교재 각 과의 앞부분에 있는 간략한 설명 그리고 구조와 요점을 미리 읽어서 대략의 흐름을 파악한 다음 성경을 미리 읽고 공부에 참여하십시오. "아는 만큼 보이고, 아는 만큼 들립니다." 공부를 마친 후에 혼자서 성경을 다시 정독하면서 내용을 깊이 있게 음미하십시오.

4. 큰 흐름에 집중하십시오.

이 교재의 목적은 성경 통독을 하면서 하나님 나라를 거시적으로 보는 것입니다. 그러므로 함께 공부하는 자리에서 큰 흐름을 이해하는 데 집중하시고 부분적인 질문이나 논쟁은 삼가십시오. 궁금한 것은 수업 후에 따로 질문하거나 다른 자료를 찾아보도록 하십시오. 또한 성경에는 우리의 구원에 필요한 말씀은 충분하게 기록되어 있지만 모든 것을 다 기록한 것은 아니라는 것을 기억하십시오. 그러므로 성경이 가는 데까지 가고 멈추는 데서 멈추십시오.

5. 도표를 활용하여 구조를 체계적으로 기억하십시오.

각 단원을 시작하면서 도표를 보고 전체의 구조를 먼저 이해하도록 하십시오. 단원 공부가 끝난 후에는 각 과의 마지막에 핵심 단어 정리가 된 도표를 채우면서 차례로 암기해 보십시오. 도표를 보지 않고서도 큰 단원부터 중간 단원 그리고 소단원에 이르기까지 기억하도록 반복 학습을 하십시오.

Contents

3부 욥기~아가
노래와 지혜
088

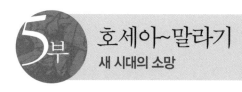

개요

성경은 드라마 같은 책

성경은 잘 짜인 '드라마'와 같습니다. 허구라는 말이 아니라 시작부터 끝까지 통일된 흐름이 있고 그 안에 여러 요소가 서로 잘 연결되어 있다는 의미에서 그렇습니다. 성경은 각각 다른 저자에 의해 다른 배경에서 기록된 66권으로 구성되었지만 이것은 단순하게 여러 단편을 모아 놓은 수집물이 아니고 성령의 감동으로 기록된 한 권의 하나님 말씀이기 때문에 성경 각 권은 서로 연결되어 있으며, 통일성이 있습니다.

드라마 비유를 좀 더 활용하자면, 이 드라마의 총감독은 하나님입니다. 모든 것을 처음부터 계획하시고 진행하시고 완성하십니다. 이 드라마의 주인공은 예수님이고 성령님은 연출을 담당합니다. 삼위일체를 논하자는 것이 아니고 역할을 비유하는 것입니다. 연출 담당은 감독의 의도가 잘 드러나도록 배우들을 지도하는 것이기 때문에 성령님은 사람들을 감동시키시며 역사의 진행을 이끌어 가십니다. 감독과 연출이 드라마를 만드는 데 중추적인 역할을 하지만 관객들의 눈에는 보이지 않습니다. 주인공이 가장 눈에 띄는 것처럼, 우리 눈으로 볼 수 있도록 육신을 입고 오신 예수님이 이 드라마의 주인공입니다. 그래서 모든 성경이 예수님에 대해 증거하고 있습니다(요 5:39).

성경의 중심 주제는 하나님 나라

성경이 펼쳐 보이는 드라마의 주제는 "하나님 나라"입니다. 성경은 우리에게 하나님 나라를 계시합니다. 그래서 성경을 통해 하나님 나라를 아는 것이 아주 중요합니다. 예수님은 공생애 기간 동안에 '하나님 나라 복음'을 전하는 일을 최우선으로 하셨습니다(눅 4:43, 8:1; 행 1:3). 또 여러 비유로 하나님 나라에 대해 가르치셨고(막 4:30), 제자들을 보내신 목적도 하나님 나라를 전파하게 하시려는 것이었습니다(눅 9:2). 사도 바울도 이 대열에 합류하여 하나님 나라를 증거하는 사역을 했습니다(행 19:8, 28:31).

예수님과 제자들이 하나님 나라를 증거한 것은 환상이나 신비적인 체험으로 어떤 낙원을 보고 와서 그런 곳이 실재한다고 간증하는 형태가 아닙니다. 사도 바울은 셋째 하늘에 이끌려간 체험이 있었지만 그것을 하나님 나라라고 말하지도 않았고, 더구나 그 체험이 자기 자랑이 되지 않도록 거기에 대해 더 말하지 않는다고 했습니다(고후 12:1~6). 하나님 나라는 그런 것이 아니기 때문입니다. 바울은 로마에서 "아침부터 저녁까지 강론하여 하나님 나라를 증언하고 모세의 율법과 선지자의 말을 가지고 예수에 대하여 권하더라"고 했습니다(행 28:23). 한마디로 구약성경의 말씀으로 하나님 나라와 예수에 대한 복음을 전했다는 것입니다. 그러므로 우리는 신약성경은 물론이고 구약성경을 통해서도 하나님 나라와 예수 그리스도를 제대로 알고 또 다른 사람들에게 이 복음을 전해야 합니다.

하나님 나라는 하나님의 통치가 이루어지는 곳

하나님 나라는 '하나님의 통치가 이루어지는 곳'입니다. 이것을 좀 더 세부적으로 살펴보려면 일반 정치에서 말하는 나라의 3대 요소 즉 영토, 국민, 주권을 대입해 볼 수 있습니다. 즉 하나님 나라는 주권자이신 하나님(王), 통치를 받는 하나님의 백성, 그리고 그 백성이 살아가도록 주어진 땅으로 구성되어 있습니다. 여기에서 왕이신 하나님과 백성은 일종의 '언약' 관계로 결속됩니다. 즉 백성은 왕을 존중하고 그의 말씀에 순종하며, 왕은 자기 백성이 그 땅에서 평안하게 살도록 통치하고 보호합니다.

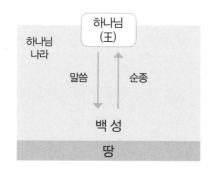

하나님 나라의 역사

이런 기준에서 봤을 때 하나님이 이 세상을 창조하신 사건 자체가 하나님 나라의 시작입니다. 주권자이신 하나님이 세상을 무(無)에서 유(有)로 창조하셔서 통치 영역을 만드셨고, 사람을 비롯해 모든 피조물을 만드셔서 하나님의 통치 아래 살게 하셨습니다. 에덴동산을 하나님 나라라고 하는 말들이 있는데, 이것은 세상과 눈에 보이는 실재를 저급하게 생각하는 이원론의 영향에서 나온 결론입니다. 즉 이 세상은 악한 것이므로 하나님 나라는 세상과 다른 곳에 있는 어떤 이상낙원이라고 생각하는 것입니다. 그러나 세상이 악하게 된 것은 타락 이후입니다. 성경의 증거에 따르면 하나님이 세상을 선하게 창조하셨고 모든 것이 하나님 보시기에 좋았습니다. 그러므로 에덴동산만 하나님 나라가 아니고 창조된 모든 세상이 하나님 나라로 시작했습니다. 여기에서 에덴동산은 땅위에 있는 하나님 성소로서 중앙 정부 혹은 왕궁이 있는 수도(首都)와 같은 곳입니다.

하나님 나라에서 인간은 특별한 역할을 가지고 있습니다. 하나님이 사람을 특별히 그의 형상대로 창조하셔서 그들에게 모든 피조물을 다스리도록 통치권을 위임하셨기 때문입니다. 그러나 사람은 절대적인 주권을 갖는 것이 아니라 여전히 하나님의 권위 아래 있어야 합니다. 다시 말해서 인간은 모든 다른 피조물에 대하여 하나님의 대리 통치자이되 하나님의 명령에 순종하는 하나님 백성입니다. 이런 맥락에서 하나님이 사람에게 선악과를 먹지 말라고 명령하신 것은 절대 주권자이신 하나님과 위임 통치자인 사람 사이의 위계질서를 세우는 것입니다. 그러므로 여기에는 비록 언약이라는 말이 사용되지는 않았지만 하나님과 사람 사이에 '언약'이 성립된 것을 알 수 있습니다. 하나님과 인간 사이에 선악과 금령을 통해 언약 관계가 맺어짐으로써 하나님은 만물의 영장인 인간 위의 최고 주권자가 되시며, 인간의 다스림 아래 있는 세상은 여전히 하나님 나라로 유지되는 것입니다.

대리 통치자인 인간은 하나님의 권위 아래 있어야 하는데 사탄의 유혹에 넘어가 하나님과 같아지려는 마음에 선악과를 따 먹었습니다. 이것은 하나님 나라에 큰 위기를 가져왔습니다. 위임받은 통치자가 최고 통치자에게 반역한 상태에서 하나님의 통치가 바르게 실현될 수 없기 때문입니다. 이 상황에서 어떤 선택이 있을까요? 하나님이 반역한 대리 통치자를 제거하시든지, 인간을 대체할 다른 존재를 세우시든지, 그것도 아니면 아예 세상을 없애버리셔야 할 것 같습니다. 그런데 하나님은 그 가운데 어떤 것도 선택하지 않으셨습니다. 단지 인간을 에덴동산에서 쫓아내시고 죽음의 저주 아래 있게 하시되 세상의 불완전한 역사가 그대로 진행되게 하셨습니다. 이것은 포기나 방관이 아니라 하나님은 세상의 역사 가운데 하나님 나라를 회복하시고 완성하려는 보다 큰 계획을 실행하시려는 것입니다. 이 모든 것의 시작부터 진행 그리고 완성에 이르기까지 사람들이 알아야 할 하나님 나라에 대한 계시의 말씀이 기록된 책이 바로 성경입니다. 그러므로 우리는 이 성경 안에서 하나님 나라를 이루어 가시는 하나님의 뜻과 역사를 볼 수 있습니다.

하나님 나라 역사의 주역들

성경이 하나님 나라를 보여 주는 드라마라고 한다면, 그 드라마의 주인공은 앞에서도 말했듯이 바로 예수 그리스도입니다. 보통 드라마에는 주인공

과 함께 드라마를 이끌어 가는 조연들이 있습니다. 하나님 나라의 역사에도 예수님 외에 중요한 인물들이 많이 있지만 그중에서 가장 중추적인 역할을 하는 인물은 아브라함과 다윗입니다. 〈마태복음〉 1장 1절은 예수님을 소개하는 첫 머리에 그를 "아브라함과 다윗의 자손"이라고 했습니다. 〈누가복음〉 역시 예수님의 출생 기사에서 아브라함과 다윗을 아주 비중 있게 다룹니다 (눅 1:32, 55, 69, 73). 그만큼 아브라함과 다윗이 중요하다는 것을 알 수 있습니다.

이 두 사람이 중요한 이유는 하나님이 그의 나라를 회복하시려는 계획을 따라 이들이 약속을 받았기 때문입니다. 아브라함은 '땅'과 '자손'의 약속을 받았습니다. 즉 하나님은 아브라함의 자손으로 큰 민족을 이루시고 가나안 땅을 그와 그 자손에게 기업으로 주시겠다고 약속하셨습니다(창 12:1~3, 13:14~17, 15:5~7, 17:1~8, 22:16~18). 이것은 나라의 3요소 중에서 영토와 국민을 준비하시는 일입니다. 물론 주권은 하나님에게 있습니다. 하나님이 아브라함을 택하신 목적은 그 자손들로 "여호와의 도"를 지키게 하시려는 것입니다(창 18:19). 즉 하나님은 아브라함의 자손으로 하나님의 통치에 순종하여 하나님 법을 지켜 행하는 백성을 삼으려고 하신 것입니다. 여호와의 도는 모세 시대에 가서 율법으로 성문화되었습니다. 그동안 하나님은 아브라함과 이삭과 야곱에게 약속하신 대로 한 큰 민족을 이루셨습니다. 그리고 애굽의 속박 아래 있던 이 민

족을 구출하여 시내 산에서 이들에게 율법을 주시면서 그들과 공식적인 언약 관계를 세우시고 그들을 약속의 땅에 정착하게 하셨습니다. 그렇게 해서 이스라엘은 "여호와를 자기 하나님으로 삼은 나라 곧 하나님의 기업으로 선택된 백성"이 된 것입니다(시 33:12). 하나님은 이들만 복을 주시려는 것이 아니라 이들을 통해서 천하 만민이 복을 얻게 하시고자 했습니다(창 12:3). 그렇게 해서 온 세상이 하나님 나라로 회복되게 하시려는 것입니다.

하나님 나라 회복 계획을 이루시기 위하여 다음 단계로 하나님은 이스라엘에 다윗 왕조를 세우셨습니다. 하나님의 마음에 합한 사람 다윗에게 기름 부어 대리 통치자로 세우시고 그에게 영원한 '왕권'을 약속하셨습니다(삼하 7:8~16; 시 89:19~37). 그래서 그의 후손들이 다윗과 같이 정직하게 나라를 다스려 하나님의 뜻이 그 땅과 그 백성 가운데 이루어지기를 원하셨습니다. 그러나 불행하게도 그 후손들은 하나님의 명령을 지키지 않았고 그 백성은 타락하였습니다. 하나님은 선지자들을 통해 그들에게 끊임없이 경고하시며 돌아오기를 권고하셨지만 그들은 돌아오지 않았고 그래서 결국 이스라엘은 망했습니다. 아브라함과 다윗에게 주신 모든 약속도 무산된 것 같았습니다. 선택받은 백성은 약속의 땅을 잃었고, 다윗 왕조도 끊어졌기 때문입니다.

하나님은 선지자들을 통하여 심판의 경고를 주시면서 동시에 구원과 회복의 약속도 주셨습니다. 불완전한 인간의 끊임없는 실패에도 불구하고 하나님은 포기하지 않으시기 때문입니다. 그 약속은 하나님이 다윗과 같은 의로운 왕을 다시 세우시고 그 백성으로 약속의 땅에 다시 정착하게 하시며, 의롭고 복된 영원한 나라를 이루신다는 것이었습니다. 이와 같은 하나님의 회복의 약속은 일차적으로 그 백성이 바벨론 포로에서 귀환하여 나라를 재건하는 것으로 성취되었습니다. 그러나 이것은 다윗의 후손으로 나신 하나님의 아들 예수 그리스도로 말미암아 이루어질 완전한 하나님 나라의 예표요 그림자입니다. 예수 그리스도 안에서 아브라함과 다윗에게 주신 하나님의 약속이 온전하게 성취됩니다(참고. 행 13:17~23). 그런데 그 나라는 이스라엘 민족과 가나안 땅의 범위를 넘어서고 있습니다. 예수 그리스도 안에서

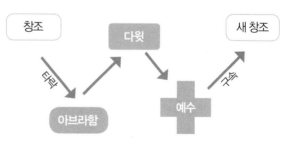

하나님 나라의 역사적 진행

이방인까지 아브라함의 자손이 되어 약속의 땅을 유업으로 받고(갈 3:14, 29), 구원받은 모든 성도가 새 하늘과 새 땅에서 세상을 이기신 "다윗의 뿌리"와 함께 땅에서 영원히 왕 노릇하게 될 것입니다(계 5:5, 10). 이렇게 해서 예수 그리스도를 통하여 아담이 가졌던 처음 사람의 왕권이 회복되고, 예수 그리스도의 왕권이 견고해지며, 더 나아가 만물을 그 발 아래 두신 예수 그리스도가 나라와 권세와 영광을 아버지께 돌림으로 하나님의 통치가 온 만물 위에 굳게 설 것입니다(참고. 요 15:28).

성경의 구성

아브라함과 다윗과 예수 그리스도를 통하여 하나님 나라를 이루시는 하나님의 뜻과 역사가 한 권의 성경에 기록되어 있습니다. 그중에서 구약성경은 아브라함 언약과 다윗 언약을 따라 언약 백성 이스라엘을 중심으로 진행됩니다. 신약성경은 아브라함과 다윗의 언약을 이루어 가시는 예수 그리스도를 증거하며, 이스라엘을 넘어서 온 세상에 이루시는 하나님 나라와 그의 의를 보여 줍니다.

창세기~룻기(아브라함 언약)

〈창세기〉부터 〈룻기〉는 아브라함의 언약을 중심으로 펼쳐지는 하나님 나라의 역사입니다.

(1) 〈창세기〉는 하나님이 아브라함을 택하시고 땅과 자손에 대한 약속을 주셨으며 그 약속이 이삭과 야곱에게로 이어지는 것을 보여 줍니다.
(2) 〈출애굽기〉, 〈레위기〉, 〈민수기〉, 〈신명기〉는 하나님이 애굽에서 큰 민족을 이룬 야곱의 자손을 구출하여 약속의 땅으로 인도하시는 여정을 다룹니다. 여기에는 이 백성이 언약 백성으로서 지켜야 할 하나님의 법도 기록되어 있습니다.
(3) 〈여호수아서〉, 〈사사기〉, 〈룻기〉는 이스라엘 백성이 가나안 족속을 정복하고 그 약속의 땅에서 살아가는 역사를 담고 있습니다.

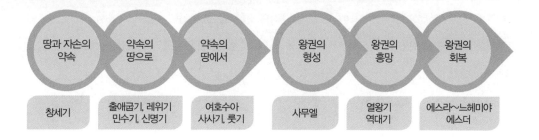

사무엘서~에스더(다윗 언약)

〈사무엘서〉부터 〈에스더서〉까지는 다윗에게 약속하신 왕권을 중심으로 전개되는 역사입니다.

(1) 〈사무엘서〉는 이스라엘에 왕권이 세워지는 과정을 다룹니다. 다윗이 하나님에게 선택받고 사울의 박해를 받다가, 사울이 죽고 나서 온 이스라엘의 왕이 되었습니다. 그리고 그의 후손이 대대로 이스라엘을 다스릴 것이라는 왕권의 약속을 받았습니다.

(2) 〈열왕기〉와 〈역대기〉는 다윗 후손이 왕으로서 다스리는 이스라엘의 흥망성쇠를 보여 줍니다. 솔로몬 때에 완전한 평화가 이루어지고 성전이 건설되어 하나님 나라의 정점을 이루는 것 같았지만, 솔로몬의 변심과 그 후 왕들의 범죄로 결국 이스라엘이 망했습니다.

(3) 〈에스라서〉와 〈느헤미야서〉는 포로로 잡혀갔던 언약 백성이 바벨론에서 돌아와 성전을 재건하고 성벽을 다시 쌓으면서 나라를 재건하는 왕권의 회복 역사를 다룹니다. 〈에스더서〉는 같은 시기에 이방 땅에 흩어져 있으나 하나님의 보호를 받는 언약 백성의 역사를 담고 있습니다.

욥기~아가(시가서)

〈욥기〉부터 〈아가서〉까지 다섯 권은 시와 노래로 구성되어 있기 때문에 시가서라고 합니다. 그래서 형식적으로 산문으로 기록된 율법서(〈창세기〉~〈신명기〉)와 역사서(〈여호수아서〉~〈에스더서〉)와 구분되고, 내용적으로도 차이가 있습니다. 율법서는 언약 백성의 초기 역사와 언약 백성이 지켜야 할 하나님의 규범을 담고 있습니다. 역사서는 하나님의 약속과 율법을 받은 언약 백성이 약속의 땅 가나안에서 어떻게 살았는지 그 역사를 기록한 것입니다. 시가서는 역사보다는 언약 백성으로 살아가면서 이들이 느낀 내면적인 감정을 표현하고, 또 거기에서 나온 사상과 지혜를 담은 기록입니다. 그래서 시가서에는 언약 백성을 위한 현재적인 교훈이 많이 들어 있습니다.

이사야~말라기(선지서)

구약성경의 마지막은 선지서입니다. 분량에 따라 대선지서와 소선지서로 구분되어 〈이사야서〉부터 〈다니엘서〉까지는 대선지서, 〈호세아서〉부터 〈말라기서〉까지 열두 권은 소선지서로 분류됩니다. 선지서는 주로 시로 기록되어 있어 형식에 있어서는 시가서와 비슷하지만 내용에 있어서는 율법서 및 역사서에 긴밀하게 연결되어 있습니다. 한마디로 그 백성의 과거 역사를 청산하고 새로운 미래가 열리는 것을 예언하는 것입니다. 즉 선지서는 한편으로 언약 백성이 하나님의 율법대로 살지 아니하여 언약의 저주대로 나라가 망하고 그 백성은 약속의 땅에서 쫓겨나 이방 땅의 포로가 된다는 심판의 경고를 담고 있습니다. 또 다른 한편으로 심판 이후에 궁극적으로 하나님이 그 백성을 구원하시고 나라를 회복하신다는 구원의 약속도 들어 있습니다. 이 약속으로 말미암아 구약은 새 시대가 열리는 신약으로 연결됩니다.

〈구약성경 39권〉

마태복음~요한계시록(신약성경)

신약성경에 대한 구체적인 구분과 이해는 신약편에서 보고 여기에서는 구약성경에서 제시된 하나님 나라가 어떻게 신약으로 연결되는지 그 역사적인 성취만 간략하게 살펴보겠습니다.

신약성경은 예수 그리스도를 통하여 이루어지는 '하나님 나라'를 중심으로 전개됩니다.

(1) 사복음서는 성육신하신 예수님의 사역과 희생을 증거하면서, 그분이 구약에서 약속된 하나님 나라를 성취하시는 그리스도이신 것을 선포합니다.

(2) 〈사도행전〉은 성령을 받은 제자들이 예루살렘에서 시작하여 땅 끝까지 이르러 예수를 증거하고 제자를 삼으면서 그리스도의 몸된 교회가 세워지고 이로써 하나님 나라가 확장되는 역사를 기록하고 있습니다. 서신서는 교회의 성도를 위한 사도들의 교훈과 권면을 담고 있습니다.

(3) 〈요한계시록〉은 특별히 세상의 핍박 아래 있는 교회에게 주시는 말씀으로서, 예수 그리스도의 재림과 함께 하나님의 나라가 완성되어 새 하늘과 새 땅에서 그의 백성들이 영원한 복락을 누리게 될 것을 예언하며 현재의 고난을 이길 것을 권고합니다.

구약의 연대와 지리

구약성경이 어렵게 느껴지는 것은 방대한 역사와 지리적 배경을 갖고 있기 때문일 것입니다. 그래서 연대와 지리를 조금 단순하게 정리를 해 두면 도움이 됩니다. 현재 우리가 쓰고 있는 연대는 예수 그리스도의 오심을 기준으로 주전(主前, B.C., Before Christ)과 주후(主後, A.D., Anno Domini, 주의 해)로 구분됩니다. 구약성경에서 하나님의 약속을 받은 중심 인물로 아브라함과 다윗이 있었습니다. 아브라함은 주전 2000년경에 자손의 번성과 땅의 소유에 대한 약속을 받았습니다. 다윗은 주전 1000년경에 왕권의 약속을 받았습니다. 이 중요 인물들의 중간에 또한

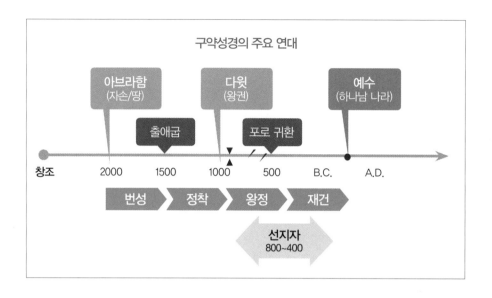

중요한 역사적 사건이 있었습니다. 주전 1500년경에는 이스라엘 자손이 애굽의 속박에서 벗어나 가나안 땅으로 갔고, 주전 500년을 전후로 해서 바벨론에 포로로 잡혀 있던 언약 백성이 다시 약속의 땅으로 돌아오는 민족 대이동이 있었습니다.

구약성경의 나머지 역사는 이 중요한 인물들과 사건을 틀로 해서 정리하면 됩니다. 주전 2000~1500년은 아브라함의 자손이 한 가족에서 한 민족으로 크게 **번성**하는 역사입니다. 주전 1500~1000년은 언약 백성이 약속의 땅을 정복하고 그 땅에 뿌리를 내리는 **정착**의 시기입니다. 주전 1000~500년은 왕정이 세워졌으나 남북 왕국으로 분열된 후 북 이스라엘이 먼저 망하고 다음에 남 유다가 망하기까지의 왕정 역사입니다. 주전 500년 이후는 포로에서 돌아온 백성이 나라를 **재건**하는 시기에 해당합니다. 그러나 이 나라도 다시 망하고 예수님이 오실 때 이 땅은 신흥 로마제국의 지배 아래 있었습니다.

연대와 함께 지리적인 배경을 이해하는 것도 필요합니다. 아브라함의 고향 ① 하란은 지중해 북동쪽 티그리스와 유프라테스 강 유역에 있습니다. 그는 하나님의 부르심을 따라 남서쪽으로 내려와 지중해와 요단 강 사이에 있는 ② 가나안 땅에 정착하였습니다(주전 2000년경). 거기에서 아브라함이 이삭을 낳고, 이삭은 야곱을 낳았고, 야곱의 열두 아들과 식솔들이 ③ 애굽으로 이주하였습니다. 애굽에서 크게 번성한 야곱(이스라엘) 자손은 모세의 인도 아래 출애굽하여 ④ 시내 산에서 하나님과 언약을 맺고 약속의 땅으로 갔습니다(주전 1500년경).

가나안에 들어와서 사사 시대에 주변 나라들에게 시달리는 어려운 시기를 겪다가 다윗의 등장으로 주변 나라들을 제압하고 다윗의 아들 솔로몬 때 예루살렘에 하나님의 성전이 세워졌습니다(주전 1000년경). 그러나 솔로몬이 변심한 이후 남북이 분열되고, ⓝ 북 이스라엘과 수도 사마리아는 ⑤ 앗수르 제국에 의해서 망하고(주전 722년) 그리고 ⓢ 남 유다와 예루살렘은 ⑥ 바벨론 제국에 의해서 망했습니다(주전 586년). 그러다 바벨론 제국이 ⑦ 바사(페르시아) 제국에 넘어가고, 이때 이스라엘 백성은 포로에서 해방되어 약속의 땅으로 돌아왔습니다.

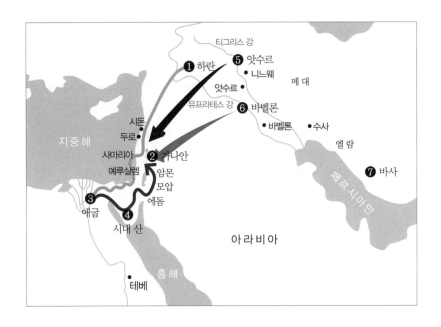

3과
역대기

〈역대기〉는 바벨론 포로에서 귀환한 상태에서 과거의 역사를 돌아보는 포로 후기 역사서입니다. 〈역대기〉가 다루는 역사는 아담부터 포로 귀환까지 구약성경 역사의 전체에 해당합니다. 그중에서 〈역대상〉은 첫 부분의 족보를 제외하면 대부분 다윗의 일대기를 다루고 있어 〈사무엘서〉와 중복됩니다. 〈역대하〉는 솔로몬부터 유다의 멸망을 다루고 있어 〈열왕기〉와 중복되며, 마지막에 고레스의 조서를 언급함으로써 〈에스라서〉~〈느헤미야서〉의 역사와 연결됩니다(대하 36:22~23; 스 1:1~4). 이와 같이 〈역대기〉는 다른 성경의 역사와 중복되지만, 그것은 단순히 반복하거나 부가적인 주석을 붙이는 것이 아니라 그 나름대로 특별한 신학적 메시지를 전달하고 있습니다.

남북 왕국의 왕들을 번갈아 소개하는 〈열왕기〉와 달리 〈역대기〉는 거의 남 유다의 왕들만 다루며, 북 이스라엘의 왕은 단지 유다의 왕과 관련된 경우에만 등장합니다. 그리고 왕들의 역사에서 부정적인 면보다는 긍정적인 면이 부각되어 있습니다. 가장 대표적인 예로 다윗의 범죄나 솔로몬의 변심에 대해서 언급하지 않습니다. 이것은 그들의 죄를 감추고 단지 영웅처럼 미화하는 것이 아닙니다. 〈역대기〉 기자가 다윗과 솔로몬의 죄와 그에 따른 심판에 대한 것들을 생략한 것은 포로에서 귀환한 자들의 시대 상황에 적합한 메시지를 주기 위한 것입니다.

〈사무엘서〉와 〈열왕기〉는 선지자적 관점에서 다윗 왕조의 몰락과 그 나라의 멸망 그리고 하나님의 백성이 약속의 땅에서 쫓겨나 이방 나라에 포로로 끌려간 것에 대한 이유를 설명합니다. 그러나 〈역대기〉는 바벨론에 포로로 잡혀가서 죗값을 치르고 돌아온 이스라엘 백성을 위해 기록된 역사입니다. 현실적인 어려움과 주변 민족의 무수한 방해 속에서 하나님 나라를 회복해야 하는 이스라엘 공동체를 향해 위로의 메시지를 주는 책입니다. 그래서 왕들의 죄와 그에 따른 심판을 이야기하기보다는 그들의 긍정적인 면들을 많이 부각시키며, 하나님의 은혜 안에서 다윗과 솔로몬 시대의 전성기처럼 이상적인 나라로 회복될 수 있다는 소망을 제시하는 것입니다.

또한 〈역대기〉는 성전을 재건해야 할 당시의 시대적인 상황에 걸맞게 성전에 대한 기사가 비중 있게 다루어지고 있습니다. 즉 성전과 제사, 예배, 절기에 관련된 주제가 두드러지며, 또 왕들의 역사에서도 성전에 대한 기여 그리고 그 안에서 사역하는 제사장과 레위인에 대한 역할을 많이 설명하고 있습니다. 겸손한 회개, 하나님을 찾고 의지함 등 영적인 교훈과 가치에 큰 비중을 두는 것도 〈역대기〉의 특징 중 하나입니다. 포로에서 돌아온 이스라엘 백성에게 하나님과 관계 회복이 가장 중요한 문제이기 때문에 〈역대기〉 저자는 과거 이스라엘 역사 가운데 하나님과 온전한 관계에 있을 때 오는 유익을 중점적으로 설명하는 것입니다.

Ⓐ 성전 준비

〈역대상〉은 제1성전이 지어지기 이전의 역사, 즉 아담으로부터 다윗에 이르기까지 하나님 백성의 역사를 다루면서 성전 건축의 배경을 설명하고 있습니다.

〈역대상〉의 구조와 요점

1 족보 (1~9장)	아담부터 야곱까지 방계와 직계의 족보를 설명한 후 포로에서 귀환한 사람들의 명단을 제시합니다.		
	1) 야곱의 조상(1장) 아담부터 노아, 셈, 아브라함에 이르기까지 계보와 아브라함, 이삭, 야곱의 계보입니다.	**2) 야곱의 자손**(2~8장) 약속의 땅에서 기업을 얻고 살던 야곱의 자손 열두 지파의 계보입니다.	**3) 포로 귀환자**(9장) 바벨론 포로에서 돌아와 예루살렘에 정착한 사람들의 명단입니다.
2 다윗 왕 (10~12장)	사울이 여호와께 범죄하여 버림받고 다윗이 온 이스라엘의 왕이 되었습니다.		
	1) 사울의 죽음(10장) 하나님이 범죄한 사울을 버리시고 왕권을 다윗에게 넘겨주셨습니다.	**2) 다윗의 즉위**(11:1~9) 다윗이 온 이스라엘의 지지를 얻고 왕이 되고, 예루살렘을 수도로 삼았습니다.	**3) 다윗의 용사**(11:10~12장) 다윗이 나라를 얻고 왕이 되기까지 도운 여러 용사를 소개합니다.
3 언약궤 (13~20장)	다윗이 언약궤를 예루살렘에 안치했고, 하나님은 그에게 영원한 왕권을 약속하셨습니다.		
	1) 언약궤 이동(13~16장) 다윗이 하나님의 뜻을 따라 통치하기 위해 언약궤를 예루살렘에 가져왔습니다.	**2) 왕권 언약**(17장) 하나님이 다윗의 왕조를 세우시고 그 왕권이 영원하게 하실 것을 약속하셨습니다.	**3) 주변 제압**(18~20장) 하나님이 다윗으로 주변의 적대국들을 제압하여 나라가 평안하게 하셨습니다.
4 건축 준비 (21~29장)	다윗이 말년에 성전 건축을 위하여 물질적으로 준비하고 성전 사역자들과 행정관들을 조직했습니다.		
	1) 인구조사(21장) 다윗이 인구조사를 하여 심판을 받은 후 제사를 드린 곳이 성전 터가 되었습니다.	**2) 자재와 조직**(22~27장) 다윗이 성전 건축을 위한 재물과 자재를 준비하고 사역자들을 세웠습니다.	**3) 건축 당부**(28~29장) 다윗이 솔로몬과 지도자를 모아 놓고 성전 건축을 당부했습니다.

1. 족보(대상 1~9장)

《역대상》의 첫 아홉 장은 '아담, 셋, 에노스……' 등으로 시작하여 포로에서 귀환한 사람들로 이어지는 긴 족보를 담고 있습니다. 여기에 언급된 많은 이름이 현대 독자들에게는 생소하고 무의미해 보이겠지만, 당시 포로 귀환한 사람들의 입장에서 보면 이 족보는 역사적 정통성을 입증하는 자료였습니다. 즉 이 족보는 포로에서 돌아온 이스라엘 사람들이 하나님이 선택하신 언약 백성의 후손이라는 정체성을 갖게 하는 데 꼭 필요한 자료였습니다. 이 족보는 3부로 구성되어 있습니다. 1부(1장)는 야곱 이전의 조상들에 대한 것입니다. 2부(2~8장)는 족보의 본체로서, 언약 백성으로서 야곱의 자손을 지파별로 설명합니다. 3부(9장)는 포로 귀환자에 대한 목록으로서 주로 예루살렘에 정착한 사람들을 소개합니다.

1) 야곱의 조상(1장)

1장은 인류의 시조인 아담부터 이스라엘 열두 지파의 시조 야곱에 이르기까지 족보를 설명합니다. 이것은 2장 이하에서 이스라엘 족보를 소개하기 위하여 야곱의 등장 배경을 보여 줍니다.

이스라엘 조상의 계보

아담 ↓ 셋 ↓ 노아	홍수 이전 (10대)
야벳 함 셈 ↓ 아브라함	홍수 이후 (10대)
이스마엘 [그두라] 이삭 ↓ 에서 야곱 (에돔) (이스라엘)	족장 시대

아담~아브라함(1:1~27). 아담부터 노아까지 홍수 이전 10대(1~4절)를 열거한 다음, 노아의 세 아들 곧 야벳의 자손(5~7절), 함의 자손(8~16절), 셈의 자손(17~23절)의 계보를 보여 줍니다. 그 후 셈으로부터 아브라함까지 홍수 이후 10대를 열거합니다(24~27절).

아브라함 자손(1:28~34). 아브라함의 후손 중에는 방계로서 이스마엘의 후손(29~31절)과 첩 그두라에게서 난 자손이 있었고(32~33절), 직계로서 약속의 씨 이삭에게서 난 에서와 야곱이 있었습니다(34절).

에서의 자손(1:35~54). 이삭의 후손 가운데 방계인 에서의 후손 곧 에돔 족속의 계보(1:35~42)와 함께 에돔 왕들의 목록이 소개되었습니다(43~54절).

2) 야곱의 자손(2~8장)

야곱의 조상들의 계보를 보여 주고 나서 2~8장은 본격적으로 이스라엘 자손을 그 지파별로 소개합니다.

남부(2~4장). 족보는 보통 장자로부터 시작하는데 여기에서는 유다 지파(2:1~4:23)가 맨 먼저 나옵니다. 게다가 다른 지파들보다 월등히 많은 분량으로 자세하게 계보가 설명되어 있습니다. 한마디로 유다 지파의 족보가 강조되어 있음을 알 수 있습니다. 이것은 유다 지파가 포로 귀환의 주축이며, 그 가운데 다윗 왕조가 나기 때문입니다. 시므온 지파(4:24~43)는 유다 지파의 지경 내에 기업을 얻었기 때문에 유다 지파에 뒤이어 곧바로 소개되고 있습니다.

이스라엘(야곱) 자손의 계보

남부	유다(2:1~4:23) 시므온(4:24~43)	다윗 가문
동부	르우벤(5:1~10) 갓(5:11~17) 므낫세 반(5:23~26)	요단 동편
전국	레위(6장)	성전 봉사자
북부	잇사갈(7:1~5) 베냐민(7:6~12) 납달리(7:13) 므낫세 반(7:14~19) 에브라임(7:20~29) 아셀(7:30~40)	북쪽 거주
	베냐민(8장)*	사울 가문

동부(5장). 요단 강 동편에는 르우벤 자손(1~10절), 갓 자손(11~17절), 그리고 므낫세 반 지파 자손(23~24절)이 정착했습니다. 이 동편의 지파들이 하나님을 의지할 때는 그 용사들이 전쟁에서 크게 이기고 전리품을 얻고 이방 족속을 포로로 잡았습니다(18~22절). 그러나 그들이 하나님을 배반하고 우상을 섬겼으므로 하나님이 앗수르 왕 디글랏빌레셀을 일으키셔서 그들을 이방 나라의 포로로 잡혀가게 하셨습니다(25~26절).

레위(6장). 레위 지파의 계보는 족보의 가운데 위치하며, 다른 지파들보다 많은 분량으로 소개되어 있어 유다 지파와 함께 족보에서 주목받고 있습니다. 유다 지파는 다윗 왕조를 배출해 낸 지파로서 중요하고, 레위 지파는 제사장을 비롯해 성전 봉사자들로서 중요한 역할을 담당했습니다. 실제로 다윗 왕조의 후손과 제사장, 레위인은 포로 후기 공동체 회복에 있어서 두 핵심 축이었기 때문에 〈역대기〉 전체에서 중요하게 다뤄지고 있습니다. 레위 지파는 따로 기업을 분배받지 않고 각 지파 가운데서 받은 48성읍과 목초지에 정착했습니다 (54~81절).

북부(7장). 요셉 자손(므낫세 지파와 에브라임 지파)을 비롯하여 북쪽의 지파들의 계보가 소개되어 있습니다. 그 가운데 납달리 지파는 한 줄로 간략하게 언급되었고, 단과 스불론은 빠져 있습니다.

베냐민 족보(8장). 베냐민 지파가 앞에서 나왔는데 다시 언급이 되는 것은 사울의 계보를 설명하기 위한 것으로 볼 수 있습니다(33절). 또한 베냐민 지파는 예루살렘을 기업으로 차지한 지파로서 분열 왕국 때 유다 지파와 함께했었고(왕상 12:21), 그래서 포로 귀환 때도 유다 지파와 함께 주축을 이루었습니다 (9:7~9; 스 4:1).

3) 포로 귀환자(9장)

이상에서 이스라엘 자손의 계보를 설명한 다음 9장은 바벨론 포로에서 귀환하여 예루살렘에 정착한 자들의 명단과 숫자를 기록하고 있습니다. 일반인들 중에 예루살렘에 거주한 자로서 유다와 베냐민 지파 그리고 에브라임과 므낫세 지파의 후손이 거론되기는 하지만(3~9절), 이 목록의 초점은 제사장(10~13절), 레위인(14~16절), 성전 문지기(17~27절), 그 외 사역자(28~34절)까지 성전 봉사자들의 명단에 있습니다. 여기에서도 성전을 중심으로 하는 제사장과 레위인에 대한 〈역대기〉 저자의 강조점이 돋보이고 있습니다.

끝 부분에서 사울 집안의 족보를 반복하는 것은(9:35~44; 참고. 8:29~40) 사울과 그의 세 아들의 죽음에 대한 10장의 기사를 준비하기 위한 것입니다.

2. 다윗 왕(대상 10~12장)

사울가의 몰락과 다윗의 부상을 중요한 문제로 다루었던 〈사무엘서〉와 달리 〈역대기〉 저자는 다윗 왕조에 초점을 맞춥니다. 따라서 사울의 이야기는 물론 다윗이 왕이 되기 이전의 역사도 거의 생략한 채로 사울이 죽고 다윗이 왕이 되는 시점부터 서술합니다. 특히 〈역대기〉는 다윗이 하나님의 충실한 대리자였다는 사실을 강조하고 있습니다.

1) 사울의 죽음(10장)

〈역대기〉 저자는 이스라엘의 역사를 기록하는 시점을 사울의 죽음에서부터 시작합니다. 사울이 죽은 이유에 대해 〈역대기〉는 다음과 같이 썼습니다.

사울이 죽은 것은 여호와께 범죄하였기 때문이라 그가 여호와의 말씀을 지키지 아니하고 또 신접한 자에게 가르치기를 청하고 여호와께 묻지 아니하였으므로 여호와께서 그를 죽이시고 그 나라를 이새의 아들 다윗에게 넘겨주셨더라(대상 10:13~14).

이스라엘 왕은 하나님의 대리 통치자로서 하나님의 말씀과 뜻이 그 나라에서 온전히 이루어지도록 다스리는 사명을 가지고 있었습니다. 그런데 사울은 하나님의 말씀에 불순종하여 그 자격을 상실했으므로 하나님은 사울 대신에 다윗을 왕으로 세우셨습니다.

2) 다윗의 즉위(11:1~9)

〈역대기〉 저자는 다윗이 일차로 유다의 왕이 되어 북 이스라엘과 대치되어 있었던 칠 년 육 개월 동안에 대해서는 언급하지 않고(참고. 삼하 1~4장) 다윗이 온 이스라엘의 왕으로 추대된 내용만을 기록하고 있습니다(11:1~3).

다윗이 유다의 헤브론에 있을 때 온 이스라엘이 헤브론에 모여 그를 왕으로 추대하고 언약을 맺었습니다. 〈역대기〉 저자는 이 모든 일이 "여호와께서 사무엘을 통하여 전하신 말씀대로 되었더라"고 했습니다(11:3).

온 이스라엘의 왕이 된 후 다윗은 맨 먼저 예루살렘의 시온 산성을 정복하고 그곳을 왕궁으로 삼았습니다. 이때로부터 예루살렘은 이스라엘 역사의 중심에 서게 되었습니다. 그 이후로 다윗은 하나님의 능력으로 더욱 강성해져 많은 성을 쌓고 그 통치 영역을 넓혀 갔습니다.

3) 다윗의 용사(11:10~12장)

다윗이 나라를 얻고 왕이 되기까지 그를 도왔던 용사들이 있었습니다. 즉 다윗이 성공할 수 있었던 배경에는 그와 함께한 많은 용사가 있었기 때문이며, 이것 또한 궁극적으로 "여호와의 말씀대로"(11:10, 12:23), 즉 하나님의 섭리 안에서 이루어진 것입니다. 다윗 용사들의 목록은 다음과 같이 세 종류로 나뉩니다.

(1) **특출한 용사들(11:11~47).** 다윗의 용사들 가운데 특출한 큰 용사 3명, 다음의 3명, 30명의 우두머리, 그리고 군사들 중에 큰 용사에 대해서 이야기합니다. 베들레헴 기사가 보여 주듯이 이들은 용맹스럽고, 다윗을 위해 목숨도 아끼지 않는 헌신된 용사들이었습니다. 이 목록과 기사는 〈사무엘하〉 23:8~39과 중복되는데, 다음의 두 목록은 〈사무엘서〉에 없고 〈역대기〉에만 있습니다.

(2) **망명 중 도운 용사들(12:1~22).** 다윗이 사울을 피하여 블레셋 땅 시글락에 있을 때(삼상 27:5~6) 혹은 광야의 요새에 숨어 있을 때(삼상 23:14) 그를 도운 용사들이 있었습니다. 여기에서 다시 네 부류의 용사들로 구분됩니다. 첫째, 놀랍게도 베냐민 지파 사울의 동족 가운데 사울을 따르지 않고 오히려 다윗을 돕는 용사들이 있었습니다(1~7절). 이들은 활을 잘 쏘고 물매도 잘 던졌습니다. 둘째, 갓 지파에서 온 용사들입니다(8~15절). 이들은 방패와 창을 잘 써서 백병전에 능한 용사들입니다. 셋째, 베냐민과 유다 자손 중에서 다윗에게 동

조한 용사들입니다(16~18절). 이들이 왔을 때 다윗은 처음에 불안하고 의혹을 가졌지만 성령의 인도하심을 따라 이 용사들을 받아들여 지휘관으로 삼았습니다. 넷째, 다윗이 거주하던 시글락이 아말렉 사람들에게 약탈당했을 때 므낫세 지파에서 온 용사들이 다윗을 도와 아말렉을 쳤습니다(19~22절; 삼상 30장).

> **〈사무엘상〉 23잘 14절을 적어 봅시다.**
>
> _____
>
> _____

(3) **즉위 때 도운 용사들(12:23~40).** 사울이 죽은 후 각 지파에서 용사들이 헤브론에 모여서 전열을 갖추고 다윗을 왕으로 추대하였습니다. 용사들뿐만 아니라 남은 이스라엘 온 백성이 함께하여 새 왕 다윗의 등극을 기념하며 사흘 동안 대 잔치를 벌였고, 그래서 온 이스라엘에 기쁨이 넘쳐났습니다. 이렇게 다윗은 온 이스라엘의 지지를 받으며 왕으로 등극했습니다.

3. 언약궤(대상 13~20장)

〈역대상〉 세 번째 장면은 하나님의 임재 상징인 언약궤를 중심으로 펼쳐집니다. 전반부 13~16장은 다윗이 언약궤를 예루살렘에 들여오는 과정을 상세하게 설명하고 있습니다. 후반부 17~20장은 다윗과 맺으신 하나님의 언약과 다윗의 정복에 대한 것으로, 언약궤 기사와 연관된 것입니다. 왜냐하면 다윗의 언약은 그가 언약궤를 안치하기 위해 성전을 짓고자 한 데서 비롯된 것이며, 그의 정복 역시 성전을 짓기 위한 전제 조건이기 때문입니다.

1) 언약궤 이동(13~16장)

언약궤 이동 1차(13장). 다윗은 여부스 족속으로부터 시온 산성을 빼앗아 그곳을 "다윗 성"이라 이름 짓고 예루살렘을 새 수도로 삼았습니다. 그 후 다윗은 제사장과 레위 사람들을 예루살렘으로 소집하고, 언약궤를 예루살렘으로 가져오자고 신하들에게 제안했습니다(2~3절). 언약궤를 예루살렘으로 가져오는 것은 하나님의 임재하심이 새 도읍지에 이뤄지게 하는 것입니다. 아울러 성막에서 하나님을 섬기는 제사장과 레위 사람들도 예루살렘에 살게 함으로써 예루살렘이 하나님의 성소로 고정되게 하는 것입니다.

다윗이 언약궤를 가져오고자 하는 주요 목적은 "사울 때에는 우리가 궤 앞에서 묻지 아니하였느니라"는 다윗의 말 속에서 묻어 나옵니다. 즉 하나님에게 묻지 않고 버림받은 사울과 달리 다윗은 하나님의 뜻을 묻고 그 뜻대로 백성을 다스리기 위하여 언약궤를 가져오려고 한 것입니다. 이것은 다윗이 절대적인 권력을 휘두르는 왕이 아니라 하나님의 종으로서 대리 통치하는 역할인 것을 분명히 하는 것입니다. 그런데 다윗이 이렇게 선한 의도로 언약궤를 가져오고자 했지만, 오는 길에 사고가 생겨 뜻을 이루지 못했습니다. 하나님의 궤를 수레에 싣고 오다가 소들이 뛸 때 웃사가 궤를 붙들었고, 그래서 여호와께서 진노하시고 웃사를 죽이신 것입니다. 이 일로 다윗은 하나님을 두려워하고 하나님의 궤를 자기 있는 곳으로 가져오지 못했습니다. 언약궤의 존재에 대해서 위험하다고 꺼리는 것이 아니라 자신의 실수와 부족함에 대해 자책하고 있는 것입니다. 그래서 하나님의 언약궤는 오벳에돔이라는 사람의 집으로 옮겨져 석 달을 있었고, 그동안 하나님이 그 집과 소유에 복을 내려주셨습니다.

다윗의 승리(14장). 다윗은 비록 언약궤 이동에 실패했지만 그가 하나님에게로부터 버림받은 것은 아니었습니다. 〈역대기〉는 〈사무엘서〉와 달리 다윗의 승리 기사를 1차 시도와 2차 시도 사이에 배치함으로써 이 점을 분명히 밝히고 있습니다. 다윗은 하나님에게 묻고, 하나님은 그에게 응답하시어 대적들을 이기게 하셨습니다(14:8~17; 삼하 5:17~25). 이스라엘은 군사적인 영웅을 구하여 사울을 왕으로 얻었다가 실패했었습니다. 그러나 이제 다윗은 스스로의 힘으로 이기는 영웅이 아니라 하나님의 도구가 되어 그 대적들을 이기는 하나님의 종이었습니다.

언약궤 이동 2차(15장). 〈사무엘서〉는 언약궤를 옮기려 한 다윗의 1차 시도가 왜 실패했는지 그 이유에 대해서 설명하지 않았습니다(삼하 6장). 그러나 〈역대기〉는 그 이유를 분명하게 설명합니다. 그것은 규례에 따라 레위인이 언약궤를 메어 오지 않고 수레에 실어 오려고 했기 때문이었습니다(15:2, 13). 하나님의 언약궤는 단순한 기구가 아니라 하나님이 임재하시는 보좌를 상징합니다. 그러므로 언약궤는 짐승이 끄는 수레에 실려 오는 것이 아니라 왕의 행차답게 가마꾼이 균형을 잡으며 메고 가야 합니다. 2차 시도에서 다윗은 하나님의 정하신 규례대로 레위인의 족장들을 성결하게 하여 언약궤를 메어오게 했습니다.

언약궤 앞의 예배(16장). 언약궤를 안치한 후에 다윗은 번제와 화목제를 드렸습니다. 백성에게도 음식을 나눠 주어 축제의 기쁨을 누리게 했습니다. 〈역대기〉는 다윗이 이 행사 후에도 언약궤 앞에서 섬김과 찬양이 지속되도록 제도적으로 정비한 것에 주목합니다. 다윗은 레위 사람을 세워 언약궤 앞에서 하나님을 칭송하는 찬양의 제사가 계속 드려지게 했습니다(4~6, 37~42절).

2) 왕권 언약 (17장)

예루살렘으로 옮겨진 언약궤는 다윗이 준비한 장막에 놓였습니다(15:1). 그런데 다윗 자신은 궁궐에 있고 하나님의 궤는 장막에 있는 것이 마음에 걸렸습니다. 그래서 다윗은 하나님의 집을 짓고자 했지만 하나님은 허락하지 않으셨습니다. 다윗은 나중에 성전 건축을 당부하는 유언 가운데 자신이 성전을 짓지 못한 이유는 전쟁을 많이 치르고 피를 많이 흘렸기 때문이라고 했습니다 (대상 22:8~9, 28:3). 그러나 이것은 다윗의 정복에 대한 정죄가 아니고 다윗의 시대적 사명의 한계입니다.

비록 다윗은 성전을 지을 수 없었지만 하나님은 다윗의 충성된 마음을 받으시고 그에게 영원한 왕권을 약속하셨습니다. 하나님이 다윗의 왕조(집)를 세우셔서 다윗의 아들들 가운데 그를 이을 왕을 세우시고, 그는 하나님을 위하여 집을 짓고 하나님은 그 왕위를 영원히 견고하게 하신다는 약속이었습니다 (17:10~14). 하나님의 약속을 듣고 다윗은 감사의 찬양과 함께 다윗 왕조에 복 내려주시기를 기도하였습니다. 〈역대기〉에 기록된 하나님의 약속과 다윗의 반응은 전반적으로 〈사무엘서〉와 비슷하지만 한 군데에서 의미 있는 차이를 보이면서 〈역대기〉의 신학적 관점을 잘 드러내고 있습니다.

사무엘하 7:16	역대하 17:14
네 집과 네 나라가 내 앞에서 영원히 보전되고 네 왕위가 영원히 견고하리.	내가 영원히 그를 내 집과 내 나라에 세우리니 그의 왕위가 영원히 견고하리라.

〈사무엘서〉는 〈열왕기〉와 마찬가지로 붕괴된 다윗 왕조와 다윗의 나라를 염두에 두고 기록된 역사입니다. 하지만 〈역대기〉는 하나님 나라로서 이스라엘의 회복을 소망하면서 하나님의 집과 하나님의 나라를 위해 다윗 왕조를 택하시고 세우셨다는 것을 강조합니다. 이 언약을 따라 예수 그리스도께서 다윗의 후손으로 이 땅에 오셔서 하나님으로부터 영원한 왕권을 받으셨습니다.

〈역대상〉 28장 3절을 적어 봅시다.

3) 주변 제압(18~20장)

약속을 받은 후에 블레셋, 다메섹, 모압, 암몬 등 주변 나라들과 전쟁하여 이긴 기사를 싣고 있습니다. 여기에서 〈역대기〉는 〈사무엘서〉와 달리 다윗이 암몬과의 전쟁 중에 출전하지 않고 예루살렘에 남아 있다가 밧세바를 범한 사건은 생략하고 있습니다. 이것은 다윗의 허물을 감추고 영웅으로 치장하는 것이 아닙니다. 〈역대기〉 저자는 포로 후기 재건의 상황에 맞게 처음 성전이 지어지는 과정과 이상적인 예배를 돌아보는 것에 초점을 맞추어 역사를 기술하고 있습니다.

주변 나라들을 제압하고 나라를 든든히 세우는 것은 성전이 건축되기 전에 먼저 이뤄져야 할 전제 조건이었습니다(참조. 신 12:10~14). 하나님은 〈신명기〉에서 약속하신 대로 이 일이 이루어지도록 다윗에게 힘을 주셔서 주위의 모든 대적을 이기게 하셨습니다(18:6, 13). 이렇게 해서 성전 건축을 위한 역사는 한 걸음 더 진행하였습니다.

4. 건축 준비(대상 21~29장)

〈역대기〉는 다윗의 부정적인 면을 다루지 않았지만, 그가 인구조사를 하여 하나님의 심판을 받았던 기사는 그대로 진술되어 있습니다. 그 이유는 이 사건으로 성전 건축의 터를 찾게 되었기 때문입니다. 22장부터 마지막 장까지는 하나님의 성전을 건축하기 위해 다윗이 얼마나 열심히 준비했는가를 보여 줍니다.

1) 인구조사(21장)

다윗이 인구조사를 한 것에 대해 하나님이 심판하심으로 사흘 동안 온 이스라엘 땅에 온역이 퍼졌습니다. 이에 다윗은 오르난(아라우나)에게서 산 타작마당에서 단을 쌓고 희생제사를 드렸습니다. 〈사무엘서〉는 이 기사를 다루면서 하나님이 다윗의 기도를 들으셔서 그 땅에 내리신 재앙을 그치게 하셨다고 마무리했습니다(삼하 24:25). 다윗의 중보적인 역할에 초점을 맞추고 있는 것입니다. 그러나 〈역대기〉 기자의 관심은 다른 데 있습니다. 〈역대기〉 저자는 다윗이 오르난의 타작 마당에서 제사를 드리며 외치는 소리로 마무리합니다. "이는 여호와 하나님의 성전이요 이는 이스라엘의 번제단이라"(대상 22:1). 즉 다윗이 성전 터를 발견한 사실을 부각시키고 있습니다. 바로 이 장소가 훗날 솔로몬이 지은 성전 터가 되었습니다(대하 3:1).

〈역대하〉 3장 1절을 적어 봅시다.

_____

_____

_____

2) 건축 자재와 조직 준비(22~27장)

다윗은 전심을 다하여 성전 건축을 준비했습니다. 〈사무엘서〉에는 여기에 해당하는 본문이 없습니다. 〈역대기〉 저자는 성전 재건과 제의 회복의 사명을 가진 백성에게 역사를 쓰고 있으므로 〈사무엘서〉와 달리 다윗의 성전 준비에 관해서 상세하게 다루고 있는 것입니다. 다윗은 기쁨으로 그의 백성과 함께 성전 건축을 위한 자금과 물품을 준비하였고(22장), 제사장, 레위인, 찬양대, 문지기 등 성전에서 사역할 자들을 조직했습니다(23~27장).

3) 건축 당부(28~29장)

다윗은 성전 건축을 위해 할 수 있는 한 모든 것을 준비하고, 솔로몬과 이스라엘의 지도자들에게 성전 건축을 당부하는 유언을 남겼습니다. 다윗은 또한 성막 설계를 하나님에게로부터 받은 모세와 같이 성전 건축 설계와 그 안의 기구들에 대한 것들을 하나님에게로부터 받아서 그들에게 전해 주었습니다.

ⓑ 제1성전

〈역대하〉는 다윗의 계승자로서 성전을 건축한 솔로몬으로부터 시작하여 르호보암 시대의 왕국 분열, 그 이후 남쪽 유다 왕국의 여러 왕의 행적을 기록하고 있습니다. 그 기사들은 특히 성전과 예배에 대해 많은 관심을 보입니다. 다시 말해서 성전을 지은 솔로몬부터 시작해서 그 이후 유다 왕들이 성전을 중심으로 어떻게 하나님을 섬기고 백성을 다스렸는지를 중점적으로 다루고 있습니다. 그러므로 〈역대하〉의 주제는 솔로몬 때 세워진 '제1성전'이라고 할 수 있습니다.

〈역대하〉의 구조와 요점

1 솔로몬 (1~9장)	다윗의 아들 솔로몬이 예루살렘에 성전을 건축하고 나라의 황금기를 이루었습니다.		
	1) 지혜(1장) 솔로몬이 하나님의 백성을 다스리기 위한 지혜를 구하여 부귀와 영화도 함께 받았습니다.	**2) 성전 건축**(2~7장) 솔로몬이 예루살렘에 성전을 지었고, 거기에 하나님의 임재가 이루어졌습니다.	**3) 기타 행적**(8~9장) 솔로몬이 지방까지 잘 세우고, 성전 예배를 지원했으며, 나라를 부강하게 했습니다.
2 분열 전반 (10~20장)	분열 직후에 유다 왕들이 여호와를 의지하고 찾을 때에 나라가 평안하고 견고해졌습니다.		
	1) 유다의 정통성(10~13장) 르호보암과 아비야 때 남북 간 갈등이 심했으나 정통성을 가진 유다가 이겼습니다.	**2) 유다의 개혁**(14~16장) 아사가 유다 백성에게 하나님을 찾게 하고 우상을 타파하여 나라가 평안했습니다.	**3) 견고한 유다**(17~20장) 여호사밧은 북왕국과 연합한 것 외에는 나라를 잘 다스려 견고하게 했습니다.
3 분열 후반 (21~32장)	분열 왕국 후반에 악한 왕들이나 혹은 처음에 잘하다가 나중에 악한 왕들이 심판을 받았습니다.		
	1) 아합 집 영향(21~22장) 여호람과 아하시야는 아합 집의 사위가 되어 이스라엘 왕들의 죄를 답습했습니다.	**2) 변절한 왕들**(23~26장) 요아스, 아마샤, 웃시야는 처음에 선하다가 나중에 변절하여 비참하게 끝났습니다.	**3) 일관된 왕들**(27~32장) 요담은 선했지만, 그 아들 아하스는 악했고, 그다음 왕 히스기야는 선했습니다.
4 유다 말기 (33~36장)	므낫세와 아몬 때 유다가 타락했고, 요시야의 개혁이 있었으나 그다음 세대에 멸망했습니다.		
	1) 타락한 유다(33장) 므낫세와 아몬의 악정 아래 유다에 우상숭배와 가증한 이방 풍속이 가득했습니다.	**2) 마지막 개혁**(34~35장) 요시야는 율법대로 나라를 개혁했지만, 불행하게 애굽과의 전쟁에서 전사했습니다.	**3) 유다의 최후**(36장) 요시야의 전사 이후 아들들이 악을 행하여 유다마저 바벨론에 망했습니다.

1. 솔로몬(대하 1~9장)

〈역대상〉의 마지막 장면에서 다윗은 성전 건축을 위한 준비를 했습니다. 〈역대하〉의 첫 장면에서는 솔로몬이 다윗의 뒤를 이어 왕이 되고 드디어 예루살렘에 성전을 건축합니다. 〈열왕기〉의 솔로몬 기사와 비교해 보면 〈역대기〉는 솔로몬 개인에 대한 이야기보다는 성전 건축에 대해 보다 자세하게 설명하고 있습니다. 성전과 예배에 대한 〈역대기〉 저자의 관심이 그대로 나타나고 있습니다.

1) 지혜(1장)

〈역대기〉는 솔로몬이 성전을 짓기 이전의 상황에 대해 1장에서 총괄하여 간략하게 다루고 있습니다. 이 부분은 〈열왕기상〉 1~4장에 해당하며 그중에서 왕위 등극을 둘러싼 갈등(왕상 1~2장)은 〈역대기〉에 생략되어 있습니다. 다윗의 경우에도 그가 왕이 되기까지 겪은 어려운 상황들을 다 말하고 있지 않았습니다. 이것은 〈역대기〉가 다윗과 솔로몬 개인의 인생을 이야기하는 위인전이 아니라 왕으로서 성전과 예배를 중심으로 이상적인 통치를 하였는지에 초점을 맞춘 책이기 때문입니다.

1장은 솔로몬이 하나님에게 지혜를 구하여 전무후무한 부귀와 영광도 함께 받아 누리게 된 것을 이야기합니다. 솔로몬의 지혜를 다룬 평행 본문 〈열왕기상〉 3:1~15과 비교해 보면 거의 일치하지만 의미 있는 변화도 있습니다. 〈열왕기〉는 다윗이 하나님의 법도를 잘 행한 것을 강조하고 있지만(왕상 3:3, 6, 14), 〈역대기〉는 이런 부분을 과감히 생략하였습니다. 그 대신 모세 때 지은 회막과 다윗이 성막을 위해 준비한 것을 언급합니다(대하 1:3~5).

역대하 1:3~7	열왕기하 3:3~5
솔로몬이 온 회중과 함께 기브온 산당으로 갔으니 하나님의 회막 곧 여호와의 종 모세가 광야에서 지은 것이 거기에 있음이라 다윗이 전에 예루살렘에서 하나님의 궤를 위하여 장막을 쳐 두었으므로 그 궤는 다윗이 이미 기럇여아림에서부터 그것을 위하여 준비한 곳으로 메어 올렸고 옛적에 훌의 손자 우리의 아들 브살렐이 지은 놋제단은 여호와의 장막 앞에 있더라 솔로몬이 회중과 더불어 나아가서 여호와 앞 곧 회막 앞에 있는 놋 제단에 솔로몬이 이르러 그 위에 천 마리 희생으로 번제를 드렸더라 그 날 밤에 하나님이 솔로몬에게 나타나 그에게 이르시되 내가 네게 무엇을 주랴 너는 구하라 하시니	솔로몬이 여호와를 사랑하고 그의 아버지 다윗의 법도를 행하였으나 산당에서 제사하며 분향하더라 이에 왕이 제사하러 기브온으로 가니 거기는 산당이 큼이라 솔로몬이 그 제단에 일천 번제를 드렸더니 기브온에서 밤에 여호와께서 솔로몬의 꿈에 나타나시니라 하나님이 이르시되 내가 네게 무엇을 줄꼬 너는 구하라

　　이런 차이는 두 책의 목적이 다르기 때문에 생겨난 것입니다. 즉 〈열왕기〉는 솔로몬과 그 이후 왕들이 다윗같이 정직하게 행하지 않아서 멸망하였다는 것을 지적하는 것이고, 〈역대기〉는 솔로몬이 모세의 전통과 다윗의 유지를 따라 성전을 지었다는 점에 주목합니다. 또한 〈열왕기〉는 솔로몬의 부귀와 영화를 배교와 바로 연결시켜 부정적인 인상을 줬지만(왕상 10:26~29, 11:1~3), 〈역대기〉는 그것을 성전 건축 앞에 묘사함으로써(대하 1:14~17) 솔로몬이 받은 지혜와 부귀가 성전을 짓기 위한 중요한 기반이 된 것을 강조합니다.

〈열왕기상〉 3장 6절을 적어 봅시다.

2) 성전 건축(2~7장)

건축 준비(2장). 솔로몬이 성전 건축을 위해 두로 왕 후람(히람)에게 사절단을 보내 성전에 쓸 재목을 원조해 주기를 요청했습니다. 〈역대기〉는 〈열왕기〉처럼 단순하게 요청하는 것이 아니라 보다 자세하게 성전을 짓는 목적과 그 의미를 밝히고 있습니다. 하나님은 모든 신보다 크신 분이라 감히 사람이 손으로 지은 성전에 계신다고 제한할 수 없고, 다만 그 앞에 번제를 드리고 분향하기위해서 성전을 짓는 것입니다(2:4~6).

성전 공사(3~5장). 〈역대기〉는 솔로몬의 건축을 아브라함(창 22:2)과 다윗(대상 22:1)의 전통으로 연결시킵니다.

> 솔로몬이 예루살렘 모리아 산에 여호와의 전 건축하기를 시작하니 그곳은 전에 여호와께서 그의 아버지 다윗에게 나타나신 곳이요 여부스 사람 오르난의 타작 마당에 다윗이 정한 곳이라(3:1).

조상들에게 주신 하나님의 약속과 신앙적 전통을 중요하게 여기는 〈역대기〉의 신학적 관점을 볼 수 있습니다. 그다음에 실제 건물의 공사(3:3~17)와 기구 제작(4:1~22) 그리고 기구 및 언약궤 안치(5:1~14)까지 일련의 과정을 순차적으로 묘사하고 있습니다. 〈역대기〉는 〈열왕기〉의 설명과 거의 비슷하지만, 간간이 구체적인 설명을 생략하고 넘어갑니다. 예를 들어 성소의 창과 다락방(왕상 6:4~10), 성소의 내벽과 마루(왕상 6:15~20) 등에 대한 설명은 〈열왕기〉에만 있고 〈역대기〉는 다루지 않았습니다.

〈역대기〉는 특이하게 제사장을 도운 레위 사람들의 활동을 덧붙이고 있습니다. 즉 〈열왕기〉는 제사장이 성소에서 나온 후 구름이 성전에 가득하였다고 간단하게 묘사한 반면(왕상 8:10), 〈역대기〉는 제사장들이 성소에서 나오고 나서 노래하는 레위인들과 연주하는 자들이 다 함께 찬양할 때에 구름이 성전에 가득하였다고 했습니다(5:11~13; 참고. 7:6). 이들은 바로 다윗이 생전에 조직한 찬양대였습니다(대상 16:4~6, 25장).

_____

_____

_____

_____

봉헌식(6:1~7:10). 성전 공사와 입당을 마친 후에 솔로몬은 성전 봉헌식을 하였습니다. 성전을 하나님의 영원한 처소로 드리는 고백적인 기도를 드린 다음에(6:1~2), 백성에게 하나님의 뜻을 따라 성전이 완성된 것을 선포하였습니다(6:3~11). 여기에서 〈역대기〉 본문은 〈열왕기〉의 평행 본문과 전반적으로 일치하지만, 〈열왕기〉는 다윗 왕조의 선택만을 이야기하는 반면 〈역대기〉는 하나님이 성전을 위하여 예루살렘을 선택하셨다는 것도 강조합니다(6절; 참고. 왕상 8:16).

역대하 6:5~6	열왕기상 8:16
내가 내 백성을 애굽 땅에서 인도하여 낸 날부터 내 이름을 둘 만한 집을 건축하기 위하여 이스라엘 모든 지파 가운데서 아무 성읍도 택하지 아니하였으며 내 백성 이스라엘의 주권자가 될 사람을 아무도 택하지 아니하였더니 예루살렘을 택하여 내 이름을 거기 두고 또 다윗을 택하여 내 백성 이스라엘을 다스리게 하였노라 하신지라.	내가 내 백성 이스라엘을 애굽에서 인도하여 낸 날부터 내 이름을 둘 만한 집을 건축하기 위하여 이스라엘 모든 지파 가운데에서 아무 성읍도 택하지 아니하고 다만 다윗을 택하여 내 백성 이스라엘을 다스리게 하였노라 하신지라.

성전 완공을 선포한 이후에 솔로몬은 손을 들고 봉헌 기도를 드렸습니다(6:12~42). 다윗 왕조의 유지와 성전 기도의 응답을 간구하는 서론적인 기도

후에(14~21절), 백성이 죄에 대한 심판을 받은 후에라도 회복의 은혜를 내려 주시기를 기원하는 중보적인 기도를 드렸습니다(22~42절).

〈열왕기〉는 솔로몬이 기도를 마치고 난 후 일어나서 백성을 향하여 축복하고 권면하였습니다. 즉 모세를 통하여 주신 약속이 성취되었으니 그 백성이 하나님의 길로 가며 그의 계명과 법도와 율례를 지키게 하시기를 기원하고 또 그들이 마음을 바쳐 하나님의 법도를 행하고 계명을 지키라고 권고했습니다(왕상 8:56~61). 그런데 〈역대기〉는 〈열왕기〉에 비해 하나님의 율법에 대해 그다지 강조하지 않습니다. 그 대신 성전에 임재하신 하나님의 역사를 더 인상적으로 묘사합니다. 솔로몬이 기도를 마친 후 불이 하늘에서 내려와 번제물들을 사르고 하나님의 영광이 성전에 가득했습니다(7:1~3).

하나님의 응답(7:11~22). 하늘에서 불이 내려오고 하나님의 영광이 성전에 가득한 것은 성전 봉헌에 대한 하나님의 공식적인 응답이었습니다. 그 후에 하나님은 솔로몬의 꿈에 나타나셔서 개인적인 응답을 주셨습니다(11~22절). 〈열왕기〉에서 본 것처럼 여기에서 주신 하나님의 응답은 경고의 성격을 띠고 있습니다. 하나님이 성전을 택하시고 거룩하게 하셨으며 하나님이 항상 마음에 두고 계시지만 이 성전의 존재가 백성에게 자동적으로 복을 보장해 주는 것이 아닙니다. 하나님의 말씀과 법도를 지키지 않고 다른 신을 섬기면 하나님이 택하신 백성이라도 이 땅에서 쫓아내시고, 성전도 무너지게 하셔서 이방 사람들의 조롱거리가 되게 하실 것입니다. 포로기의 비참한 상황을 실제로 겪은 이스라엘 백성에게 이것은 뼈아픈 경고였음에 틀림없습니다. 그런데 여기에서 〈역대기〉는 〈열왕기상〉 9장 3절과 병행하는 구절에서 회복의 소망을 주는 말씀을 전달합니다.

역대하 7:12~16	열왕기상 9:3
밤에 여호와께서 솔로몬에게 나타나사 그에게 이르시되 내가 이미 네 기도를 듣고 이곳을 택하여 내게 제사하는 성전을 삼았으니	여호와께서 그에게 이르시되 네 기도와 네가 내 앞에서 간구한 바를 내가 들었은즉
혹 내가 하늘을 닫고 비를 내리지 아니하거나 혹 메뚜기들에게 토산을 먹게 하거나 혹 전염병이 내 백성 가운데에 유행하게 할 때에 내 이름으로 일컫는 내 백성이 그들의 악한 길에서 떠나 스스로 낮추고 기도하여 내 얼굴을 찾으면 내가 하늘에서 듣고 그들의 죄를 사하고 그들의 땅을 고칠지라 이제 이곳에서 하는 기도에 내가 눈을 들고 귀를 기울이리니	
이는 내가 이미 이 성전을 택하고 거룩하게 하여 내 이름을 여기에 영원히 있게 하였음이라 내 눈과 내 마음이 항상 여기에 있으리라	나는 네가 건축한 이 성전을 거룩하게 구별하여 내 이름을 영원히 그 곳에 두며 내 눈길과 내 마음이 항상 거기에 있으리니

3) 기타 행적(8~9장)

성전 건축 기사에 이어 8~9장은 솔로몬의 다른 건축 활동과 그의 통치에 대해 묘사하고 마지막에 그의 죽음으로 솔로몬 기사를 마무리합니다.

지방 건축(8:1~10). 다윗의 경우에서도 그랬듯이 〈역대기〉 저자는 〈열왕기〉와 달리 솔로몬에 대한 부정적인 내용은 생략하고 있습니다. 성전 건축을 위해 백향목 등 자재를 제공해 준 두로 왕 후람(히람)과 불화에 대해서도 〈역대기〉는 언급하지 않고 있습니다. 〈열왕기〉는 후람이 솔로몬에게서 보상으로 받은 땅을 만족하지 않았다고 했습니다(왕상 9:12~13). 솔로몬은 후람에게서 되돌려 받은 성읍들을 잘 건설하여 이스라엘 백성이 살 수 있게 했습니다(8:2). 그 외에도 솔로몬은 지방의 성읍들을 건축하고 국고성을 짓는 등 활발하게 건축 활동을 했습니다.

〈열왕기상〉 9장 12~13절을 적어 봅시다.

_____

_____

_____

성전 관리(8:11~16). 솔로몬의 건축 중에는 그가 왕비로 맞은 바로의 딸을 위해 따로 마련한 왕궁도 있었습니다(8:11; 왕상 9:24). 다윗의 왕궁은 하나님의 언약궤가 이른 곳이라 하여 이방 여인이 거기에 거주하는 것은 적절하지 않다는 것이 이유였습니다.

솔로몬은 또한 모세의 명령을 따라 절기를 잘 지켰고(8:12~13), 또 다윗이 정한 규례를 따라 제사장과 레위인, 성전 문지기까지 성전을 위한 봉사를 잘하도록 감독했습니다(8:14~16). 솔로몬은 변심하기 전에는 성전 예배를 위해 왕으로서 책임을 잘 감당했었습니다.

솔로몬의 명성과 부(8:17~9:28). 솔로몬은 지방 활성화와 성전 예배 관리를 잘하였을 뿐만 아니라 국제적인 활동과 위상에 있어서도 탁월했습니다. 두로 왕 후람과 협력하여 오빌의 금을 가져오는 성공적인 무역을 했습니다(8:17~18). 스바의 여왕이 솔로몬의 소문을 듣고 많은 예물을 가지고 찾아와서 솔로몬의 지혜와 그가 이룬 업적을 직접 보고 탄복하며 그를 칭송하였습니다(9:1~12). 스바 여왕 외에도 천하의 열왕이 솔로몬의 지혜를 듣고 그를 보기 위하여 예물을 가지고 방문할 정도로 솔로몬은 국제적인 명성과 부를 얻었습니다(9:13~28).

솔로몬의 죽음(9:29~31). 〈역대기〉는 솔로몬의 배교와 그에 따른 하나님 심판의 선고에 대한 〈열왕기〉의 기록을 모두 생략하고(왕상 11:1~40), 단지 그의 죽음에 대해서 언급하고 솔로몬의 기사를 마무리합니다(참고. 왕상 11:41~43).

〈열왕기상〉 11장 41~43절을 적어 봅시다.

2. 분열 전반(대하 10~20장)

〈역대하〉의 두 번째 장면은 솔로몬 이후 분열 왕국 전반부의 역사입니다. 〈열왕기상〉에서 본 것처럼 남북 분열 후 초기 40년 동안은 이스라엘과 유다 사이에 전쟁이 심했고, 이 적대 관계는 여호사밧이 아합과 화친하여 사돈을 맺기까지 계속되었습니다(12:15, 13:2, 19, 16:1 등). 분열 왕국 초기의 유다 왕들은 비록 완전하지는 못해도 하나님 앞에서 겸비하였고, 또 하나님을 찾고 의지함으로 말미암아 구원과 평강을 얻었습니다.

1) 유다의 정통성(10~13장)

르호보암(10~12장). 르호보암이 강압 정책을 펼침으로 백성이 반발하여 남북이 분열된 것(10:1~19; 왕상 12:1~20), 그리고 르호보암이 군사를 일으켜 여로보암과 싸워 나라를 회복하려 했으나 선지자의 만류로 포기했다는 기사(11:1~4; 왕상 12:21~24)는 〈열왕기〉와 거의 일치합니다. 그런데 그다음에 〈역대기〉는 〈열왕기〉와 달리 르호보암의 긍정적인 면들을 부각시킵니다.

르호보암은 유다와 베냐민 땅 여러 곳에 수비 성읍들을 세우고 거기에 자기 아들들을 골고루 살게 하여 지방을 활성화했습니다(11:5~12, 18~23). 그런가 하면 남북 분열 직후에 여로보암의 왜곡된 종교 정책 때문에 정통 신앙을 신봉하는 신실한 제사장과 레위인들과 이스라엘의 경건한 많은 사람이 유다 예루살렘으로 내려와 르호보암을 도움으로 적어도 3년 동안 백성이 다윗과 솔로몬의 길로 행하여 유다는 강성했습니다(11:13~17).

그런데 르호보암은 나라가 부강해지자 율법을 떠났고 이에 대한 심판으로 하나님은 애굽 군대로 예루살렘을 치게 하셨습니다(12:1~12). 〈열왕기〉도 애굽의 침략을 다루었지만(왕상 14:15~28), 〈역대기〉는 르호보암의 긍정적인 측면을 놓치지 않고 보여 줍니다. 즉 르호보암이 회개하였으므로 하나님이 그의 겸비함을 보시고, 또 유다에 선함이 있음을 보시고 유다를 멸망시키지 않으셨다는 것입니다(대하 12:6~7, 12). 이 역사는 하나님의 심판을 받아 오랫동안 포로생활을 하고 돌아온 이스라엘 백성에게 하나님의 용서에 대해 가르치고 있습니다. 즉 전심으로 하나님을 찾고 회개하면 하나님이 그가 선택한 백성을 용서하신다는 회복의 메시지를 전달하고 있는 것입니다. 그럼에도 불구하고 르호보암의 회개는 그에 대한 전반적인 부정적 평가를 바꾸지는 못했습니다. 그는 일관되게 하나님을 구하여 찾는 마음을 갖지 않았기 때문에 악을 행한 왕으로 평가되었습니다(12:14).

아비야(13장). 〈열왕기상〉은 르호보암의 아들 아비야는 아버지가 행한 죄를 따라 짓는 악한 왕으로 소개했습니다(왕상 15:3). 그리고 여로보암과 전쟁을 했다고 짤막하게 언급하고 넘어갔습니다(왕상 15:7). 그런데 〈역대기〉는 여로보암과 아비야 사이에 있었던 남북 전쟁을 좀 더 자세히 묘사하면서 아비야를 보다 긍정적으로 묘사하고 있습니다. 이 전쟁을 할 때 유다의 군인은 사십만이요, 이스라엘 군인은 그 두 배인 팔십 만이라고 했으니 유다에게 절대적으로 불리한 전세였습니다. 이런 상황에서 아비야는 북쪽 진영을 향하여 긴 연설을 합니다. 그의 연설의 요지는 유다가 **다윗 자손의 왕**과 **성전의 제사장**을 중심으로 여호와 신앙을 유지하고 있기 때문에, 이스라엘이 유다와 싸우는 것은 "여호와의 나라를 대적"하는 것이므로 여호와와 싸우지 말라는 것입니다. 이 연설에는 다윗 왕조와 성전을 중요하게 간주하는 〈역대기〉 기자와 포로 후기 공동체의 신학적 관심이 잘 나타나고 있습니다. 결국 수적인 열세에도 불구하고 유다가 이스라엘을 이길 수 있었던 것은 유다가 여호와를 의지했기 때문이었습니다 (15~18절).

〈열왕기상〉 15장 7절을 적어 봅시다.

_____

_____

2) 유다의 개혁(14~16장)

아사의 믿음(14장). 아비야의 아들 아사에 대해서는 〈열왕기〉와 〈역대기〉가 모두 그를 신앙적으로나 행정적으로 선정을 베푼 왕으로 평가합니다. 그는 우상을 타파했고(대하 14:2~3; 왕상 15:11~12), 아세라 상을 만든 그의 조모 마아가를 폐위시켰으며, 비록 산당을 제거하지는 못했지만 그 마음이 일평생 온전했습니다(대하 15:16~18; 왕상 15:13~15).

이외에도 〈역대기〉는 아사에 대한 긍정적인 기사들을 추가하였습니다(대하 14:4~15:15). 〈역대기〉가 전하는 아사의 가장 큰 공적은 백성으로 하여금 여호와를 찾게 하여 나라를 평안하게 했다는 것입니다(14:4~5). 그는 또한 평안할 때 성읍들을 더 든든하게 쌓고 군대를 정비한 지혜로운 왕이었습니다. 하지만 그렇다고 아사가 요새나 군사력을 의지한 것은 아니었습니다. 그는 백성을 동원할 때 이 점을 분명하게 밝혔습니다. "우리가 여호와 하나님을 찾았으므로 이 땅이 아직 우리 앞에 있나니 우리가 이 성읍들을 건축하고 그 주위에 성곽과 망대와 문과 빗장을 만들자 우리가 주를 찾았으므로 주께서 우리 사방에 평안을 주셨느니라"(14:7).

아사의 믿음은 구스 사람들이 쳐들어왔을 때 잘 나타났습니다. 그가 구스 사람과 맞서 싸우려고 나갈 때에 하나님을 신뢰하고 기도했습니다. "여호와여 강한 자와 약한 자 사이에는 주밖에 도와 줄 이가 없사오니 우리 하나님 여호와여 우리를 도우소서 우리가 주를 의지하오며 주의 이름을 의탁하옵고 이 많은 무리를 치러 왔나이다 여호와여 주는 우리 하나님이시오니 원하건대 사람이 주를 이기지 못하게 하옵소서"(14:11). 그의 아버지 아비야가 여호와를 의지하였을 이스라엘 대군을 이겼던 것처럼, 아사 역시 하나님을 의지하므로 크게 승리하고 많은 노략물을 얻었습니다.

아사의 개혁(15장). 승리하고 돌아온 아사와 그의 백성에게 선지자 아사랴가 하나님의 말씀을 전하였습니다. "너희가 여호와와 함께 하면 여호와께서 너희와 함께 하실지라 너희가 만일 그를 찾으면 그가 너희와 만나게 되시려니와 너희가 만일 그를 버리면 그도 너희를 버리시리라"(15:2). 아사는 이 말씀을 듣고 그 땅에서 우상을 없애고 여호와의 제단을 재건하였으며, 유다와 베냐민 사람들은 물론 북쪽 이스라엘에서 넘어온 신실한 사람들을 다 모아서 여호와를 찾기로 언약하고 여호와를 찾지 않는 사람은 죽이는 것이 마땅하다고 맹세했습니다. 아사와 유다가 승리한 후에도 교만하여 넘어지지 않고 대대적인 개혁과 언약 갱신을 통해 하나님을 찾았으므로 하나님이 그 땅에 전쟁이 없게 하셨습니다.

아사의 실책(16장). 아사 재위 35년까지 나라가 평안하였으나 36년에 이스라엘 왕 바아사가 유다를 공격하려고 와서 라마에 요새를 건축하여 예루살렘을 압박하려고 했습니다. 이때 아사는 하나님을 의지하지 않고 아람 왕에게 뇌물을 보내 그의 도움으로 이 위기를 극복하려고 했습니다. 아사의 요청에 따라 아람 왕이 이스라엘 북쪽 국경을 침범하였고, 이에 바아사는 라마를 포기하고 군대를 철수해 갔습니다. 아사의 바람대로 문제 해결은 되었지만, 선견자 하나니로부터 그가 하나님을 의지하지 않고 아람 왕을 의지했기 때문에 앞으로는 그 땅에 전쟁이 있을 것이라는 심판의 말씀을 들었습니다. 이 말을 듣고 아사는 진노하여 하나니를 감옥에 가두었고, 또 발에 병이 들어 위독한 때에 하나님을 찾지 않고 의원들을 찾다가 결국 죽고 말았습니다.

3) 견고한 유다(17~20장)

여호사밧의 개혁(17장). 여호사밧은 초기의 아사와 같이 개혁적인 정책을 펼친 선한 왕이었습니다. 그는 군사적으로 북방 경계를 튼튼히 하여 북 이스라엘을 방어하고, 신앙적으로 바알을 찾지 않고 하나님을 찾으며 그의 계명을 지키는 신실한 왕이었습니다. 그래서 하나님이 그에게 복을 주셔서 그의 나라를 견고하게 하시고 부귀영화를 떨치게 하셨습니다(17:5, 18:1). 그 후로도 여호사밧은 전심으로 여호와의 길로 가며, 우상을 타파하고 산당과 아세라 목상을 제거했습니다(17:1~6; 왕상 22:41~44). 〈역대기〉에서 특별히 주목하는 것은 여호사밧이 방백들과 제사장들과 레위인들로 하여금 여호와의 율법책을 가지고 유다 성읍들에 두루 다니며 백성을 가르치게 했다는 것입니다(17:7~9). 이것은 에스라가 레위인과 함께 포로 후기 공동체에게 율법을 가르쳐 개혁을 이룬 역사의 선례라고 할 수 있습니다(스 7:10, 25, 8:15~20; 느 8:7).

> **〈에스라서〉 7장 25절을 적어 봅시다.**
>
> _____
>
> _____
>
> _____

여호사밧과 아합(18장). 여호사밧은 전반적으로 선한 왕으로 평가받지만 그에게도 문제가 있었습니다. 그것은 북 이스라엘의 악한 왕 아합 가문과 혼인을 통해 인척 관계를 맺은 것입니다(18:1). 여호사밧은 아합과 가까이 하면서 아합의 요청에 따라 아람을 치는 전쟁에 참여했습니다. 이 전쟁에서 아합은 죽고, 여호사밧도 아합으로 몰려 죽을 뻔하다가 겨우 살아났습니다. 이 사건에 대해 〈역대기〉는 여호사밧이 하나님의 도우심으로 구원받은 것을 강조합니다. 다음 성경 구절을 비교해서 보십시오.

역대하 18:31~32	열왕기상 22:32~33
병거의 지휘관들이 여호사밧을 보고 이르되 이가 이스라엘 왕이라 하고 돌아서서 그와 싸우려 한즉 여호사밧이 소리를 지르매 여호와께서 그를 도우시며 하나님이 그들을 감동시키사 그를 떠나가게 하신지라. 병거의 지휘관들이 그가 이스라엘 왕이 아님을 보고 추격을 그치고 돌아갔더라.	병거의 지휘관들이 여호사밧을 보고 그들이 이르되 이가 틀림없이 이스라엘의 왕이라 하고 돌이켜 그와 싸우려 한즉 여호사밧이 소리를 지르는지라. 병거의 지휘관들이 그가 이스라엘의 왕이 아님을 보고 쫓기를 그치고 돌이켰더라.

여호사밧의 2차 개혁(19장). 전쟁 후에 여호사밧은 평안히 예루살렘에 돌아왔지만 악한 왕 아합을 도운 일에 대해 선견자 예후를 통해 하나님의 진노하심이 있을 것이라는 심판의 선고를 들었습니다. 그러나 여호사밧이 우상을 부수고 하나님을 찾은 것만큼은 그의 긍정적인 공적으로 인정을 받았습니다. 선견자의 경고 이후에 〈역대기〉는 여호사밧의 선한 통치에 대해 이야기합니다. 여호사밧은 전국을 순회하면서 백성을 독려하여 하나님에게로 돌아오게 하고(19:4), 또 각 성읍마다 제사장과 레위인, 족장들 가운데 재판관을 세워 하나님의 율법대로 재판이 이루어지도록 했습니다. 그의 아버지 아사는 선견자 하나니의 경고를 받고 분노하여 그를 감옥에 가두는 실책을 했지만, 여호사밧은 선견자 예후의 말을 받아들여 더 신실하게 하나님을 섬기고 선한 통치를 한 것입니다.

여호와를 의지함(20장). 〈역대기〉는 말년의 아사의 실패와 비교되는 여호사 밧의 또 다른 일화를 소개하고 있습니다. 아사는 병들었을 때 하나님을 찾지 않고 의사를 찾다가 결국 죽었습니다. 그러나 여호사밧은 아버지와 달리 모압 과 암몬의 연합군이 쳐들어왔을 때 온 백성과 함께 금식하며 기도하는 가운데 하나님을 신뢰하고 그의 도우심을 구했습니다. 하나님이 이 기도를 들으시고 적들을 자멸하게 하셔서 여호사밧과 그 백성을 구원하셨습니다. 뿐만 아니라 모든 이방 나라가 이 소문을 듣고 두려워하여 그 나라가 태평하게 되었습니다.

여호사밧이 전반적으로 긍정적인 평가를 받고 있음에도 불구하고 그 기사 의 끝은 아름답지 못합니다. 〈역대기〉는 여호사밧이 이스라엘 왕 아하시야와 동맹하다가 심판을 받아 손실을 입은 것을 지적합니다. 그의 가장 큰 문제는 아합 집과 결속한 것입니다.

3. 분열 후반(대하 21~32장)

〈역대하〉의 21~26장은 아합의 사위 여호람부터 웃시야까지 거의 한 세기 동안(주전 850~750)에 해당하는 분열 왕국 후반기의 역사를 다룹니다.

1) 아합 집의 영향(21~22장)

여호사밧이 이스라엘 왕 아합과 사돈 관계를 맺고 서로 화친함으로 양국 사이에 전쟁은 없었으나, 이 같은 결합은 유다가 이스라엘의 영향을 받고 타락 하는 부작용을 낳았습니다.

여호람(21장). 여호람은 아합의 딸인 아달랴를 아내로 맞으면서 아합의 집과 같이 우상을 섬김으로 하나님 앞에 악을 행하였습니다. 그럼에도 불구하고 하 나님은 다윗 언약을 생각하시고 다윗 왕조를 끝내지 않으셨습니다. 〈열왕기〉 는 "유다" 멸하기를 즐겨하지 않으신다고 했는데(왕하 8:19), 〈역대기〉는 "다윗의 집"을 멸하기를 즐겨하지 않으셨다고 했습니다(대하 21:10). 이것은 〈역대기〉가 다윗 왕조에 대해 거는 특별한 기대를 보여 주고 있습니다. 그러나 죄에 대한 심판이나 책임이 없어진 것은 아닙니다. 여호람이 하나님을 버렸으므로 그때까지 유다의 지배 아래 있던 이방 족속이 유다를 배반하여 떠나가고 유다는 오히려 이방 족속의 탈취에 시달려야 했습니다. 국가적인 위기뿐만 아니라 여호람 자신도 선지자 엘리야의 경고대로 중병이 들어 결국 비참하게 죽었습니다.

〈열왕기하〉 8장 19절을 적어 봅시다.

아하시야(22장). 아달랴는 남편 여호람을 배교의 길로 가게 했을 뿐만 아니라 그 아들 아하시야까지 꾀어 아합의 죄를 따라 가게 했습니다. 그는 자신의 외숙부이자 아합의 아들인 이스라엘 왕 여호람(요람)이 아람과의 전쟁에서 부상당하여 누워 있다는 소식을 듣고 그에게 병문안 갔다가 거기에서 예후의 반란을 만나 살해당했습니다. 〈역대기〉 기자는 그나마 아하시야가 "전심으로 여호와를 구하던 여호사밧의 아들"이라는 이유로 사람들이 그 시체를 적절하게 장사지냈다는 것을 부각시켰습니다(22:9). 여호와를 찾는 것이 얼마나 중요한 것인지를 다시 한 번 강조하고 있는 것입니다.

아하시야가 죽었다는 소식을 듣고 아달랴는 다른 왕자들을 죽이고 스스로 여왕이 되어 유다를 다스렸습니다. 그러나 아하시야의 누이이자 제사장 여호야다의 아내인 여호사브앗이 어린 요아스를 구해 성전에서 6년 동안 숨겨 키웠습니다.

2) 변절한 왕들(23~26장)

여기의 세 왕들은 초기에 신실하였으나 나중에 변심하여 타락했고 그래서 결국 비참한 종말을 맞이했습니다.

요아스(23~24장). 요아스가 7세가 되었을 때, 제사장 여호야다는 다윗 언약에 따라 그 후손인 요아스가 왕이 되어야 할 것을 사람들에게 설득했습니다. 그래서 악한 여왕 아달랴를 죽이고 요아스를 왕으로 세우는 데 성공했습니다. 여기에서 〈역대기〉는 단지 정치적인 지각변동만을 이야기하지 않고 성전 제사와 예배가 어떻게 회복되었는지를 주목합니다. 여호야다는 성전의 직원들을 세워 레위 제사장을 돕게 하였고, 문지기들을 세워 성전의 거룩함을 유지하도록 했습니다(24:18~19).

요아스는 자신의 숙부이자 후견인인 제사장 여호야다가 살아 있는 동안에는 여호와 보시기에 정직히 행하면서 성전을 수리하는 등 선정을 베풀었습니다. 하지만, 여호야다가 죽은 후에는 여호와의 성전을 버리고 우상을 섬겼습니다. 요아스는 하나님이 그를 돌이키시려고 보내신 선지자들의 말도 거부했습니다. 여호야다의 아들 스가랴가 하나님의 신에 감동되어 백성에게 "너희가 여호와를 버린 고로 여호와께서도 너희를 버리셨느니라"(24:20)고 하자 그를 성전 뜰 안에서 돌로 쳐 죽게 했습니다. 그다음 해 아람 군대가 쳐들어 와 모든 방백을 죽이고 재물을 약탈해 갔습니다. 이것은 요아스와 유다 백성이 하나님을 버린 것에 대한 징벌이었습니다. 요아스 자신도 이 전쟁에서 부상당하여 결국 침상에서 신복들에게 암살당했습니다.

아마샤(25장). 아마샤는 초기에는 하나님 보시기에 정직히 행했습니다. 부왕을 암살한 신복들을 죽였으나 율법에 기록된 대로 자녀들은 죽이지 않았습니다. 또 군사력을 보강하기 위해 이스라엘로부터 용병 10만을 데려왔으나 무명의 선지자의 권고를 듣고 이를 돌려보냈습니다. 외세를 의지하지 말고 오직 하나님만 의지하고 가야지 그렇지 않으면 적군 앞에 패하게 될 것이라는 경고를 들었기 때문입니다. 이스라엘 용병을 돌려보낸 후에 아마샤는 선지자의 말에 따라 용기를 내서 에돔을 쳤고 큰 승리를 거두었습니다.

그런데 에돔과 전쟁에서 승리한 후 아마샤는 그들의 우상을 가져다가 섬겼습니다. 선지자가 이것을 제지하였지만 그는 그 경고마저 무시하여 하나님의 진노를 샀습니다. 그래서 아마샤가 이스라엘 왕 요아스에게 선전포고를 하고 전쟁을 했을 때는 도리어 크게 패하여 예루살렘 성전까지 약탈당하고 많은 사람이 포로로 끌려갔습니다. 하나님을 버린 아마샤는 아버지 요아스처럼 반란 중에 살해당했습니다(25:27).

웃시야(26장). 아마샤 아들 웃시야가 왕위에 오른 후 적어도 하나님의 묵시를 아는 스가랴가 살 동안에 그는 여호와를 구하였고 또 그가 여호와를 구하는 동안은 하나님이 그를 형통하게 하셨습니다(26:5). 그리하여 그는 하나님의 도우심으로 주변의 많은 나라를 정복하였고, 예루살렘 성곽의 문들과 망대를 세워 방위를 튼튼하게 했으며, 또 저수지를 많이 만들어 목축과 농사가 잘 되게 하는 등 나라를 잘 다스렸습니다. 그러나 그는 강성해진 후 교만해져서 규례를 어기고 제사장이 할 분향을 스스로 하려다가 하나님의 진노를 사서 나병에 걸렸습니다. 그 후로 그는 더 이상 성전에 접근하지 못하고 따로 별궁에서 지내다가 죽었고 그가 별궁에 있는 동안은 그의 아들 요담이 대신 통치했습니다.

3) 일관된 왕들(27~32장)
앞의 세 왕들은 선하게 시작했다가 악하게 끝나는 이중성을 보였는데, 여기의 세 왕은 선하든지 악하든지 일관되었으며, 또 선대왕과 대조되는 특성이 있습니다.

요담(27장). 요담에 대해서 〈역대기〉는 〈열왕기〉를 따라 그가 아버지 웃시야처럼 정직하게 행하였다고 평가합니다(27:2; 왕하 15:34). 그리고 여기에 덧붙여 〈역대기〉는 "여호와의 성전에는 들어가지 아니하였고"라고 했습니다. 즉 웃시야가 말년에 범한 실수를 요담이 따라가지 않고 신앙의 순전함을 지켰다는 것을 강조합니다. 〈열왕기〉는 요담이 성전의 윗문을 건축했다고 간략하게 소개했지만(왕하 15:35), 〈역대기〉는 요담의 다른 공적을 더 설명합니다. 그는 유다에 튼튼한 성읍들을 건축하고 암몬 족속을 굴복시켰으며 또 여호와 앞에서 정도를 행하여 점점 강해졌습니다.

〈열왕기하〉 15장 34~35절을 적어 봅시다.

아하스(28장). 아하스는 아버지 요담과 정반대로 전적으로 악한 왕이었습니다. 그는 아버지 요담처럼 여호와 앞에 정직한 길로 행하지 않고, 이스라엘 왕들처럼 우상을 섬기고 이방의 가증한 풍속들을 따라했습니다. 이 부정적인 평가는 〈열왕기〉의 평행 본문과 거의 유사하지만, 〈역대기〉는 보다 구체적으로 이스라엘 왕들의 길에 대한 구체적인 실례가 무엇인지를 제시하고 있습니다.

역대하 28:2~3	열왕기하 16:3
이스라엘 왕들의 길로 행하여 바알들의 우상을 부어 만들고 또 힌놈의 아들 골짜기에서 분향하고 여호와께서 이스라엘 자손 앞에서 쫓아내신 이방 사람들의 가증한 일을 본받아 그의 자녀들을 불사르고.	이스라엘의 여러 왕의 길로 행하며 또 여호와께서 이스라엘 자손 앞에서 쫓아내신 이방 사람의 가증한 일을 따라 자기 아들을 불 가운데로 지나가게 하며.

그 외에도 〈역대기〉는 여러 추가적인 자료를 제시하며 〈열왕기〉와 다른 강조점을 제시합니다. 〈열왕기〉는 아람과 이스라엘 연합군이 아하스를 이기지 못했다고 했습니다(왕하 16:5). 그러나 〈역대기〉에 의하면 하나님이 아하스를 아람 왕과 이스라엘 왕의 손에 넘기셔서 그들이 많은 사람을 살육하고 또 포로로 잡아갔습니다(대하 28:5~8).

하나님이 아직 아하스에게 기회를 주시고 선지자 이사야를 보내셔서 그가 돌이키기를 기다리시는 상황입니다. 하지만 아하스는 결국 회개하지 않았습니다. 〈역대기〉는 그 결과 아하스에 대한 심판으로 유다가 비참한 상황에 이르게 되었다는 것을 강조합니다. 유다는 북쪽으로부터 이스라엘과 아람의 공격을 당했을 뿐만 아니라 동쪽의 에돔과 서쪽 해변의 블레셋으로부터도 공격을 받았습니다(28:17~19).

이런 위기의 순간에 아하스는 하나님에게로 돌아가지 않고 앗수르 왕에게 도움을 청했습니다. 〈열왕기〉는 앗수르 왕이 아하스의 요청을 듣고 다메섹을 공격했다고 증거함으로써 아하스의 시도가 성공적인 것처럼 보이게 하지만(왕하 16:9), 〈역대기〉는 앗수르 왕이 유다에 전혀 도움이 안 되었고, 오히려 유다를 공격했다고 말합니다.

앗수르 왕에게 도움을 요청한 것이 실패로 드러났음에도 불구하고 아하스는 회개하지 않고 오히려 다메섹의 우상들을 위해 제단을 쌓고 우상을 섬겼습니다. 〈열왕기〉는 단지 아하스의 죄악된 행동을 묘사하였지만 〈역대기〉는 그 근본적인 동기와 결과를 파헤칩니다. 즉 아하스는 다메섹의 신들이 도울 것을 기대하고 그렇게 했지만 오히려 그 신 때문에 아하스와 온 이스라엘이 망했습니다. 그뿐만 아니라 아하스는 성전을 파괴하고, 산당을 세워 다른 신들에게 분향하여 하나님을 더욱 진노하시게 했습니다.

〈열왕기하〉 16장 9절을 적어 봅시다.

_____

_____

　　히스기야(29~32장). 히스기야는 아버지 아하스와 정반대로 하나님 보시기에 정직한 왕이었습니다. 그는 제사장과 레위인들을 모아서 지금까지 성전을 방치해 두고 우상숭배하였던 악행들을 청산하고 하나님 앞에 속죄제를 드리며 새롭게 출발했습니다(29장). 또한 앗수르의 침입에서 살아남은 북쪽의 이스라엘 백성까지 초청하여 예루살렘에서 유월절(무교절)을 크게 지켰습니다(30장). 그 축제가 얼마나 컸던지 그 즐거움이 마치 다윗과 솔로몬 때에 비길 만 했습니다. 유월절 집회 이후 백성은 나가서 유다와 이스라엘 온 땅에서 우상을 타파하고 산당과 단을 제거하였습니다. 또한 히스기야는 예루살렘 성전에서 제사장과 레위인 등 사역자들을 세우고 백성으로부터 십일조를 모아 그들의 쓸 것을 충분히 공급하게 했습니다(31장).

　　〈열왕기〉와 마찬가지로 〈역대기〉는 히스기야 시대에 앗수르 왕 산헤립이 쳐들어온 사건을 기술하고 있습니다(32장). 〈역대기〉는 히스기야가 앗수르의 공격에 대비해 성 밖의 물 근원을 막아 앗수르 군대가 물을 얻지 못하게 하고 동시에 성벽을 보수하고 외성을 굳게 쌓아 방비를 튼튼하게 했으며, 백성을 신앙적으로 안심시킨 것에 주목합니다(32:2~8). 이것은 느헤미야 시대에 대적들의 위협 속에서 성벽을 보수한 포로 후기 공동체에게 모범이 되는 기사였습니다. 〈역대기〉는 히스기야가 성전에서 기도한 내용 자체는 생략하고 간략하게 히스기야가 선지자 이사야와 더불어 기도했다는 말로 요약하고, 기도의 응답으로 앗수르 왕이 패하여 물러가고 히스기야는 사방에서 높임을 받았다고 합니다.

　　히스기야가 병들어 죽게 되었다가 기도로 낫게 된 것 그리고 그 이후 바벨론 사절단이 방문한 사건도 〈역대기〉는 비교적 간략하게 다룹니다(32:24~31; 왕하 20:1~19). 다만 히스기야가 병이 나은 후에 교만하여 하나님의 진노를 받았다가 다시 뉘우치고 용서함 받아 당대에 화를 면하였다고 증거함으로써, 겸손하면 하나님이 용서하시고 회복하신다는 〈역대기〉의 신학적 관점을 잘 설명하고 있습니다.

4. 유다 말기(대하 33~36장)

〈역대하〉의 마지막 장면은 왕정 말기의 역사로서(주전 700~537) 앗수르에 의해 북 이스라엘이 멸망한 이후 남 유다만 남았다가 바벨론에 의해 유다도 멸망하고 다시 고레스의 조서와 함께 바벨론에서 1차 포로 귀환이 이루어지기까지 유다 왕국의 마지막 역사를 다루고 있습니다.

1) 타락한 유다(33장)

〈열왕기〉는 여러 차례 므낫세의 악행이 하나님의 진노를 사서 그 때문에 유다가 멸망하게 되었다고 증거했습니다(왕하 21:11~15, 23:26~27, 24:3, 4). 〈역대기〉 기자 역시 므낫세가 우상을 섬기고 이방 풍속을 행한 것에 대해 정죄하면서, 그의 통치로 말미암아 유다 백성의 죄가 그들 앞에 멸망한 열방보다 더 심했다고 합니다(대하 33:9). 그러나 〈역대기〉는 〈열왕기〉처럼 유다 멸망의 책임을 직접적으로 므낫세에게 돌리지는 않았습니다. 오히려 그가 앗수르 군대에게 사로잡혀 바벨론으로 끌려갔을 때 겸비하여 기도함으로써 하나님의 용서하심을 받아 다시 예루살렘으로 돌아와 왕위에 앉게 되었고, 그 이후 그는 우상을 타파하고 하나님을 섬겼다는 것을 말합니다(33:10~13, 19).

이것은 〈역대기〉가 〈열왕기〉와 모순된다는 뜻이 아닙니다. 분열 왕국 초기 유다 왕들의 역사에서와 마찬가지로 〈역대기〉 기자는 하나님의 진노를 받았더라도 겸비하여 회개하면 용서함 받는다는 신학적 메시지를 전달하고 있는 것입니다. 이와 같은 〈역대기〉 기자의 관점은 므낫세의 아들 아몬에 대한 묘사를 통해 분명하게 확인할 수 있습니다. 즉 아몬도 므낫세처럼 우상숭배하여 하나님 앞에서 악행을 했지만, 그는 므낫세처럼 겸비하지 않아 망하게 되었다는 것을 강조합니다.

2) 마지막 개혁(34~35장)

요시야는 우상들을 타파하고 또 우상의 제사장들을 처형함으로 예루살렘과 유다, 더 나가서 북왕국을 포함한 온 이스라엘을 정결하게 했습니다. 또한 성전을 수리하다 발견한 율법책을 읽고 그와 온 백성이 통회하면서 율법의 말씀대로 개혁을 했습니다. 이와 같은 요시야의 개혁 정책에 대해서는 〈열왕기〉의 설명과 많이 중복됩니다(34장; 왕하 22~23장). 여기에서 〈역대기〉는 요시야가 히스기야와 마찬가지로 예루살렘에서 유월절(무교절)을 크게 지킨 것을 아주 자세하게 설명합니다(35장; 왕하 23:21~23). 예배에 대한 〈역대기〉의 강조가 드러나고 있습니다.

요시야가 개혁적인 정책을 펼치면서 하나님 앞에 정직하게 행하였지만 그는 불행하게도 므깃도에서 애굽 왕 (바로)느고와 전쟁 중에 중상을 입고 예루살렘에 돌아와 죽었습니다.

3) 유다의 최후(36장)

요시야의 아들 여호아하스가 왕이 된 지 석 달 만에 애굽 왕 느고가 쳐들어와 그를 애굽으로 사로잡아 갔고, 그 대신 그의 형제 여호야김을 세웠습니다(36:1~4). 그 후 바벨론 왕 느부갓네살이 쳐들어와 성전을 약탈하고 여호야김을 바벨론으로 끌고 갔습니다(36:5~8). 여호야김에 이어 그의 아들 여호야긴이 왕이 되었는데, 그때 느부갓네살이 또 쳐들어와 여호야긴을 포로로 잡아가고 그 대신 그의 숙부 시드기야를 왕으로 세웠습니다(36:9~10). 시드기야는 하나님 보시기에 악한 왕이었고, 선지자 예레미야의 경고까지 무시하여 하나님 앞에서 겸비하지 않았습니다. 왕뿐만 아니라 제사장, 지도자, 온 백성이 이방 풍속을 따라 행하고, 성전을 더럽히며 선지자들의 경고를 비웃고 그 말씀을 멸시했습니다. 그래서 하나님의 진노로 말미암아 유다와 예루살렘은 바벨론의 손에 멸망당했습니다(36:11~21). 그러나 〈역대기〉는 멸망 이후에 하나님이 고레스의 마음을 감동시키셔서 바벨론에 끌려간 이스라엘 백성이 예루살렘에 돌아와 성전을 건축할 수 있게 되었다는 사실로 끝을 맺음으로써, 이스라엘의 역사가 비참하게 끝나지 않았음을 역설합니다(36:22~23). 〈역대하〉 마지막의 이 두 구절은 〈에스라서〉 시작 부분과 연결되어 회복과 재건의 역사로 이어집니다.

❖ 〈역대기〉를 정리해 봅시다.

	왕권의 형성		왕권의 흥망				왕권의 회복	
	사무엘상	사무엘하	열왕기상	열왕기하	역대상	역대하	에스라 느헤미야	에스더
다윗 왕권	**선택**	**다윗 왕**	**왕정**	**몰락**	**성전 준비**	**제1성전**		
	엘리	유다 왕	솔로몬	엘리사	족보	( )		
	사무엘	통일왕	변심	개혁	( )	분열 전반		
	사울	재난	분열	북 말기	언약궤	( )		
	다윗	후기	엘리야	남 말기	( )	유다 말기		

※ 〈역대기〉 외에 나머지 빈칸은 해당 단원에 가서 차례로 정리할 것입니다.

4과
에스라/느헤미야, 에스더

이스라엘의 끊임없는 배교와 악행으로 말미암아 북왕국 이스라엘에 이어 남왕국 유다까지 하나님의 심판으로 인해 멸망당했을 때, 하나님이 다윗에게 약속하셨던 영원한 왕권도 마침내 끝이 난 것처럼 보였습니다. 그러나 하나님은 포로로 잡혀간 이스라엘 백성을 끝까지 보호하시고 은혜를 베푸셔서 그들로 하여금 다시 시작할 수 있는 기회를 주심으로써 다윗과의 언약을 신실하게 지켜 나가십니다. 〈에스라서〉, 〈느헤미야서〉는 이렇게 포로기 이후에 하나님이 이스라엘과 다윗 왕권을 회복시키시는, 유다 본토로 귀환한 이스라엘 자손의 역사를 기록한 반면, 〈에스더서〉는 이방에 여전히 남아 있는 자들, 즉 디아스포라(흩어진 자들)의 역사를 다루고 있습니다.

페르시아 왕들

| 고레스 550~530 | 감비세스 530~522 | 다리오 522~486 | 아하수에로 486~465 | 아닥사스다 465~424 | 다리오 II 423~404 | 아닥사스다 II 404~358 |

바벨론 정복 539

에스더

알렉산더 332

538 1차 귀환 / 536 성전 기초 / 520 공사 재개 / 516 완공 / 458 2차 귀환 / 444 3차 귀환 / 443 성벽 재건

스룹바벨   에스라   느헤미야

포로 후기 역사

Ⓐ 제2성전

　〈에스라서〉와 〈느헤미야서〉는 원래 히브리 전통에서 한 권으로 여겨졌으나 후대에 두 권으로 구분되었습니다. 〈에스라서〉, 〈느헤미야서〉는 '제2성전' 시대의 역사를 다루고 있습니다. 즉 바벨론 포로로 끌려갔던 이스라엘 백성이 고레스의 귀환 칙령으로 유다 예루살렘으로 돌아와 무너진 성전과 성벽을 재건하고 신앙을 회복하는 역사를 설명하고 있는 것입니다(주전 5~6세기). 그중에서 〈에스라서〉는 다윗의 후손인 스룹바벨(대상 3:19)의 주도 아래 이루어진 1차 귀환과 성전 재건 그리고 학사 겸 제사장인 에스라의 인도 아래 이루어진 2차 귀환과 율법 정립에 대한 것입니다. 〈느헤미야서〉는 총독 느헤미야가 3차로 귀환하여 예루살렘 성벽을 재건하고 공동체를 쇄신한 역사를 기록하고 있습니다.

〈에스라서〉와 〈느헤미야서〉의 구조와 요점

1 성전 재건 (스 1~6장)	다윗의 후손 스룹바벨을 중심으로 바벨론 포로에서 1차 귀환한 자들이 성전을 재건했습니다.		
	1) 1차 귀환(1~2장) 포로로 끌려간 백성이 성전을 재건하라는 고레스 왕의 조서를 받고 본국으로 돌아왔습니다.	**2) 성전 공사**(3~4장) 스룹바벨의 주도 아래 재건 공사가 시작되었다가 대적자들의 방해로 중단되었습니다.	**3) 성전 완공**(5~6장) 선지자들의 지원과 함께 공사가 재개되어 성전을 재건하였습니다.
2 율법 정립 (스 7~10장)	에스라를 중심으로 2차 귀환한 자들이 율법대로 살기로 하고 개혁을 했습니다.		
	1) 2차 귀환(7~8장) 에스라가 율법을 세우라는 아닥사스다 왕의 조서를 받고 지도자들과 함께 2차 귀환했습니다.	**2) 통회 기도**(9장) 이스라엘 백성이 이방인과 통혼하며 죄를 짓는 것에 대해 에스라가 통회 기도를 했습니다.	**3) 이방과 결연**(10장) 이스라엘 백성이 이방인 아내들을 내어보내 이방과 결속을 끊었습니다.
3 성벽 중수 (느 1~6장)	느헤미야가 3차로 귀환하여 예루살렘 성벽을 중수하여 예루살렘 성읍을 복구했습니다.		
	1) 3차 귀환(1~2장) 느헤미야가 파괴된 예루살렘을 복구하기 위해 아닥사스다 왕의 허락을 얻어 귀환했습니다.	**2) 성벽 공사**(3~4장) 느헤미야와 백성이 대적들의 방해 속에서 무너진 성벽을 다시 쌓아 갔습니다.	**3) 성벽 완공**(5~6장) 내부적인 갈등과 계속되는 외부의 위협을 극복하고 성벽 공사를 마쳤습니다.
4 새 공동체 (느 7~13장)	복구된 예루살렘에 새 거주민이 공동체를 이루어 언약을 갱신하고 쇄신 운동을 계속했습니다.		
	1) 귀환자 계보(7장) 예루살렘에 거주할 사람들을 확정하려고 귀환자들의 계보와 명수를 확인하였습니다.	**2) 언약 갱신**(8~10장) 에스라가 율법을 낭독하고, 백성은 그 율법대로 살기를 맹세하였습니다.	**3) 봉헌과 개혁**(11~13장) 느헤미야가 성벽을 봉헌하고 공동체 성결을 위해 개혁적인 조치를 했습니다.

1. 성전 재건(스 1~6장)

고레스의 조서와 함께 본국으로 귀환한 자들이 맨 먼저 성전을 재건했습니다. 원래 성전은 하나님이 이스라엘 백성 가운데 왕으로서 그들과 함께하신다는 것을 나타내는 것이었습니다. 그런데 이스라엘 백성이 하나님 앞에 범죄하였으므로, 하나님이 그들을 약속의 땅에서 쫓아내시고 성전은 바벨론 군대에게 짓밟히게 하셨습니다. 그러나 이제 형벌의 기한이 끝나고 포로로 끌려간 백성이 돌아오면서 나라가 회복되는 가운데 무엇보다 먼저 하나님의 임재하심이 다시 이루어지도록 성전 재건의 역사가 이루어졌습니다. 다윗과 솔로몬 시대의 1차 성전 건축 때와 달리 악인들의 훼방과 모함 등으로 인해 한동안 건축이 중단되는 등 어려움을 겪었지만, 하나님의 도우심 아래 성전 재건의 역사가 마쳐졌습니다.

1) 1차 귀환(1~2장)

고레스의 조서와 포로 귀환(1장). 〈에스라서〉의 첫 장은 바사(=페르시아) 왕 고레스의 조서에 대한 소개로 시작합니다. 식민지를 파괴하고 억압했던 바벨론 제국과 달리 새롭게 일어난 페르시아 제국은 보다 온건한 정책을 펼쳤습니다. 그 가운데 하나님이 새 제국의 왕 고레스를 감동시키시고 그로 하여금 조서를 내려 포로로 끌려온 이스라엘 백성이 돌아가서 성전을 지을 수 있게 했습니다. 이 조서에는 또한 주변의 이방인들이 성전을 짓기 위한 예물을 드리라는 명령이 포함되어 있었습니다. 이것은 출애굽 상황을 연상하게 합니다. 출애굽 할 때 이스라엘 백성은 애굽 사람들에게 재물을 얻어 가지고 나왔고 그것이 성막을 건축하는 데 자원이 되었습니다. 바벨론 포로 귀환은 제2의 출애굽이었습니다.

고레스 왕의 조서에 따라 성전 재건을 위해 족장들과 제사장, 레위인들이 일어났고 이에 주변의 많은 사람이 성전 건축을 위해 예물을 드렸습니다. 고레스 왕도 전에 느부갓네살이 예루살렘에서 가져왔던 성전의 그릇과 기구들을 유다 총독 세스바살에게 내어 주었고, 세스바살은 그 기구들을 예루살렘으로 다시 가져왔습니다.

귀환자 명단(2장). 바벨론에 포로로 잡혀갔다가 귀환한 자들이 소개되는 가운데, 스룹바벨과 예수아가 선두로 나옵니다(2:2). 스룹바벨은 다윗의 후손으로서 성전을 짓는 합법적인 계승자입니다. 왜냐하면 하나님이 다윗에게 왕권을 약속하실 때 그의 후손이 하나님을 위한 집을 짓는다고 하셨기 때문입니다. 그것은 솔로몬에 대한 말씀이었지만, 솔로몬의 성전은 무너졌으므로 이제 다시 다윗의 후손을 통해 성전이 재건되어야 하는 것입니다. 예수아(여호수아)는 대제사장으로서 성전의 봉사를 총괄하는 중요한 역할을 합니다. 이 두 사람 외에 다른 대표자들과 제사장, 레위인 등의 계보를 따라 포로 귀환자들의 명단이 나오며, 이들이 다 각각 예루살렘과 유다의 성읍에 정착하였습니다.

2) 성전 공사(3~4장)

첫 절기(3:1~7). 포로에서 돌아와 각 성읍에 흩어져 살던 이스라엘 백성이 7월에 예루살렘에 일제히 모였습니다. 이때는 유월절과 오순절에 이은 3대 절기의 하나인 초막절입니다. 초막절은 하나님과 그 백성이 장막을 짓고 함께 있음을 기념하는 절기이며 1년 후반부의 첫 시작점으로서 새 출발의 의미가 있습니다. 그러나 아직 성전 재건이 시작되지 않았으므로 이스라엘 백성은 성전 터 위에 제단만 쌓고 번제를 드리며 절기를 지켰습니다.

공사 시작(3:8~13). 다윗의 후손 스룹바벨과 대제사장 예수아의 주도 아래 포로에서 돌아온 그 이듬해 2월에 드디어 성전 재건 공사가 시작되었습니다. 여호와의 전 지대 곧 그 기초가 놓이자 백성은 감격하여 큰 소리로 찬송하며 즐거이 불렀고, 그 가운데 첫 성전을 기억하던 노인들의 통곡 소리가 함께 어우러졌습니다.

공사 중단(4장). 하나님의 인도하심에 따라 감격 속에서 성전 재건 공사가 시작되었지만 곧 장애에 부딪혔습니다. 북 이스라엘에는 앗수르 왕에 의해 그 땅에 옮겨와 살게 된 사람들이 있었는데 그들도 지금까지 하나님에게 제사를 드렸다고 주장하면서 성전 공사에 참여하기를 원했습니다. 그러나 과거 이스라엘은 이방인과 교제하다 배교하고 혼합주의에 빠져 심판을 받았기 때문에, 이번에 유다 사람들은 그들의 연합 제의를 거절하였습니다. 그러자 그들은 거절당한 데 앙심을 품고 건축을 방해하고 관리들에게 뇌물을 주어 성전 건축 공사를 막았습니다.

여기에서 저자는 성전 재건 시기보다 적어도 반세기 이후에 대적들의 방해로 예루살렘 성읍과 성곽을 재건하는 공사가 막혔던 상황을 덧붙여 소개하고 있습니다. 아하수에로 왕(크세르크세스, 485~465) 때 대적들이 유다와 예루살렘 주민들에 대해 왕에게 모함을 했습니다(4:6). 아하수에로 왕은 에스더의 남편입니다. 그런데 어떻게 대적들이 모함했는지에 대해서는 더 이상 설명이 없고, 그다음 아닥사스다 왕(주전 464~423; 아하수에로의 후계자) 때 사건을 자세하게 기술하고 있습니다. 대적들은 왕에게 고소장을 내서 유다 백성이 성읍과 성곽을 재건하지 못하도록 막았습니다. 그 고소는 유다 백성이 예전부터 반역적이었는데, 이제 성이 완공되면 그들이 힘을 가지므로 세금을 내지 않고 반역할 것이라고 했고, 이에 아닥사스다 왕은 조서를 내려 공사를 중지시켰습니다.

3) 성전 완공(5~6장)

성전 공사는 다리오 왕 2년(주전 520년)까지 중단되었다가 학개와 스가랴의 활동으로 공사가 재개되었습니다. 그러나 성전 공사를 방해하는 또 다른 대적들이 나타났습니다. 유프라테스 강 이편 총독과 관료들이 와서 성전 건축이 누구의 허락으로 된 것인지를 따지고, 다리오에게 편지를 보내 이 일에 대해 조사해 줄 것을 요청했습니다. 그런데 이 일을 조사한 다리오 왕은 오히려 조서를 내려 성전 재건 공사가 합법적이므로 누구라도 공사를 방해하지 못하도록 명령했고, 또 유프라테스 건너편에서 거둔 세금으로 공사 비용을 보태라고 했습니다. 비록 대적들의 방해가 계속되었지만 하나님은 그 방해가 오히려 복이 되게 하셨고, 그렇게 해서 마침내 제2성전이 건설되게 하셨습니다(주전 516년). 이에 백성은 기쁨으로 봉헌식을 행하고, 또 율법에 기록된 대로 제사장과 레위인을 세워 성전의 봉사를 하게 했습니다. 또한 이 모든 일 뒤에 역사하신 하나님을 기리며 유월절과 무교절을 지켰습니다.

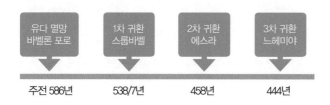

〈에스라서〉 ~ 〈느헤미야서〉의 사건 연대

2. 율법 정립(스 7~10장)

성전이 재건된 것은 왕이신 하나님 임재의 회복을 의미하는 것이지만 그것은 완성이 아니라 시작이었습니다. 이제 왕이신 그분의 통치하심이 온전히 이뤄지도록 그 땅에 율법이 다시 선포되고 지켜져야 했습니다. 〈에스라서〉와 〈느헤미야서〉의 두 번째 장면은 1차 귀환자들이 성전을 재건하고 난 후 거의 두 세대가 지난 다음에(주전 458년) 2차로 포로에서 귀환한 에스라의 주도 아래 하나님의 율법이 그 땅에서 정립되어지는 역사를 보여 주고 있습니다.

1) 2차 귀환(7~8장)

귀환 배경(7장). 2차 귀환의 중심인물인 에스라에 대한 소개로부터 시작합니다. 에스라는 아론에서 사독으로 이어지는 계보에 속한 제사장이었습니다. 그는 또 율법을 잘 아는 학사였으며, 아닥사스다 왕의 신임을 받는 사람이었습니다. 아닥사스다 왕이 조서를 내려 "하나님의 지혜를 따라 네 하나님의 율법을 아는 자로 유사와 재판관을 삼아 강 서편 모든 백성을 재판하게 하고 그 알지 못하는 자는 너희가 가르치라"고 했고, 이에 에스라는 이스라엘 백성에게 율법을 가르치기 위하여 다른 지도자들과 함께 귀환의 길을 떠났습니다.

귀환 여정(8장). 에스라와 함께 귀환하는 지도자들과 그 가족들을 소개하고 있습니다. 먼저 제사장 계보로서 비느하스(아론의 손자; 수 24:33)의 후손과 이다말(아론의 아들; 민 3:2)의 후손을 소개하고, 왕족 다윗의 후손을 언급합니다 (2절). 그다음에 평민들로서 대표 12명과 그 가족들의 수를 제시하였습니다 (3~14절). 이들이 길을 떠나기 위해 아하와 강가에 모였을 때, 에스라는 그 가운데 성전에서 봉사할 레위인이 없는 것을 보고, 레위 자손을 찾아와 동참하게 했습니다(15~20절). 이렇게 해서 제사장과 다윗 왕조의 후손, 레위인 그리고 백성으로 구성된 공동체가 길을 떠나게 됩니다. 여기에서 에스라는 백성과 함께 금식하며 가는 길에 하나님의 인도하심을 구하였고, 또 성전을 위한 예물을 준비하게 했습니다. 그렇게 길을 떠나 평안하게 예루살렘에 도착했고, 성전에서 준비한 예물과 감사의 제사를 드렸습니다.

〈여호수아서〉 24장 33절을 적어 봅시다.

2) 통회 기도(9장)

예루살렘에 돌아온 에스라는 이스라엘 백성이 그 땅의 여러 이방 족속과 통혼하면서 그들의 가증한 풍속을 따라하고 있는 것을 보고 충격을 받았습니다. 이방 여인들과 결혼한 것 자체가 문제가 아니라 그로 말미암아 이방의 더러운 죄가 하나님의 언약 백성을 타락시키고 있는 것이 문제였습니다. 더구나

이 일에 지도자들이 앞장서 있었기 때문에 에스라는 더 기가 막혔습니다. 그래서 에스라는 하나님 앞에 긴 통회의 기도를 드렸습니다.

3) 이방과 결연(10장)

에스라의 통회 기도에 자극을 받은 많은 백성이 죄를 인정하고 에스라에게 개혁에 앞장서 줄 것을 요청했습니다. 그래서 에스라는 모든 백성에게 하나님 앞에 죄를 자복하고 또 이방과의 관계를 끊으라 명령했습니다. 백성은 그대로 따를 것을 맹세하고 이 개혁을 추진하도록 지도자들을 선임하고, 각 보계별로 이방 여인과 결혼한 사람들을 조사하게 했습니다. 10장 후반부는 그 통혼자들의 명단을 기록하고 있습니다(10:16~44).

3. 성벽 중수(느 1~6장)

〈에스라서〉 다음에 오는 〈느헤미야서〉는 느헤미야가 주도 아래 이루어진 3차 귀환(주전 444년)과 성벽 중수 그리고 계속되는 쇄신 운동에 초점을 맞추고 있습니다. 에스라가 제사장으로서 율법을 잘 아는 학사인 반면 느헤미야는 행정관이었습니다. 그래서 그의 업적은 주로 행정적이고 정책적인 분야에서 많이 두드러지고 있습니다.

1) 3차 귀환(1~2장)

나라를 위한 기도(1장). 느헤미야는 예루살렘에서 온 형제 하나니로부터 무너진 예루살렘 성의 형편을 듣고 나라를 위해 기도를 했습니다. 여기에서 그의 기도는 단지 나라를 구해 달라는 소극적인 기도로 끝나는 것이 아니라, 적극적으로 그 일을 위해 자신이 쓰임 받도록 구하는 적극적인 간구로 마무리되고 있습니다. 마지막 11절에서 느헤미야는 왕 앞에 은혜를 입게 해 달라고 기도하는데, 이 같은 기도는 자신의 영예를 위한 것이 아니라 하나님의 도구로 쓰임 받고자 하는 소명에서 나온 것입니다. 그 기도의 응답으로 느헤미야는 아닥 사스다 왕의 술관원이 되었습니다.

느헤미야의 귀환(2장). 느헤미야는 왕의 시중을 드는 가운데 기회를 얻어 왕에게 자신이 무너진 성 예루살렘을 재건할 수 있도록 요청하고 또 강 서쪽 총독들에게 협조를 얻을 수 있도록 조서를 내려 줄 것을 요청했습니다. 하나님의 은혜로 왕은 기꺼이 느헤미야의 요청을 허락했고 그렇게 해서 느헤미야가 예루살렘 성을 재건하기 위해 3차로 귀환했습니다. 그런데 호론 사람 산발랏과 암몬 사람 도비야는 느헤미야의 귀환 소식을 듣고 근심했습니다(2:10). 이들은 이스라엘의 회복을 경계했기 때문이고 그래서 이후로 계속해서 느헤미야의 사역을 방해하였습니다. 스룹바벨이 성전을 중건할 때 방해자들이 나섰던 것과 같이 방해자들이 나타난 것입니다. 느헤미야가 예루살렘을 둘러보고 나서 지도자들을 설득하여 성을 중건하자고 했을 때 그들이 동의하여 함께 건축에 나섰습니다. 이때 그 대적자들이 왕을 배반하려느냐고 비웃었지만 느헤미야는 단호하게 하나님이 함께하실 것을 확신하며 스룹바벨 때와 같이 그들과 확실하게 단절한 것을 선포했습니다(2:19~20; 참고. 스 4:3).

〈에스라서〉 4장 3절을 적어 봅시다.

_____

_____

_____

_____

2) 성벽 공사(3~4장)

공사 분담(3장). 성벽 재건 공사에 참여한 자들의 명단과 할당된 지역의 목록이 제시되었습니다. 대제사장과 제사장들이 양문과 주변의 성벽을 건축한 것을 시작으로 하여(느 3:1), 마지막에 성 모퉁이 성루에서 다시 양문까지 이르는 성벽 건축까지(느 3:32), 성벽 전체를 둘러 여러 다양한 집단이 각각의 맡은 지역에서 복구 잡업을 했습니다. 이것은 느헤미야의 주도 아래 온 이스라엘 백성이 한마음이 되어 성벽을 쌓는 일에 힘을 다하였다는 것을 강조합니다.

방해와 대처(4장). 성벽 공사가 진행되면서 대적들의 방해 역시 더욱 심해졌습니다. 대적들은 그 공사가 조급하고 자재들은 형편없어서 성벽을 재건해도 쉽게 무너질 것이라고 조롱했습니다. 그래도 느헤미야와 백성은 하나님이 대적들을 심판해 주실 것을 구하면서, 공사에 전심을 다하여 성벽을 절반까지 쌓아 올렸습니다(4:1~6). 이 소식을 들은 대적들은 더욱 분개하여 이제는 아예 그 성에 침입하여 공사를 막으려고 했습니다. 이에 느헤미야는 더욱 경계를 철저히 하면서 공사를 계속 진행하게 했습니다. 그 가운데 느헤미야는 하나님에게 기도하면서(9절), 동시에 약한 백성을 격려하고 권면함으로써(14, 20절) 온 공동체가 끝까지 사명을 감당하도록 하게 하는 선한 지도력의 모범을 보여 주었습니다.

3) 성벽 완공(5~6장)

내부의 갈등(5장). 외적들의 방해 못지않게 공동체 내부의 분란도 공사 진척을 막는 심각한 장애가 되었습니다. 계속되는 부역에 흉년까지 겹쳐 백성은 생활고에 시달리면서 가난한 사람들은 논밭과 집을 저당 잡혀 빚을 내고, 심지어 자녀들까지 종으로 팔아야 했습니다. 그런데 그 가운데 부자들은 자신들의 이득만 챙기고 있었기에 느헤미야는 부자들과 귀족들을 꾸짖어 가난한 이웃에게 이자를 받지 않도록 했습니다. 사실 느헤미야 자신은 이미 가난한 백성을 위한 배려를 하고 있었습니다. 백성을 갈취했던 이전 총독들과 달리 총독의 몫까지도 받지 않고 백성을 보살피는 선한 지도자로서 모범을 보였던 것입니다.

느헤미야를 향한 음모(6장). 안팎으로의 어려움을 극복해 가면서 성벽 공사가 거의 끝나가고 있었습니다. 그래서 대적들은 이제 느헤미야 개인을 공격하기로 했습니다. 그들은 느헤미야을 해치려고 여러 번 만나기를 요청했지만, 느헤미야는 그들의 속임수에 넘어가지 않았습니다(1~9절). 또한 느헤미야를 성전 성소를 범하게 하려고 음모를 시도했으나 그것도 무산되었습니다(10~14절).

4. 새 공동체(느 7~13장)

1) 귀환자 명단(7장)

성벽이 완성됨으로써 예루살렘은 하나님 나라의 거룩한 성으로 새롭게 면모를 갖추었습니다. 이제 중요한 것은 새롭게 세워진 성에 사는 공동체를 세우는 것입니다. 먼저 성 안의 관리들과 파수꾼을 조직했습니다(1~4절). 다음에 나오는 명단(5~73절)은 〈에스라서〉 2장과 중복되며 포로에서 귀환하여 각기 예루살렘과 유다 성읍에 정착한 사람들입니다. 느헤미야는 이 사람들 가운데 새 예루살렘 성에 거주할 자들을 공정하게 뽑으려고 합니다.

2) 언약 갱신(8~10장)

율법 낭독(8장). 성벽이 완성된 후에 이스라엘 백성은 본성에 모여 학사 에스라를 초청하여 율법의 말씀을 낭독하고 그 뜻을 해석하여 들으면서 일주일간 초막절을 지켰습니다. 이것은 마치 이스라엘 백성이 맨 처음 시내 산에서 율법을 받고 하나님의 언약 백성이 된 때를 연상시킵니다(출 20~24장).

고백의 기도(9장). 율법책을 낭독한 이후에 레위인들이 대표로 죄를 고백하고 회개하는 기도를 드렸습니다. 이 기도는 먼저 창조, 아브라함과의 언약, 출애굽, 가나안 정복과 정착에 이르기까지 하나님이 행하신 구속의 은혜를 회고합니다. 그리고 이 백성이 하나님의 은혜에 온전히 응답하지 않고 하나님을 거역한 죄를 자복하고 회개하면서 새 결단을 다짐합니다.

새 결단(10장). 새 결단을 다짐하면서 대표자들이 이 맹세에 서명을 했습니다(1~27절). 10장 후반부(28~39)는 새 결단이 어떤 것인지를 설명합니다. 즉 이방인과 연합하지 않고(28~30절), 안식일과 안식년을 지킬 것이며(31절), 하나님의 전을 위한 세금을 거두고 첫 소산을 바치며, 십일조를 드려 레위 자손이 쓰게 함으로써 성전이 유지되도록 하겠다(32~39절)고 결단했습니다.

3) 쇄신의 실천(11~13장)

〈느헤미야서〉의 마지막 장면은 언약 갱신 후 이 백성이 다짐한 대로 공동체를 새롭게 이루어 가는 느헤미야의 개혁적인 활동을 보여 주고 있습니다.

예루살렘 거주자(11~12장). 먼저 성벽이 복구된 예루살렘 성에 각기 흩어져 있는 지도자와 백성의 십분의 일을 예루살렘 본성에 머무르게 했습니다(3~24절). 그리고 나머지 백성은 유다 여러 성읍으로 나뉘어 살게 했습니다(25~36절). 거룩한 성으로서 예루살렘이 회복되는 것은 단지 물리적인 성벽 복구로 끝나는 것이 아니라 그 안에 거룩한 주민, 언약 백성이 채워지는 것입니다. 계속해서 〈역대기〉는 스룹바벨 때부터 에스라, 느헤미야 시대까지 이르는 포로 귀환 시기의 제사장과 레위인을 계보대로 소개합니다(12:1~26).

지도자와 평민 그리고 제사장과 레위인들로 예루살렘 성의 거주자가 확정된 후에 기쁨으로 성벽을 봉헌하였습니다(12:27~43). 이것은 새롭게 회복된 예루살렘 공동체와 그 도시를 하나님 앞에 성별(聖別)하여 드리는 의식이었습니다. 레위 사람들이 악기를 연주하고 사방에서 모여든 노래하는 자들이 노래하는 가운데 즐겁고도 거룩한 봉헌식이 진행되었습니다. 제사장과 레위인이 스스로 정결하게 하고 또 백성과 성문과 성벽까지 정결하게 했습니다(12:30). 느헤미야는 이들을 두 무리로 나누어 성벽 위로 양쪽에서 순행하게 하여 반대편 한 지점에서 만나 예배를 드리고 성벽이 완성된 것을 기념했습니다. 느헤미야가 처음 예루살렘에 와서 비밀리에 무너진 성벽을 순찰하며 비통해 하던 그 길을(2:11~16), 이제는 온 백성과 함께 즐거이 찬송하며 그 위를 행진하며 축제의 예배를 드리고 있습니다. 이날의 즐거움은 여기에서 끝나지 않았습니다. 그때에 곳간을 세우고 온 유다의 밭에서 드리는 십일조를 저장하게 했습니다(12:44~47).

느헤미야의 개혁(13장). 이 장은 느헤미야가 주도했던 기타 신앙 쇄신 운동을 소개합니다. 이 개혁은 10장에 있는 새 결단의 맹세와 일치합니다. 즉 이방인의 분리(13:1~3, 23~31), 성전 정화(13:4~9), 레위인에게 돌릴 십일조(13:10~14), 안식일 준수(13:15~22)에 관한 것들입니다.

에스더

Ⓑ 보호

〈에스더서〉는 〈에스라서〉, 〈느헤미야서〉와 함께 포로기 이후의 역사로서 그 연대는 대략 주전 478년 경으로 추산되며, 이는 1차 포로 귀환(주전 538년)과 2차 포로 귀환(주전 458년) 사이에 해당됩니다. 이 책은 유다의 포로에서 페르시아의 왕비가 된 에스더를 중심으로 전개됩니다. 바사 제국의 수산궁을 배경 으로 한 이 이야기에는 하나님의 이름이 한 번도 나오지 않는다는 이유로 〈에스더서〉를 정경에 포함시켜 야 하는지에 관한 논의가 있었지만, 이 책은 보이지 않는 하나님의 섭리와 은혜에 관한 이야기로서 충분 한 정경적 가치가 있습니다. 여기에 기록된 사건은 이방 땅에 남아 있는 하나님의 백성이 그분의 섭리 가 운데 보호받는다는 것을 증거하면서, 동시에 이스라엘의 절기인 부림절의 기원을 설명해 줍니다.

〈에스더서〉의 구조와 요점

1 왕후 (1~2장)	아하수에로 왕의 와스디가 폐위되고 유다의 포로 출신 에스더가 왕후로 간택되었습니다.		
	1) 와스디 폐위(1장) 아하수에로 왕은 왕후 와스디가 자신 의 초청을 거부하자 진노하여 그녀를 폐위시켰습니다.	**2) 에스더 간택(2:1~18)** 모르드개가 딸같이 기르던 사촌 동생 에스더가 새 왕후로 간택되었습니다.	**3) 모르드개의 공로(2:19~23)** 왕을 암살하려는 음모를 모르드개가 듣고 에스더에게 알려 왕을 구했습니 다.
2 위기 (3~5장)	하만이 음모를 꾸며 온 나라의 유다인들을 몰살시키려고 하자 에스더가 나섰습니다.		
	1) 하만의 음모(3장) 하만이 모르드개에게 앙심을 품고 유 다 민족 전체를 멸망시키려고 음모를 꾸몄습니다.	**2) 에스더의 각오(4장)** 에스더가 민족을 구하기 위해 죽음을 각오하고 왕에게 요청하기로 했습니 다.	**3) 에스더의 잔치(5장)** 에스더가 왕과 하만을 잔치에 초청했 고, 하만은 모르드개를 죽일 작정을 했습니다.
3 반전 (6~8장)	모르드개가 영화롭게 되고 하만은 교수형을 당했으며, 유다인을 몰살하려던 계획은 뒤집어졌습니다.		
	1) 모르드개의 영화(6장) 왕이 갑자기 모르드개의 공을 생각해 내고 그를 영화롭게 하는 포상을 내리 게 했습니다.	**2) 하만의 죽음(7장)** 에스더의 민족을 멸망시키려고 한 하 만의 음모를 왕이 듣고 그를 사형시켰 습니다.	**3) 새 조서(8장)** 유다가 대적들을 죽이고 스스로 보호 할 수 있도록 왕의 새 조서가 내려졌 습니다.
4 승리 (9~10장)	유다인들이 대적들을 진멸하여 승리를 얻고, 모르드개는 권세를 얻어 유다인을 보호했습니다.		
	1) 대적의 제거(9:1~19) 유다 민족이 자신들을 죽이려고 한 대 적들을 처단하고 최후의 승리를 얻었 습니다.	**2) 부림절 기원(9:20~32)** 유다인을 진멸하려고 제비를 뽑은 날 이 승리의 날이 된 것을 기념하였습니 다.	**3) 모르드개의 권세(10장)** 모르드개가 왕의 다음 가는 권세를 얻 고 유다 민족을 보호했습니다.

1. 왕후(에 1~2장)

〈에스더서〉의 첫 번째 장면은 유다의 포로이며 고아였던 에스더가 페르시아의 왕후가 된 극적인 과정을 묘사합니다.

1) 와스디 폐위(1장)

이야기는 바사 왕 아하수에로(크세르크세스; 주전 485~465)의 궁에서 시작합니다. 왕이 잔치를 하는 중에 흥에 겨워 왕후 와스디를 불러 그 용모를 자랑하고자 했는데, 왕후가 거절했습니다. 이에 왕은 크게 진노했고, 왕후의 행동이 온 나라에 나쁜 선례를 남겨 부인이 남편을 무시하게 된다는 박사들의 충고를 따라 왕후를 폐위하고 그보다 나은 사람을 찾기로 했습니다.

2) 에스더 간택(2:1~18)

왕은 순간적인 분노로 왕후를 폐위한 것을 뉘우쳤으나, 왕이 내린 조서를 변개할 수 없었으므로 새 왕후를 뽑게 했습니다. 바벨론에 포로로 끌려온 유다인 중에 모르드개가 있었는데, 그는 일찍이 부모를 잃은 에스더를 딸처럼 키웠습니다. 에스더가 용모가 곱고 아름다워 왕후의 후보로 뽑혀 왕궁으로 갔다가 왕의 사랑을 입고 새 왕후가 되었습니다. 이때 에스더는 모르드개의 조언에 따라 자신이 유다인임을 밝히지 않았습니다.

3) 모르드개의 공로(2:19~23)

에스더가 왕후로 간택된 후에 모르드개는 대궐 문에 앉았습니다. 대궐 문에 앉은 것은 일종의 관원이 된 것을 의미합니다. 여기에서 모르드개는 왕을 암살하려는 정보를 듣고 그것을 에스더에게 알렸습니다. 에스더는 모르드개의 이름으로 왕에게 알려 역모를 막았습니다. 모르드개는 이 공로에 대해 아무 보상도 받지 못했고, 다만 이 일이 왕의 궁중일기에 기록되었을 뿐입니다.

2. 위기(에 3~5장)

　포로이자 고아인 에스더가 페르시아 제국의 왕후에 올랐다는 것은 동화처럼 믿기 어려운 기적적인 이야기입니다. 그런데 행복하기 그지없는 이 장면 다음에 갑작스럽게 대학살의 위기가 다가옴으로써 이야기의 긴장이 고조되고 있습니다.

1) 하만의 음모(3장)

　아각 사람 하만은 왕 다음 가는 높은 위치에 있었습니다. 그래서 모든 사람이 왕의 명령에 따라 그에게 꿇고 절하지만, 유독 모르드개만 그렇게 하지 않았습니다. 이에 대해 하만은 크게 분을 품고 모르드개를 포함한 모든 유다인을 몰살할 계획을 세웠습니다. 그리고 왕에게 가서 유다인들의 법이 다른 민족과 달라서 왕의 법률을 지키지 않는다고 모함하여, 모든 유다인을 하루 동안에 죽여도 좋다는 조서를 받아 냈습니다. 이 조서를 내린 후에 왕과 하만은 앉아 먹고 마셨습니다(3:15).

　유다인의 멸족 위기를 가져온 모르드개와 하만의 갈등은 단지 두 사람 사이에서 일어난 개인적인 문제가 아니라, 이스라엘과 아말렉 족속 사이의 오랜 민족 분쟁의 연장이었습니다. 이야기의 시작은 이 시대로부터 거의 일천 년 전 출애굽 상황으로 거슬러 올라갑니다. 그 당시 아말렉 족속은 가나안 남쪽에 살았는데(민 13:29), 그들이 이제 막 애굽에서 나와 르비딤에 도착하여 지쳐 있는 이스라엘을 공격했습니다(출 17:8~16). 이때 모세는 하나님 능력의 상징인 지팡이를 들고 산꼭대기에 올라가 팔을 올려 하나님의 능력을 보이고, 여호수아는 군대를 이끌고 나가 싸워 아말렉을 무찔렀습니다. 이 일로 하나님은 아말렉을 이 땅에서 완전히 멸망시키도록 작정하셨습니다(출 17:14~16; 참고, 신 25:19).

　하나님은 아말렉을 향한 저주의 심판이 이루어지도록 사울에게 아말렉 족속을 완전히 진멸할 것을 명령하셨습니다(삼상 15장). 그러나 사울은 그 말씀을 온전히 순종하지 않고 아말렉 왕 아각과 소와 양을 살려 두었습니다. 나중에 사무엘이 직접 아각을 처형하기는 했지만 그 자손을 비롯한 아말렉 족속은 살아남았습니다(대상 4:42~43). 결국 사울은 이 불순종으로 말미암아 하나님으로부터 버림받게 되었습니다. 이와 같은 사울과 아말렉 왕 아각 사이의 악연이 공교롭게도 모르드개와 하만의 갈등을 통해 표출되었습니다. 물론 성경은 이것을 직접적으로 말하지 않지만 두 사람의 혈통을 밝힘으로써 이를 암시하고 있습니다. 즉 모르드개는 베냐민 지파 기스의 증손으로서 사울의 혈족이고(에 2:5), 하만은 "아각 사람"(에 3:1) 곧 아각의 후손입니다. 이와 같은 역사적인 배경에 비추어 볼 때, 나중에 모르드개와 에스더의 활동으로 하만과 그의 자손이 처형된 것은(에 9:13~14) 사사로운 복수가 아니라 하나님 나라의 대적에 대한 심판이라고 할 수 있습니다.

〈신명기〉 25장 19절을 적어 봅시다.

_____

_____

_____

_____

2) 에스더의 각오(4장)

하만의 음모로 유다인들이 다 죽을 위기에 처해지자 모르드개는 옷을 찢고 굵은 베를 걸치고 재를 뒤집어 쓴 채 성으로 가서 대성통곡하며 대궐 문 앞에까지 왔습니다. 그 외에도 많은 유다인이 왕의 명령과 조서를 듣고 금식하고 울부짖으며 모르드개와 같이 굵은 베옷을 입고 재에 누웠습니다. 이 소식을 에스더가 듣고 모르드개에게 사람을 보내어 연유를 묻자 그는 정황을 설명하고 에스더에게 왕 앞에 나가서 민족을 위하여 간구하라는 요청을 보냈습니다.

그러나 왕의 허락 없이 그 앞에 나갔다가는 죽을 수도 있었기 때문에, 에스더는 자신의 상황을 알리는 회답을 보냈습니다. 그러자 모르드개는 다시 에스더의 행동을 촉구하며 "네가 왕후의 위를 얻은 것이 이 때를 위함이 아닌지 누가 아느냐"(4:14)고 회답했습니다. 마치 요셉이 애굽의 총리가 된 것이 야곱의 자손을 보존하시려는 하나님의 섭리였던 것처럼(창 45:5, 50:20), 모르드개는 에스더가 왕후가 된 것이 하나님의 특별한 섭리에 의한 것임을 강조했습니다. 이 말을 듣고 에스더는 용기를 얻어 모르드개에게 온 유다인과 함께 3일 동안 자신을 위해 금식해 줄 것을 요청하고, 자신도 금식한 후에 "죽으면 죽으리이다"는 각오로 왕 앞에 가서 민족을 위해 요청하기로 작정했습니다.

3) 에스더의 잔치(5장)

에스더가 죽기를 각오하고 규례를 어기고 왕 앞에 나갔을 때, 왕은 금홀을 내밀어 허락의 표시를 보이며 에스더의 소원을 물었습니다. 에스더는 왕을 위해 잔치를 베풀었으니 하만과 함께 와 달라고 초청했습니다. 그래서 왕은 급히 하만을 불러 함께 잔치에 가서 즐기고 다시 에스더에게 소원을 물었다. 그러자 에스더는 다음 날 다시 하만과 함께 잔치에 와 줄 것을 요청하면서 그때 소원을 말하겠다고 했습니다. 하만은 유일하게 왕과 함께 왕후의 잔치에 참석했으므로 기분 좋게 왕궁에서 나왔습니다. 그런데 대궐문에 있던 모르드개가 여전히 자기 앞에 존경을 표시하지 않자 화를 냈고, 집에 와서 아내와 친구들의 조언에 따라 모르드개를 처형할 높은 나무를 세우고 왕의 허락을 받으려고 했습니다.

3. 반전(에 6~8장)

〈에스더서〉의 세 번째 장면은 에스더가 죽음을 각오하고 동족 유다를 위해 나섬으로써 위기를 극복하는 반전을 보여 주고 있습니다.

1) 모르드개의 영화(6장)

어느 날 밤 왕이 잠이 오지 않아 궁중일기를 읽게 하여 듣고 있다가, 모르드개가 왕을 구한 공로를 세웠음에도 아무런 보상을 받지 못한 것을 알게 되었습니다. 그때 마침 하만은 모르드개를 높은 나무에 달아 죽이기 위해 왕의 허락을 받으려고 와 있었습니다. 왕은 하만에게 "왕이 존귀하게 하기를 원하는 사람에게 어떻게 하여야 하겠느냐?"고 묻자, 하만은 이것이 왕의 2인자인 자기를 염두에 두고 묻는 질문인 줄 착각하고 최고로 대우할 것을 건의했습니다. 즉 그 사람에게 왕의 옷을 입히고 왕관을 씌우며 왕의 말에 태워 왕의 신하 중에 가장 높은 사람에게 그 말을 끌고 다니게 하면서 사람들 앞에 "왕이 존귀하게 하기를 원하는 사람에게는 이같이 할 것이라"고 선포하도록 제안한 것입니다. 왕은 이 제안에 흡족하여 하만에게 나가서 그 제안 그대로 모르드개에게 행하도록 명령했습니다. 모르드개가 공로를 인정받지 못하고 그냥 넘어간 것 같았지만, 하나님은 모든 것이 협력하여 선을 이루도록 적절한 때에 모르드개가 보상을 받게 하셨습니다. 결국 하만은 왕의 명령에 따라 어쩔 수 없이 모르드개를 영화롭게 하는 절차를 시행했고, 그 뒤로 더욱 깊은 분노에 빠졌습니다.

2) 하만의 죽음(7장)

왕은 예정대로 하만과 함께 둘째 날 잔치에 참석했고, 그 자리에서 에스더에게 소원을 물었습니다. 에스더는 비로소 자신이 유다인이며 하만의 음모로 자신과 유다 민족이 몰살될 위기에 처해 있다는 것을 알리고 구원을 요청했습니다. 왕이 하만에 대하여 진노하여 잔치 자리를 떠났고 하만은 에스더의 무릎에 엎드려 살려 달라고 빌었습니다. 그런데 바로 그때 다시 돌아온 왕이 하만을 보고 왕후를 강간하려는 것으로 오해하여 하만이 모르드개를 죽이려고 준비한 바로 그 나무에 하만을 매달아 죽게 했습니다.

3) 새 조서(8장)

유다인과 모르드개를 몰살시키려던 하만은 죽었지만 아직 위기는 그대로 남아 있었습니다. 전에 하만이 왕에게 받아냈었던 조서 즉 하루 동안에 유다인들을 다 죽일 수 있게 한 조서를 취소할 수 없기 때문이었습니다. 그래서 왕은 에스더와 모르드개에게 그들이 원하는 대로 왕의 조서를 대신 쓸 권한을 주었습니다. 하만에게서 거둔 반지를 모르드개에게 넘겨 준 것입니다. 이에 모르드개는 유다인들의 자위권을 보장하는 조서를 작성하여 온 나라에 반포하게 했습니다. 즉 유다인들이 자신들을 치려하는 대적들과 그 처자들을 오히려 진멸하고 그 재산까지 뺏을 수 있도록 명령을 내렸습니다.

4. 승리(에 9~10장)

에스더와 모르드개의 활약으로 유다인들은 하만이 그들을 몰살하려고 예정했던 그날에 도리어 대적들을 진멸하고 그 재산까지 빼앗는 대 승리를 거두었습니다. 그리고 이 승리의 날을 기념하여 부림절로 지켰습니다.

1) 대적 제거(9:1~19)

유다인들은 왕의 새 조서에 따라 각 도에서 대적들을 진멸하였고, 에스더는 왕에게 요청하여 수산에서 대적들을 죽이고 또 하만의 아들 열 명의 시체를 나무에 달게 했습니다.

2) 부림절(9:20~32)

대적들을 처단한 이후에 온 유다인들이 대적에게서 벗어나 평안을 얻게 된 것을 기뻐하며 잔치를 베풀었습니다. 금식하며 울부짖던 유다인이 잔치를 즐기는 자리에 앉게 된 것입니다. 그리고 유다인을 죽이려고 제비를 뽑은 날이 오히려 유다인들에게 승리의 날이 된 것을 기념하면서 이날들을 부림절로 지키게 되었습니다. 마치 이스라엘이 애굽의 압제에서 벗어난 날을 기념하는 유월절과 같이, 이방 땅에서 흩어진 유대인들이 대적들의 위협에서 벗어나도록 보호하신 하나님에게 감사를 드리며 승리의 날을 기념하는 것입니다.

3) 모르드개의 권세(10장)

아하수에로 왕은 본토는 물론 바다 멀리 떨어진 나라들에게까지 조공을 받는 제국의 황제였습니다. 그런 권세를 가진 왕이 모르드개를 2인자로 세웠으니, 모르드개의 권세가 얼마나 대단한 것인지를 잘 알 수 있습니다. 그전에 2인자였던 하만의 자리를 완전히 대체한 것입니다. 그 자리에서 모르드개는 유다인들에게 존중을 받으면서 유다인들을 보호하고 돌보는 데 힘을 썼습니다. 더 이상 유다인들이 대적들의 위협을 받지 않도록 평강과 안전이 이루어진 것입니다. 이 모든 일은 표면에 드러나지 않지만 은밀하게 역사하시는 하나님이 이루신 것입니다. 하나님은 이방 땅 가운데 흩어져 있는 당신의 백성을 끝까지 지키셨습니다. 이와 같은 역사는 아직까지 하나님 나라의 완성을 기다리는 가운데 세상 권세 아래서 때때로 대적들의 위협을 받는 성도들에게 큰 위로와 확신을 가져다줍니다.

❖ 〈에스더서〉를 끝으로 구약의 역사는 끝이 납니다. 〈창세기〉부터 〈에스더서〉까지 진행된 하나님 나라의 역사를 총정리하고 〈에스라서〉, 〈느헤미야서〉와 〈에스더서〉의 빈칸을 채워 봅시다.

	땅과 자손의 약속		약속의 땅으로				약속의 땅에서	
아브라함 땅 자손	창 1~11장	창 12~50장	출 1~18장	출 19~40장 레위기	민수기	신명기	여호수아	사사기 룻기
	시 작	**족 장**	**구 출**	**언 약**	**광 야**	**설 교**	**정 복**	**배 교**
	창조	아브라함	노역	율법	채비	회고	진입	실패
	타락	이삭	모세	성막	반역	율법	전쟁	사사
	홍수	야곱	열 재앙	제사	방황	화복	분배	혼란
	분산	요셉	인도	거룩	신세대	승계	권고	희망

	왕권의 형성		왕권의 흥망				왕권의 회복	
다 윗 왕권	사무엘상	사무엘하	열왕기상	열왕기하	역대상	역대하	에스라 느헤미야	에스더
	선 택	**다윗 왕**	**왕 정**	**몰 락**	**성전 준비**	**제1성전**	**제2성전**	**보 호**
	엘리	유다 왕	솔로몬	엘리사	족보	성전 건축	성전 재건	( )
	사무엘	통일왕	변심	개혁	다윗 왕	분열 전반	( )	위기
	사울	재난	분열	북 말기	언약궤	분열 후반	성벽 중수	( )
	다윗	후기	엘리야	남 말기	건축 준비	유다 말기	( )	승리

High
light
Bible

하 이 라 이 트 성 경

3부

욥기~아가

노래와 지혜

율법서(모세오경)와 역사서에 이어 세 번째 오는 성경 모음은 시가서입니다. 율법서와 역사서가 대부분 산문으로 쓰인 반면, 〈욥기〉부터 〈아가서〉까지 다섯 권의 책은 시와 노래로 구성되어 있어 시가서(詩歌書)로 분류됩니다. 내용적으로도 시가서는 율법서나 역사서와 달리 인간의 내면적인 감정이나 생각을 다룹니다. 즉 다른 성경들은 하나님이 주도하시는 계시나 사건에 대한 증거를 주로 다루지만, 시가서는 하나님의 말씀과 역사에 대한 인간의 반응과 사색을 담고 있습니다.

1과
욥기

〈욥기〉는 억울하게 고난당한 의인 욥의 이야기입니다. 그런데 사실 이 책에는 욥이 겪은 사건 자체보다는 논쟁과 강론이 중심이 되고 있습니다. 그것은 〈욥기〉가 단지 욥에 대한 위인전이 아니라 **지혜서**이기 때문입니다. 다시 말해서 이 책의 목적은 단순히 신앙적인 위인의 행적을 기리기 위한 것이 아니라 지혜를 배우게 하는 데 있다는 것입니다.

〈욥기〉는 〈잠언〉과 〈전도서〉와 마찬가지로 지혜의 근본 문제 즉, '여호와를 경외하는 것'에 대해서 가르칩니다. 일반적으로 〈잠언〉은 '여호와를 경외하는 의인은 복을 받고 악인은 벌을 받는다'는 기본적인 원리를 가르치지만(참조. 잠 10:3~4, 11:19, 24:12), 〈욥기〉는 정상적인 범주가 아닌 특수한 상황을 다루고 있습니다. 즉 하나님을 경외하는 욥 같은 사람에게도 고난이 닥치는 모순된 상황이 있을 수 있다는 것입니다. 우리의 삶 속에서도 이런 비슷한 상황을 겪거나 목격할 때가 있습니다. 그때 우리는 하나님이 이 땅을 다스리신다면 왜 이런 일이 생기는가? 하나님이 정의롭지 않거나 또는 전능하지 않으신 것은 아닌가? 하는 질문을 갖게 됩니다. 이런 질문에 대해 〈욥기〉는 '하나님의 통치는 정의롭고 그는 자유롭게 주권을 행사하신다.'는 것을 강조하면서, 성도들에게 복을 받든지 고난을 받든지 그 여건과 상관없이 하나님은 경외받기에 마땅하신 분이라는 것을 가르치는 것입니다.

삶의 고난

〈욥기〉의 구조와 요점

1 **서문** (1~2장)	하나님을 경외하는 욥이 사탄의 모함으로 말미암아 무고하게 고난을 겪었지만 여전히 하나님을 경외했습니다. **1) 경건한 욥(1:1~5)** 욥은 하나님을 경외하여 악에서 떠난 의인이었고, 자녀들과 유복하게 살았습니다.　　**2) 욥의 고난(1:6~2:10)** 사탄이 하나님의 허락을 받아 욥을 시험하기 위해 그의 소유와 몸을 쳤습니다.　　**3) 친구(2:11~13)** 욥의 친구 엘리바스, 빌닷, 소발이 욥의 소식을 듣고 위로하기 위해 찾아왔습니다.
탄식시(3장)	욥이 죽지 못하고 고난을 당하고 있는 자신의 처지를 탄식합니다.
2 **논쟁** (4~27장)	욥의 세 친구가 인과응보의 논리로 욥을 정죄하고, 욥은 자신의 무죄를 항변하며 논쟁했습니다. **1) 1차(4~14장)** 세 친구는 고난이 죄 때문이라고 하며, 회개를 권고했고 욥은 무죄를 주장했습니다.　　**2) 2차(15~21장)** 세 친구가 더 거칠게 욥을 정죄하며 압박하고, 욥도 더 심하게 맞서 논쟁했습니다.　　**3) 3차(22~27장)** 두 친구가 아주 심한 말로 욥을 정죄하고 소발은 침묵하며, 욥도 거칠게 항변했습니다.
지혜시(28장)	지혜는 오직 하나님만 아시므로 하나님을 경외해야 합니다.
3 **강론** (29~42:6)	욥이 최후의 항변을 하고, 엘리후가 욥과 세 친구에게 반박하며, 최종적으로 하나님이 말씀하시며 답을 주셨습니다. **1) 욥(29~31장)** 욥이 자신의 과거와 현재를 말하며 결코 고난당할 죄를 짓지 않았다고 주장했습니다.　　**2) 엘리후(32~37장)** 젊은 지혜자 엘리후가 욥과 세 친구들에게 반박했지만 그에게도 답은 없었습니다.　　**3) 하나님(38~42:6)** 하나님이 창조 세계를 돌보시는 자신의 절대적인 능력을 입증하셨습니다.
4 **결말** (42:7~17)	하나님이 친구들보다 욥을 인정하시고 또 그에게 갑절의 복을 주심으로 그를 회복되게 하셨습니다. **1) 판결(42:7~9)** 하나님이 하나님에 대한 욥의 말이 친구들의 주장보다 옳다고 말씀하시며 그를 높이셨습니다.　　**2) 회복(42:10~17)** 하나님이 욥에게 갑절의 재산을 회복하시고, 열 자녀를 다시 주심으로 그가 유복하게 살다 죽었습니다.

1. 서문(욥 1~2장)

1~2장은 산문체로 쓰인 서문으로서, 앞으로 펼쳐지는 긴 논쟁과 강론(3~42장)을 위한 배경을 제공합니다.

1) 경건한 욥(1:1~5)

이야기는 욥에 대한 소개로 시작합니다. 욥은 "온전하고 정직하여 하나님을 경외하여 악에서 떠난 자"였습니다(1:1). 하나님도 욥이 하나님을 경외하고 악에서 떠난 자라는 것을 거듭 확증하실 정도였습니다(1:8, 2:3). 이 책의 중간에 있는 지혜시(28장)는 "주를 경외함이 지혜요 악을 떠남이 명철이니라"(28:28)라고 했는데 욥은 거기에 딱 맞는 참 지혜의 사람이었습니다. 그는 또한 많은 재산을 소유하고 자녀도 많은 다복한 사람이었습니다. 그렇게 부유한 가운데에서도 욥은 결코 교만하지 않고 자녀들과 함께 항상 하나님을 경외하며 살았습니다. 〈잠언〉이 제시하는 기본적인 지혜의 원리를 생각할 때 욥이 하나님을 경외하는 자로서 그런 복을 누리는 것은 아주 자연스럽게 보입니다.

2) 욥의 고난(1:6~2:10)

1차 시련(1:6~22): 재산과 자녀의 상실. 하나님이 욥의 경외를 인정하실 때 사탄은 욥이 하나님을 경외하는 것은 그가 복을 누리고 있기 때문이라고 도전합니다. 이것은 '하나님을 경외하는 자는 복을 받는다.'는 일반적인 지혜의 원리를 교묘하게 왜곡하여 '복을 받으므로' 혹은 '복을 받기 위해' 경외한다는 식으로 바꿔 말하고 있습니다. 〈욥기〉 저자는 사탄의 말을 통해 역설적으로 진정한 경외가 무엇인지를 제시합니다.

사탄의 도전에 대해 하나님은 사탄에게 욥의 소유물을 쳐서 그를 시험하도록 허락하시고, 다만 그의 몸은 상하지 못하게 하셨습니다. 그 결과 욥은 재산을 다 잃고 자녀들마저 갑작스러운 재난으로 다 죽었습니다. 하지만 욥은 이런 상황에서도 하나님을 원망하지 않았습니다. 사탄이 기대한 대로 되지 않고, 하나님이 인정하신 대로 욥이 진실로 하나님을 경외한다는 것이 증명된 것입니다.

	1차	2차
사탄의 고소	1:6~12	2:1~6
욥의 고난	1:13~19	2:7
욥의 반응	1:20~22	2:8~10

2차 시련(2:1~10): 몸의 질병. 욥에 대한 사탄의 고소가 잘못되었다는 것이 드러났지만, 사탄은 여전히 욥을 시험하려 했습니다. 하나님이 몸은 건들지 못하게 하셨는데, 실제로 욥 자신이 고통을 겪으면 달라질 것이라고 했습니다. 하나님은 다시 한 번 사탄에게 욥을 내어 주시되 생명은 건드리지 않고 그 몸을 치게 허락하셨습니다. 그래서 욥은 몸의 질병을 얻어 겨우 목숨만 붙어 있을 정도의 극심한 고통을 당했습니다. 심지어 욥의 아내는 그를 향해 이런 순간에도 온전함을 지키려 하느냐고 공박하며 차라리 하나님을 욕하고 죽으라고 합니다.

저자는 아내의 말과 그에 대한 욥의 응답에서 다시 한 번 참 지혜가 어떤 것인지를 제시합니다. 한마디로 고난당한다고 해서 하나님 경외함을 포기하는 것은 어리석은 일이라는 것입니다. 사탄의 말처럼 복을 주시기 때문에 경외하는 것도 아니고, 아내의 말처럼 고난을 주셨기 때문에 온전함을 잃고 하나님을 원망하지는 않아야 한다는 것을 교훈합니다. 더구나 하나님은 욥을 사탄에게 내어 주실 때도 그 생명은 건들지 못하게 하셨는데, 고난 받는다고 해서 스스로 목숨을 끊는 것은 있을 수 없는 일입니다.

3) 욥의 친구(2:11~13)

욥이 재난을 당했다는 소식을 듣고 친구들이 그를 위로하기 위해 방문했습니다. 그들은 욥의 참상을 보고 차마 아무 말도 못하고 함께 울 뿐이었습니다. 그러나 이들의 선한 의도와 마음은 다음에 오는 논쟁에서 적대적인 자세로 변하게 됩니다.

■ 탄식시(3장)

친구들과의 논쟁에 앞서 욥이 독백하는 형식으로 된 탄식시가 나옵니다. 이 탄식시는 1~2장의 서문에서 친구들과의 논쟁(4~27장)으로 넘어가는 전환점을 제공합니다. 1~2장에서 욥은 고난 가운데에도 하나님을 찬양하였으나, 여기에서는 그가 평정심을 잃고 있는 것으로 보입니다. 물론 욥이 하나님을 원망하는 것은 아니지만 그는 자신의 출생을 저주하고(1~10절), 왜 빨리 죽지 않았는지(11~19절), 왜 하나님이 여전히 자신의 생명을 유지하시는지를 물으며(20~26절) 탄식하고 있습니다. 앞에서 생명과 죽음 그리고 하나님의 절대적인 주권을 찬송하던 욥의 모습과는 사뭇 다른 모습입니다(참고. 1:21). 욥은 진정으로 하나님을 경외하는 사람이었지만 고난 가운데 터져 나오는 인간적인 감정까지 위선으로 억누르거나 감추지는 않았습니다. 또한 이와 같은 욥의 반응은 친구들과의 논쟁에서 격한 감점을 토해 내는 모습을 예고합니다.

2. 논쟁(욥 4~27장)

1) 1차 논쟁(4~14장)

욥의 독백 후에 그의 친구들이 한 사람씩 돌아가면서 욥을 책망하고 권고하며, 욥은 각각의 친구들 말이 끝날 때마다 논박합니다. 세 친구들은 출신이 다른 것처럼, 각각 다른 지혜의 전통을 대표합니다. 특별한 환상을 보았다고 하는 엘리바스는 신비주의적 지혜의 입장에 서있습니다(4:12~21). 빌닷은 역사와 자연 과학에 근거해 주장을 펼칩니다(8:8~22). 소발은 하나님이 어떤 분이신가를 논증하면서 신학자의 입장에서 발언합니다(11:5~11).

친구들은 인과응보의 신학을 내세우며 욥이 고난 받는 것은 죄 때문이라고 하며 회개를 권고합니다. 이와 같은 친구들의 논리는 앞에서 사탄이 말한 것과 다를 바가 없습니다. 사탄은 복과 경외를 일치시켰고, 친구들은 벌과 죄를 일치시켰기 때문입니다. 욥은 친구들의 기계적인 보상론에 반박하며, 자신의 무

1차 논쟁
엘리바스(4~5장)
욥(6~7장)
빌닷(8장)
욥(9~10장)
소발(11장)
욥(12~14장)

죄를 주장하고(6:10, 24), 하나님이 자기를 이유 없이 치셨다고 항변했습니다 (9:17). 그리고 하나님의 주권은 절대적이며 아무도 그를 판단할 수도 없다는 것을 강조합니다(9:12, 32~33). 1차 논쟁에서 욥은 친구들에게 논박하면서 항상 끝은 하나님을 향한 탄원으로 마무리합니다(7:7~21, 10:2~22, 13:20~22).

논쟁 중에도 여전히 하나님을 의지하며 그에게 간구하는 욥의 믿음 자세를 볼 수 있습니다(참고. 9:15).

2) 2차 논쟁(15~21장)

2차 논쟁의 논조는 1차와 거의 비슷하지만 대화의 분위기는 훨씬 더 험악해졌습니다. 엘리바스는 욥을 향하여 "너를 정죄하는 것은 내가 아니요 네 입이라"(15:6)고 하고, 빌닷은 "어찌하여 우리를 짐승으로 여기며 부정하게 보느냐"(18:3)고 하고, 소발은 "내가 나를 책망하는 말을 들었으므로 나의 슬기로운 마음이 나로 하여금 대답하게 하는구나"(20:3)라고 합니다. 친구들이 자신들의 지혜에 반박하는 욥의 말에 자극을 받은 것입니다. 그래서 그들은 더 반발심을 가지고 욥을 정죄하며 하나같이 '악인의 파멸'을 강조하면서 욥을 압박합니다.

친구들의 논쟁에 반박하여 욥은 자기가 고난을 당하는 것은 악을 행해서가 아니라 하나님이 자기를 치셨기 때문이라고 합니다(16:7~11, 19:6, 7~11). 그러면서 욥은 자신이 이렇게 고통을 당하는 동안 오히려 악인은 형통하는 현실을 탄식합니다(21:7~15). 한마디로 친구들의 말처럼 이 땅에서 기계적인 보상이 항상 이뤄지는 것은 아니라는 사실을 강조합니다. 그러나 욥이 하나님에 대한 신뢰를 저버린 것은 아닙니다. 1차 논쟁에서처럼 욥의 기도로 표현된 것은 아니지만, 하나님을 의지하고 그분에게 호소하려는 그의 간절한 마음은 여전하기 때문입니다.

2차 논쟁
엘리바스(15장)
욥(16~17장)
빌닷(18장)
욥(19장)
소발(20장)
욥(21장)

소발에 대한 응답에서도 욥은 현실에서 악인이 형통하는 것을 탄식하면서도 장차 하나님의 심판이 있을 것을 굳게 믿고 있습니다.

3) 3차 논쟁(22~27장)

논쟁이 막바지로 접어들면서 극도로 격렬해졌습니다. 엘리바스는 이제 욥을 극악한 죄인으로 몰아세웁니다(22:5~11). 그러면서 욥에게 회개를 권고하며 하나님과 화목하면 복이 임할 것이라고 합니다(22:21~30). 엘리바스의 말도 전에 비해 짧은 것이지만, 빌닷은 하나님의 위대함과 함께 인간의 무가치함을 말하며 아주 짧게 말을 맺습니다. 소발은 아예 아무 말도 하지 않았습니다.

욥은 이 땅에서의 기계적인 보상 이론을 따르는 대신에 하나님에게 초점을 맞춥니다. 욥은 1차 논쟁에서 하나님에게 직접적으로 탄원의 기도를 올렸습니다. 2차 논쟁에서는 하나님을 증인으로 또 대속주로 간절히 찾았습니다. 이제 3차 논쟁에 와서 욥은 하나님을 찾을 수 없는 절망을 느낍니다(23:3, 8~9). 그러나 그런 가운데에서도 욥은 비록 자신이 하나님을 볼 수 없다 할지라도, 하나님은 자기를 보고 계시며 자기가 진실되게 살아온 것을 아신다고 믿었습니다(23:10~12). 그래서 그는 하나님을 향한 경외를 다짐합니다(23:15). 빌닷에 대한 응답 가운데에서도 하나님의 위대하심을 말하면서 그 앞에 모든 것이 떨며 그분을 경외할 수밖에 없다고 선언합니다(26장). 그리고 친구들과 논쟁을 마무리하는 마지막 발언에서 자신은 결코 하나님 앞에 온전함을 포기하지 않겠다는 결단을 다시 한 번 분명하게 밝히고 있습니다(27장).

3차 논쟁
엘리바스(22장)
욥(23~24장)
빌닷(25장)
욥(26장)
…
욥(27장)

◼ 지혜시(28장)

3주기에 걸친 친구들과의 논쟁이 끝나고 강론으로 들어가기 전에 막간극과 같은 지혜시가 나옵니다. 앞의 탄식시가 그랬듯이 여기의 지혜시도 다음 단원으로 넘어가기 위한 전환점을 제공합니다. 지혜시의 전반부(1~22)는 인간이 지혜를 다 알 수 없다는 한계를 지적합니다. 욥과 친구들의 논쟁에서 지혜의 길을 찾을 수 없다는 결론입니다. 그리고 이 지혜의 길은 오직 하나님만이 아시는 것이므로 그를 경외할 것을 권고함으로써 앞으로 있을 하나님의 강론을 경청하도록 준비하게 합니다.

3. 강론(욥 29~42:6)

세 친구와 욥이 번갈아가며 논쟁하던 앞 단원과 달리 이 단원에서는 욥과 엘리후 그리고 마지막에 하나님이 펼치는 긴 강론이 이어집니다.

1) 욥(29~31장)

욥의 강론은 과거 "지난 세월" 하나님의 은혜 아래 복을 누리던 좋은 시절에 대한 회상으로부터 출발하여(29장), 그다음 장은 "그러나 이제는"으로 시작하며 현재에 대한 탄식을 담고 있습니다(30장). 과거에 그는 하나님이 함께 하셨고, 사람들에게 존경을 받았으며, 가난한 자를 돌보고 악한 자를 징벌하며 살았습니다. 그러나 이제는 사람들의 조롱을 받으며, 그의 육신은 병들었고, 하나님의 잔혹한 처사를 겪어야 하는 절망의 끝에 놓여 있습니다. 31장에서 욥은 자신이 이런 일을 당할 만한 죄를 결코 짓지 않았다는 것을 강력히 주장합니다.

2) 엘리후(32~37장)

욥의 독백적인 강론 다음에 젊은 지혜자 엘리후가 나서서 긴 강론을 펼쳤습니다. 자신은 젊은 사람이라 조용히 있었는데 도저히 못 참겠다고 나서서 많은 말을 한꺼번에 다 쏟아 놓았습니다. 강론 첫 장(32장)에서 엘리후는 자신이 나서는 입장에 대해 변론하고, 그다음에 네 차례의 주장을 펼칩니다(33, 34, 35, 36~37장). 엘리후가 나설 수밖에 없다고 생각하는 가장 큰 이유는 욥이 하나님보다 자기가 의롭다고 하고, 세 친구는 그런 욥에게 제대로 반박하지도 못한다는 것이었습니다. 그래서 엘리후는 하나님의 의로움과 절대적인 능력을 변호하는 신정론(神正論)을 들고 나섰습니다. 그러나 그의 주장은 대체로 친구들의 논리를 답습하는 것으로 별반 새로울 것도 없었습니다. 엘리후는 욥에게 회개했느냐고 윽박지르며 끝까지 시험받기를 원한다고 저주를 합니다(34:31~37). 그리고 욥이 받은 고난은 악인이 받을 당연한 벌이라고 하며 감히 하나님 앞에 분노하지 말라고 충고합니다(36:17~19).

엘리후의 강론에서 긍정적인 요소가 있다면 마지막에서(36:24~37:24) 창조 세계에 나타난 하나님의 절대적인 권능을 강조하며 하나님에 대한 경외를 언급하고 있다는 것입니다. 이것은 다음에 오는 하나님의 말씀과 어느 정도 유사한 면이 있습니다. 이 점에서 엘리후의 강론은 하나님의 강론을 준비하는 역할을 한다고 할 수 있을 것입니다. 그러나 엘리후의 주장에는 여전히 심각한 오류가 있습니다. 그것은 하나님을 변호한다고 하면서 인간의 가치를 무시하는 것입니다(35:6~7). 욥이 부르짖는 것은 하나님에게 의미가 없으므로 욥에게 아무 유익이 없다고 합니다(36:19). 또 하나님을 인간이 알 수도 없고(36:26) 찾을 수도 없다(37:23)고 단정합니다. 이와 같은 엘리후의 발언은 지금까지 하나님을 간절히 찾고 그분에게 호소하는 욥을 좌절시키는 잔인한 말이었습니다.

물론 인간이 스스로의 지혜로 하나님을 알거나 찾을 수는 없습니다. 그렇지만 하나님은 그렇게 스스로 감추시는 분이 아니고 오히려 인간에게 자신을 알리고 계시하시는 분입니다. 나중에 욥은 하나님에 대하여 귀로만 듣다가 눈으로 주를 뵈었다고 감격합니다(42:5). 하나님은 거룩하시고 전능하신 분이지만 그분은 인간에게서 멀리 계시는 절대자가 아니라 스스로 낮아지셔서 인간을 일으키시는 분입니다(시 113:4~9). 예수님이 우리에게 보여 주신 하나님도 우리가 감히 "아빠 아버지"라 부를 수 있는 그런 친근한 하나님이셨습니다(막 14:36, 롬 8:15).

〈로마서〉 8장 15절을 적어 봅시다.

3) 하나님(38:1~42:6)

엘리후의 긴 강론 때문에 하나님의 강론이 지연되어 답답했지만, 드디어 하나님이 말씀하십니다. 하나님의 강론은 두 차례에 걸쳐 나오며 각 말씀이 끝날 때마다 그에 대한 욥의 간략한 응답이 나옵니다.

1차 강론과 욥의 응답(38:1~40:5). 하나님은 욥에게 "대답해 보라"고 하시며 연속적으로 수사학적인 질문을 던지셨습니다. 욥의 문제에 대해 직접적으로 답을 주시기보다는 그에게 창조 세계를 생각하게 하시며 그것을 통해 창조주 하나님의 능력과 피조물을 돌보시는 섭리를 깨닫게 되기를 원하셨습니다. 그래서 하나님이 욥에게 한 번 더 "대답하라"고 촉구하셨을 때, 욥은 창조주의 능력에 압도되어 아무 대답도 할 수 없음을 고백했습니다(40:3~5). 인간의 지혜를 초월하여 창조 세계를 다스리는 하나님의 지혜와 권능에 대한 확신을 갖게 되었습니다.

2차 강론과 욥의 응답(40:6~42:6). 1차 강론에서 하나님은 인간이 눈으로 직접 볼 수 있는 자연계와 실제 동물들을 통해 하나님의 지혜와 권능을 보게 하셨습니다. 그런데 2차 강론에서는 인간이 일상적으로 볼 수 없는 두 괴물 베헤못(40:15~24)과 리워야단(41:1~9)에 대해 말씀하십니다. 이것들은 강하고 튼튼하며, 인간이 도저히 통제할 수 없고 두려워하는 존재들입니다. 그러나 이런 것들까지도 하나님의 피조물에 불과하고 하나님의 권능 앞에 순복합니다. 이런 괴물들까지 하나님의 주권 아래 있을 정도로 하나님의 통치는 세상 모든 것을 능가한다는 것이 요점입니다.

이것은 비록 욥이 극심한 고난 가운데 있을지라도 그것이 하나님의 통치 밖에서 대책 없이 일어나는 것이 아니라는 것을 확신하게 합니다. 그래서 욥은 하나님의 절대적인 권능을 확실하게 인정하면서 이렇게 고백합니다.

내가 말하겠사오니 주는 들으시고 내가 주께 묻겠사오니 주여 내게 알게 하옵소서 내가 주께 대하여 귀로 듣기만 하였사오나 이제는 눈으로 주를 뵈옵나이다 그러므로 내가 스스로 거두어들이고 티끌과 재 가운데에서 회개하나이다(42:4~6).

친구들과 논쟁하는 가운데에도 욥은 끊임없이 하나님을 찾았습니다. 그분 앞에 자신의 심정을 있는 그대로 드러내 놓기를 원했고, 또 하나님이 자신의 의를 아시고 증거하시며 판단하실 것을 믿고 그분에게 모든 것을 의뢰하였습니다. 여기에서 욥의 회개는 자신의 무지함을 겸손하게 인정하고 하나님의 말씀 가운데서 주님을 더 확실하게 알게 되었다는 뜻입니다. 주님을 대면한 후 그분을 더 알게 되었으므로 비록 고난 가운데 있더라도 그분에게 자신의 생각과 판단을 온전히 맡기게 된 것을 의미하는 것입니다.

4. 결말(욥 42:7~17)

1) 판결(42:7~9)
욥에게 긴 강론으로 말씀하신 후에 하나님은 욥의 친구들에게 하나님에 대한 욥의 친구들 말보다 욥의 말이 의롭다고 선언하시고, 욥으로 하여금 친구들을 위해 중보적인 제사를 드리도록 했습니다. 그리고 그 후에 하나님이 욥을 더 기쁘게 받으셨습니다. 이것은 하나님과 욥 사이에 문제가 있지 않다는 것을 입증하는 것이며, 이로써 욥이 결코 죄 때문에 고난 받은 것이 아니라는 판결을 공식적으로 내리신 것입니다.

2) 회복(42:10~17)

〈욥기〉의 마지막은 하나님이 욥의 재산이 전보다 갑절이 되도록 복을 주시고, 그의 명예를 회복하셨으며, 또 열 명의 자녀를 다시 주셨다는 기사로 마무리됩니다. 다시 보상 신학으로 끝나는 것 같지만, 이것은 기계적인 인과응보의 결과가 아니라 하나님의 자유로운 주권 행사로 이루어지는 것입니다.

> **〈히브리서〉 11장 6절을 적어 봅시다.**

신은 악을 막을 의지는 있지만, 능력이 없는 것인가?
그렇다면 그는 전능하지 않은 것이다.
악을 막을 능력은 있는데 의지가 없는 것인가?
그렇다면 그는 악한 것이다.
악을 막을 능력도 있고 의사도 있는 것인가?
그렇다면 도대체 이 세상의 악은 어디에 기인한 것인가?
악을 막을 능력도 의지도 없는 것인가?
그렇다면 왜 그를 신이라 불러야 하는가?

– 에피쿠로스 –

〈욥기〉는 이와 같은 회의주의에 빠진 사람들에게 분명한 답을 제시합니다. 하나님은 이 세상의 악과 성도의 고난까지도 통제하시는 절대적인 능력을 가지신 분으로서 자유롭게 그분의 가장 선하신 뜻을 따라 온 세상을 통치하시는 분입니다.

❖ 〈욥기〉를 정리해 봅시다.

	욥기	시편	잠언	전도서	아가
	삶의 고난	탄식과 찬양	삶의 실제	삶의 허무	사랑의 찬가
시 가 서	서문				
	( )				
	( )				
	결말				

※ 〈욥기〉 외에 나머지 빈칸은 해당 단원에 가서 차례로 정리할 것입니다.

시편

〈시편〉은 150편의 시가 다섯 권의 모음집으로 구성되어 있습니다. 73편은 다윗이 지었거나 혹은 다윗과 관계된 시이고, 그 외에도 모세, 아삽, 고라, 솔로몬 등 다수의 관련된 사람이 있습니다. 여기에는 모세의 시(90편)부터 포로 귀환 때의 시(126편)까지 있으므로 〈시편〉은 적어도 천 년에 걸친 이스라엘의 역사를 망라하고 있는 셈입니다.

'찬양집'(혹은 '찬양들의 책')이라고 하는 히브리어 제목('쎄페르 테힐림')의 〈시편〉은 하나님을 찬양하는 것에 큰 의미가 있으며 따라서 구약 시대부터 이 시대에 이르기까지 예배에서 중요한 역할을 하고 있습니다. 그런데 〈시편〉에는 단지 찬양만 있는 것이 아니고 사람의 희로애락을 반영한 다양한 시가 있습니다. 그래서 〈시편〉을 이해하기 위해서는 비슷한 유형의 시들을 분류하여 그 특징적인 구조와 신학적인 의미를 파악하는 것이 좋습니다. 이 방법은 개별적인 시들을 이해하는 데 도움이 됩니다. 그런데 최근에는 〈시편〉 전체의 구성에 대한 연구가 많이 나오고 있습니다. 여기의 시들은 아무 의미 없이 모아진 것이 아니라 그 배열과 구성에 의미가 있다고 보고, 그것이 무엇인지를 알아보는 것입니다. 한마디로 〈시편〉 전체의 숲을 보면서 한 권의 책으로서 〈시편〉이 전달하는 신학적 의미를 이해하려는 것입니다.

탄식과 찬양

❖ 〈시편〉의 유형별 이해

▷ 〈시편〉의 유형을 분류하는 데 가장 기본적인 구분은 찬양시와 탄식시입니다. 인간의 기본 감정에 따라 연극이 희극과 비극으로 나뉘듯 기쁨의 감정을 표출하는 것이 찬양이고 반대로 슬픔의 상황에서 나온 시가 탄식시입니다.

1. 찬양시: 하나님에 대한 찬양을 담은 시로서 보통 3단 구성으로 되어 있습니다. (1) **찬양하라는 부름**으로 시작해서, (2) **찬양의 근거**를 설명하고, (3) **찬양하라는 재요청**으로 마무리됩니다.

   예 8, 29, 33, 95, 100, 103, 104, 113, 117, 145, 146~150편 등.

♦ 찬양시의 예 : 117편		
찬양의 부름	1	너희 모든 나라들아 여호와를 찬양하며 너희 모든 백성들아 그를 찬송할지어다
찬양의 이유	2	우리에게 향하신 여호와의 인자하심이 크시고 여호와의 진실하심이 영원함이로다
찬양 재요청		할렐루야

2. 탄식시: 〈시편〉에서 가장 많은 유형의 시로서, 곤경에 처한 시인이 탄식하며 하나님의 도움심을 구하는 시입니다. 탄식시의 구성은 찬양시보다 복잡하며, 모든 요소가 항상 나오는 것은 아닙니다. 대부분의 탄식시는 (1) **부름과 호소**로 시작합니다. 이것은 탄식시가 단순한 넋두리가 아니라 하나님을 부르고 그분에게 기도하는 것이기 때문입니다. (2) **곤경의 탄식**: 질병 등 자신의 어려운 처지, 대적의 공격, 혹은 하나님으로부터 소외 등, 곤경의 상황을 묘사합니다. (3) **죄의 고백/무죄 항변**: 곤경의 원인이 되는 죄를 고백하고 회개하거나, 또는 반대로 자신은 그만한 곤경에 처할 죄가 없음을 주장합니다. (4) **도움의 요청**: 바라는 바 구체적인 도우심과 구원을 요청합니다. (5) **확신과 신뢰**: 하나님의 응답과 구원을 확신하며 신뢰를 표현합니다.

(6) **서원 및 찬양**: 서원하거나 혹은 찬양을 드립니다.

  📖 개인 탄식시: 3~7, 10, 13, 17, 22, 25, 26, 27, 28, 31, 35, 36, 38, 39, 41, 42, 43, 52, 53, 54, 55, 56, 57, 59, 61, 63, 64, 69, 70, 71, 77, 86, 88, 109, 120, 139, 140, 141, 142편 등.

    공동체 탄식시: 12, 44, 58, 60, 74, 79, 80, 83, 90, 94, 123, 144편 등.

◆ **탄식시의 예: 13편**

부름과 호소	1	여호와여 어느 때까지니이까 나를 영원히 잊으시나이까
		주의 얼굴을 나에게서 어느 때까지 숨기시겠나이까
곤경의 탄식	2	나의 영혼이 번민하고 종일토록 마음에 근심하기를 어느 때까지 하오며
		내 원수가 나를 치며 자랑하기를 어느 때까지 하리이까
도움의 요청	3	여호와 내 하나님이여 나를 생각하사 응답하시고
		나의 눈을 밝히소서 두렵건대 내가 사망의 잠을 잘까 하오며
	4	두렵건대 나의 원수가 이르기를 내가 그를 이겼다 할까 하오며
		내가 흔들릴 때에 나의 대적들이 기뻐할까 하나이다
확신과 신뢰	5	나는 오직 주의 사랑을 의지하였사오니
		나의 마음은 주의 구원을 기뻐하리이다
서원 및 찬양	6	내가 여호와를 찬송하리니
		이는 주께서 내게 은덕을 베푸심이로다

▷ 기본 유형이라고 할 수 있는 찬양시나 탄식시와 비슷하지만 전형적인 틀에서 변화가 있는 감사시, 신뢰시, 저주시가 있습니다.

3. 감사시: 탄식의 상황에서 구원을 받고 난 후 감사하여 드리는 시입니다. 감사시는 찬양시와 같이 3단 구조로 되어 있습니다. (1) **감사 찬양**: 하나님을 찬양하거나 감사의 표현으로 시작하므로 찬양시와 비슷합니다. (2) **체험 간증**: 어떤 고통의 상황에서 구원받았는지 〈시편〉 기자가 겪은 구원의 체험을 간증합니다. 이 점에서 감사시는 탄식시와 유사한 면이 있습니다. (3) **감사와 찬양**: 구원의 감격으로 계속해서 감사하거나 찬양하는 것으로 마무리됩니다.

◆ 감사시의 예: 18편

감사 찬양	나의 힘이신 여호와여 내가 주를 사랑하나이다
	여호와는 나의 반석이시요 나의 요새시오……(18:1~3) .
체험 간증	사망의 줄이 나를 얽고
	불의의 창수가 나를 두렵게 하였으며……
	나를 포악한 자에게서 건지시나이다……(18:4~48).
감사 찬양	여호와여 이러므로 내가 이방 나라들 중에서 주께 감사하며
	주의 이름을 찬송하리이다……(18:49~50).

4. 신뢰시: 탄식시에도 확신과 신뢰의 요소가 있는 경우가 많지만, 특별히 여호와를 의지하고 신뢰하는 것이 중심 주제가 되는 〈시편〉들입니다.

   예 11, 16, 23, 27, 62, 91, 121, 125, 131편 등.

5. 저주시: 탄식시의 도움 요청에서 한걸음 더 나가서, 원수에 대한 보복을 요청하는 〈시편〉입니다. 여기에는 섬뜩할 정도로 구체적인 저주가 담겨 있기 때문에 조심스럽게 해석해야 합니다. 저주시는 단순한 개인적인 앙심이 아니라, 내면의 비통한 감정을 하나님에게 솔직하게 드러내고, 하나님의 공의로운 심판을 요청하는 것으로 이해됩니다.

   예 7, 35, 58, 59, 69, 83, 109, 137편 등.

▷ **특별한 주제를 다루는 시들을 따로 분류하기도 합니다.**

6. 지혜시: 〈욥기〉, 〈잠언〉, 〈전도서〉와 같은 지혜서가 다루는 주제를 다루면서 종종 의인과 악인, 지혜로운 자와 미련한 자를 대비합니다.

   예 1, 19, 37, 49, 73, 119편(율법시) 등.

7. 왕권시: 하나님의 왕되심 혹은 통치를 찬양하는 시입니다. 여호와 하나님을 왕으로 표현하거나, 혹은 "여호와께서 다스리시니"라는 선언이 주로 나타납니다.

   예 24, 93, 96~99, 145편 등.

8. 제왕시: 하나님의 대리자로 세움 받은 이스라엘 왕을 칭송하는 〈시편〉입니다. 이 시들은 왕의 다양한 활동과 관계가 있습니다.

 예 즉위식(2, 101, 110편), 결혼(45편), 전쟁 전(20편), 전쟁 후(18편), 왕과 성소(132편), 왕의 영광(21, 72편) 등.

9. 시온시: 하나님의 성전과 이스라엘 왕의 왕궁이 있어 종교적 정치적 중심지인 시온(예루살렘)을 기리는 〈시편〉들입니다.

 예 46, 48, 76편 등.

10. 회고시: 이스라엘의 과거 역사를 다루면서 그 나라를 구원하신 하나님을 기념하며 찬양하는 〈시편〉입니다.

 예 78, 105, 106, 135, 136편 등.

❖ 〈시편〉의 구조적 이해

〈시편〉 전체의 흐름을 한마디로 요약하면 "하나님 나라"입니다.

1권에서는 하나님 통치의 대리자로 세우신 '기름 부음 받은 자'가 초기에 많은 원수의 핍박을 받으며 등장합니다. 이것은 다윗의 왕권이 확고하게 세워지기 전 많은 대적의 위협을 받은 시기와 관련 있습니다. 그래서 1권은 대부분 '다윗의 시'로 구성되어 있고, 그것도 거의 다윗의 탄식과 기도를 담고 있습니다.

2권은 다윗의 왕권이 시온에서 확립되었으나, 그의 범죄로 어려움을 겪다가 다시 회복되어, 그 후손에게로 왕권이 이어지는 것으로 마감됩니다.

3권은 그 백성이 범죄하여 언약을 어김으로 그 나라가 망한 것을 탄식합니다.

4권은 비록 인간의 왕권과 나라는 망했지만 하나님의 왕권은 영원한 것을 노래하고 하나님의 구원을 예고합니다.

5권은 하나님이 그 나라와 기름 부음 받은 자를 회복하시고 영원한 하나님 나라를 완성하실 것을 선포하며 찬양합니다.

〈시편〉의 구조와 요점

1 **다윗의 고난** (1~41편)	기름 부음 받은 자 다윗을 대적하는 원수들에게서 구원하시고 이기게 하신 하나님을 찬양합니다.		
	1) 서론(1~2편) 하나님 나라의 율법을 따르고, 세우신 기름 부음 받은 자에게 순종할 것을 요구합니다.	**2) 고난**(3~39편) 기름 부음 받은 자 다윗이 대적들의 핍박을 받음으로 하나님의 도우심을 간구합니다.	**3) 승리**(40~41편) 여호와를 신뢰한 다윗이 구원을 받고, 원수들은 망하게 된 것을 찬양합니다.
2 **왕권의 확립** (42~72편)	다윗을 왕으로 세우시고, 시온을 거룩한 도성으로 세우시며, 다음 세대를 통해 이어가게 하신 하나님을 찬양합니다.		
	1) 왕과 시온(42~50편) 고난 받는 백성을 위해 왕을 세우시고 시온을 든든하게 하신 하나님을 찬양합니다.	**2) 죄와 용서**(51~68편) 기름 부음 받은 자가 자신의 죄를 회개하고 하나님의 은혜를 구합니다.	**3) 다음 세대**(69~72편) 다윗의 시대가 끝이 나고 다음 세대가 시온을 상속하며 왕권을 이어갑니다.
3 **왕국의 멸망** (73~89편)	하나님이 언약을 어긴 이스라엘 백성을 심판하시고, 시온과 그 성소 그리고 기름 부음 받은 자를 버리셨습니다.		
	1) 멸망 탄식(73~80편) 이스라엘이 언약을 어겨 망하고, 예루살렘과 성전까지 무너진 것을 탄식합니다.	**2) 원수 심판**(81~83편) 백성이 하나님의 구원을 바라며, 원수의 나라들을 심판해 주실 것을 호소합니다.	**3) 회복의 은혜**(84~89편) 기름 부음 받은 자와 그 나라가 망한 것을 탄식하며 하나님의 은혜를 간구합니다.
4 **하나님 왕권** (90~106편)	인간의 왕국은 망했지만 하나님의 왕권은 영원하며, 그의 인자하심으로 언약 백성을 구원하십니다.		
	1) 영원한 거처(90~92편) 하나님은 언약 백성의 영원한 거처가 되시며, 거기에 사는 자들에게 복주십니다.	**2) 하나님의 통치**(93~99편) 온 세상의 왕이시며, 모든 나라와 백성의 심판주이신 하나님을 찬양합니다.	**3) 감사와 찬송**(100~106편) 하나님이 인자와 은혜로 언약 백성을 구원하신 것을 감사하며 찬양합니다.
5 **회복된 나라** (107~150편)	완성된 하나님의 나라와 왕이신 하나님의 영광을 기름 부음 받은 자와 성도와 온 우주 만물이 찬양합니다.		
	1) 구원의 감격(107~118편) 언약 백성을 다시 모으시고 대적들을 심판하신 구원의 하나님을 찬양합니다.	**2) 율법과 시온**(119~137편) 새 구원 공동체의 중심인 율법과 시온의 성전을 기리며 찬양합니다.	**3) 대리자**(138~145편) 기름 부음 받은 자가 구원의 은혜에 감사하며 참된 왕이신 하나님을 찬양합니다.
	※ 대 영광송(146~150편) : 창조주이며 구원자이신 하나님을 온 우주 만물이 찬양합니다.		

1. 다윗의 고난(시 1~41편; 1권)

1) 서론(1~2편)

표제어가 없이 〈시편〉 첫머리에 놓인 1편과 2편은 〈시편〉 전체의 방향을 제시하는 서론의 역할을 합니다. 이 두 시를 묶어서 보면 "복 있는"(1:1)으로 시작해서 "복이 있도다"(2:12)로 마무리됩니다. 여기에 바탕이 되는 기본 주제는 하나님의 통치입니다. 1편은 여호와의 "율법"을 가까이하고 따르는 사람의 복을 묘사합니다. 여기에서 율법(토라)은 단지 성문화된 규례만이 아니라 하나님의 말씀과 교훈 전체를 가리키는 것이며, 이 시는 하나님의 통치 아래 사는 백성이 누리는 복을 제시하는 것입니다. 2편은 하나님이 "기름 부음 받은 자"(메시아) 곧 이스라엘 왕을 시온에 세우신 것을 찬양합니다. 하나님은 이 왕으로 대적들을 정복하게 하시고 또 세상의 군왕들로 그에게 복종하게 하실 것을 선언하셨습니다.

2) 고난(3~39편)

대적하는 원수들(3~9편). 하나님이 기름 부음 받은 자를 시온에 세우려고 하셨지만, 대적들은 아랑곳하지 않고 그를 핍박하고 방해합니다. 2편에 언급된 대적들의 존재는 다음에 이어지는 다윗의 고난 가운데 확실하게 나타납니다. 3~7편에서 다윗은 대적들에게 쫓기며 곤란한 가운데 하나님의 도우심을 호소합니다. 8편의 (창조)찬양시와 9편의 감사와 찬양에서 문맥이 끊어지는 것 같지만, 두 시 모두 대적들과 원수, 그리고 이방 나라들을 정복하는 것을 노래함으로 탄식의 흐름을 이어갑니다.

악인에게 고통받는 의인(10~18편). 10~17편에서도 하나님의 도우심을 구하는 다윗의 탄식 어린 기도가 계속됩니다. 앞의 탄식시들과 다른 특징은 의인과 악인의 대조와 함께 '감찰하시는 하나님'을 강조하고 있다는 것입니다. 악인은 "여호와께서 감찰하시지 않는다"(10:4, 13), "우리를 주관할 자 누구리요" (12:4), 혹은 "하나님은 없다"(14:1) 하고 하나님을 무시하며 온갖 악을 행합니다. 그러나 〈시편〉 기자는 하나님이 분명히 감찰하시는 것을 믿고(10:14, 11:4, 14:2), 하나님 앞에서 의로운 삶을 살려고 합니다(16:8, 17:2~3). 그 가운데 악인의 포악과 조롱으로 고통 받는 의인은 탄식하고 울부짖으며 하나님의 개입과 도우심을 간구합니다. 18편은 의인의 호소에 응답하시고 구원하시는 하나님의 역사를 감사하며 찬양함으로 지금까지 탄식의 기도를 일단락 맺습니다.

여호와의 집(19~30편). 19편은 창조 세계와 율법을 통해 말씀하시는 하나님의 교훈을 찬양합니다. 〈시편〉 첫머리에서 율법 찬양시 다음에 제왕시가 따르는 것처럼, 19편의 율법 찬양 다음에 제왕시 두 편(20, 21편) 기름 부음 받은 자 곧 이스라엘 왕의 구원과 승리를 기원합니다. 20~21편은 3인칭 시점에서 왕을 언급하므로 백성이 왕의 구원과 승리를 위해 기도하는 것으로 보입니다. 그리고 22편은 1인칭 시점에서 왕 자신이 직접 하나님에게 구원을 호소합니다. 그다음에 23~30편은 하나님의 구원하심과 구원받은 대리자의 예배가 이뤄지는 장소로서 여호와의 집(23:6, 27:4), 여호와의 산(24:3), 지성소(28:2), 성전(29:9)을 자주 언급합니다. 이것은 이 단원의 서두 제왕시(20편)에서 왕을 위한 소원으로 표현된 주제입니다.

〈시편〉 20편 2~3절을 적어 봅시다.

여호와께 피함(31~39편). 여기의 〈시편〉들은 다윗이 바로 하나님 그분을 피난처로 삼고 의지한 것을 강조하고 있습니다. 그래서 이 〈시편〉들에는 '여호와께 피함'이라는 주제와 함께 여호와를 바람, 신뢰함, 의지함, 기다림, 즐거워함 등의 표현이 집중적으로 나타나고 있습니다.

31:1 여호와여 내가 주께 **피하오니** 나를 영원히 부끄럽게 하지 마시고
주의 공의로 나를 건지소서

5 내가 나의 영을 주의 손에 **부탁하나이다**

14 여호와여 그러하여도 나는 주께 **의지하고** 말하기를
주는 내 하나님이시라 하였나이다

19 주를 두려워하는 자를 위하여 쌓아 두신 은혜
곧 주께 **피하는** 자를 위하여 인생 앞에 베푸신 은혜가 어찌 그리 큰지요

24 여호와를 **바라는** 너희들아 강하고 담대하라

32:10 악인에게는 많은 슬픔이 있으나
여호와를 **신뢰하는** 자에게는 인자하심이 두르리로다

11 너희 의인들아 여호와를 **기뻐하며 즐거워할지어다**

33:1 너희 의인들아 여호와를 **즐거워하라**

18 여호와는 그를 경외하는 자 곧 그의 인자하심을 **바라는** 자를 살피사

19 그들의 영혼을 사망에서 건지시며 그들이 굶주릴 때에 그들을 살리시는도다

20 우리 영혼이 여호와를 **바람이여** 그는 우리의 도움과 방패시로다

21 우리 마음이 그를 **즐거워함이여** 우리가 그의 성호를 **의지하였기** 때문이로다

34:8 너희는 여호와의 선하심을 맛보아 알지어다 그에게 **피하는** 자는 복이 있도다

22	……그에게 **피하는** 자는 다 벌을 받지 아니하리로다
35:9	내 영혼이 여호와를 **즐거워함이여** 그의 구원을 기뻐하리로다
36:7	……사람들이 주의 날개 그늘 아래에 **피하나이다**
37:3	여호와를 **의뢰하고** 선을 행하라……
4	또 여호와를 **기뻐하라** 그가 네 마음의 소원을 네게 이루어 주시리로다
5	네 길을 여호와께 맡기라 그를 **의지하면** 그가 이루시고
6	네 의를 빛 같이 나타내시며 네 공의를 정오의 빛 같이 하시리로다
7	여호와 앞에 잠잠하고 참고 **기다리라**……
34	여호와를 **바라고** 그의 도를 지키라
40	여호와께서 그들을 도와 건지시되 악인들에게서 건져 구원하심은 그를 **의지한** 까닭이로다
38:15	여호와여 내가 주를 **바랐사오니** 내 주 하나님이 내게 응답하시리이다
39:7	주여 이제 내가 무엇을 **바라리요** 나의 소망은 주께 있나이다

3) 승리(40~41편)

40편 첫머리에서 다윗은 "내가 여호와를 기다리고 기다렸더니 귀를 기울이사 나의 부르짖음을 들으셨도다"(40:1)라고 감격합니다. 계속해서 그는 자신의 구원을 보고 많은 사람이 여호와를 의지하게 될 것으로 기대하고 "여호와를 의지하고 교만한 자와 거짓에 치우치는 자를 돌아보지 아니하는 자는 복이 있도다"라고 선언합니다(40:3~4). 41편은 "가난한 자를 보살피는 자에게 복이 있음이여"라고 시작하며 40편을 이어갑니다. 이렇게 40편과 41편은 의인의 복을 선언함으로써, "복이 있도다"로 시작하고 마무리하는 1편과 2편과 짝을 이룹니다.

앞의 〈시편〉들은 다윗이 대적들에게 핍박을 당하여 하나님에게 탄식하고 호소하는 것을 주로 다루었습니다. 이제 1권의 마지막 두 〈시편〉은 다윗의 구원과 승리를 이야기합니다.

2. 왕권의 확립(시 42~72편; 2권)

전반부는 고라 자손의 시(42~49편)와 아삽의 시(50편)를 수집한 것이며 그 중심 주제는 하나님의 도성 시온(예루살렘)입니다. 나머지는 다윗의 참회시(51편)부터 시작해 거의 다윗의 시로서 재난과 원수들의 압제 속에서 하나님의 구원을 요청하는 탄식시입니다.

1) 왕과 시온(42~50편)

하나님의 임재를 사모함(42~44편). 표제가 없는 43편은 42편과 같이 "내 영혼아 네가 어찌하여 낙심하며……"라는 후렴구로 끝나는 것을 보면(42:5, 11, 43:5), 42편과 43편은 3연으로 된 한 편의 시로 보입니다. 이 시에는 "하나님의 집"(42:4) "주의 거룩한 산과 주께서 계시는 곳"(43:3)으로 인도함 받기를 원하는 〈시편〉 기자의 갈망이 나타나 있습니다. 42~43편이 개인의 탄식시인 반면에 44편은 공동체 탄식시입니다. 하나님이 이방 족속을 쫓아내시고 언약 백성 이스라엘 자손을 약속의 땅에 뿌리내리게 하셨는데(44:1~8), 이제는 대적들에게 탈취당하고 이방 족속에게 조롱당하고 있는 현실을 탄식합니다(44:9~16). 그 가운데 공동체는 하나님의 언약을 굳게 잡고 하나님의 도우심을 구하고 있습니다(44:17~26).

왕의 복과 영광(45편). 45편을 전환점으로 하여 분위기는 탄식에서 기쁨의 찬송으로 바뀝니다. 전환의 동기가 된 것은 바로 '왕권의 형성'입니다. 왕은 대적을 정복하고, 만민이 그 앞에 굴복하며, 그는 정의로 통치합니다. 왕들의 딸이 그의 아내가 되고 왕권을 이을 아들들이 나옵니다. 다윗의 역사와 연관 지어 문맥을 보자면, 45편은 다윗 왕조의 형성을 묘사하고 그 앞에 오는 애가(42~44편)는 다윗 등장 이전에 가나안 족속에게 짓밟히던 암흑기를 암시한다고 볼 수 있을 것입니다.

거룩한 도성 시온(46~50편). 46~48편은 하나님이 시온의 왕으로서 대적들의 침략으로부터 시온을 지키시고, 거기에서 온 세상을 다스리는 것을 찬양합니다. 이것은 다윗이 온 이스라엘의 왕이 된 후 예루살렘(시온)을 수도로 삼고 하나님의 언약궤를 모심으로 예루살렘이 정치와 종교의 중심지가 되게 한 것을 연상시킵니다. 49편은 일종의 지혜시로서 2권의 고라 자손 시집의 마지막 시입니다. 이 시는 그 내용이 문맥을 벗어나는 것처럼 보이지만, 앞뒤의 두 시를 잘 연결시키고 있습니다. 48편은 시온의 큰 왕이신 하나님이 "우리를 죽을 때까지 인도하시리로다"(48:14)는 확신으로 마무리되었습니다. 49편은 죽음의 문제를 다루며 〈시편〉 기자는 하나님이 자신을 스올의 권세에서 건져내실 것을 확신합니다. 그리고 나서 이 시는 "어리석은 자가 영원히 빛을 보지 못하리로다"는 선언과 함께 마무리되고, 이어서 50편은 "온전히 아름다운 시온에서 하나님이 빛을 비추셨도다"는 선언으로 시작하면서, 시온의 심판장이신 하나님을 찬양하고 또 하나님이 시온에서 드리는 제사를 기쁘게 받으신다고 합니다.

2) 죄와 용서(51~68편)

참회와 임재의 회복(51~53편). 다윗은 왕위에 올라 나라를 든든하게 세웠으나 밧세바를 범한 죄 때문에 심판을 받아 그의 집에는 칼과 재난이 끊이지 않는 큰 어려움이 계속되었습니다. 51편에서 다윗은 죄를 고백하며 참회합니다. 여기에서 다윗은 죄사함을 구할 뿐만 아니라, 하나님의 임재 앞에서 쫓아내지 마시기를 간구합니다(51:11). 또한 통회하는 심령을 거부하지 않으신다는 믿음을 가지고 시온(예루살렘)을 든든하게 지켜 주실 것을 간구합니다(51:18). 하나님의 임재하심에서 멀어지지 않기를 원하는 다윗의 심정이 표현되고 있습니다. 악인에 대한 심판을 다루는 52편과 53편(14편과 같음)은 51편과 직접적인 연관성은 없어 보이지만, 의인이 "하나님의 집에 있는 푸른 감람나무"(52:8)와 같이 번성한다는 것과 하나님의 구원이 시온에서 이루어진다는 주제(53:8) 때문에 하나님 임재의 회복을 구하는 다윗의 참회시와 연결됩니다.

구원과 회복의 간구(54~60편). 여기의 시들은 모두 다윗의 시로서 하나님의 구원을 간구하며 부르짖는 탄식시들입니다. 표제에 따르면 이 시들은 주로 다윗이 왕이 되기 전에 사울을 피해 다니는 상황을 배경으로 하고 있습니다. 그런데 현재 〈시편〉의 전체적인 흐름을 따라 본다면 이 시들은 다윗이 범죄에 대한 심판으로 압살롬의 반역을 비롯하여 다른 대적들로부터 조롱과 반란을 겪는 상황을 상기시킵니다. 예를 들어 다윗이 가까운 친구가 원수가 되었음을 탄식하는 장면에서(55:12~14) 우리는 아들인 압살롬을 피해 도망가야 했던 다윗의 비통한 심정을 엿볼 수 있을 것입니다.

54편과 55편에서 다윗은 원수들에게 고통을 받는 가운데 하나님이 자기의 기도를 들어주시길 호소합니다(54:2, 55:1). 56편과 57편에서는 하나님의 "은혜"를 간구합니다(56:1, 57:1). 58편과 59편에서는 악인과 원수가 보복당하는 것을 보게 해 달라고 기도합니다(58:10, 59:10). 60편은 과거에 하나님께 버림받았으나 이제 회복시키시고 대적들을 이기게 해 달라고 요청합니다(60:1, 10~12).

피난처 성소(61~68편). 61~68편의 시들 역시 하나님의 도우심과 구원을 요청하는 호소가 주 내용이지만, 앞의 시들과 비교할 때 여기에서는 성소를 피난처로 간절히 사모하며 그곳에서 예배한다는 주제가 두드러집니다. 1권에서도 시인은 대적과 악인들에게서 구원을 호소한 다음에 성소와 주님을 피난처로 사모하는 탄식시와 찬양이 나왔습니다.

61:2   주는 나의 피난처시요 원수를 피하는 견고한 망대이심이니이다

3   내가 영원히 주의 장막에 머물며 내가 주의 날개 아래로 피하리이다

62:7   나의 구원과 영광이 하나님께 있음이여 내 힘의 반석과 피난처도 하나님께 있도다

8   ……하나님은 우리의 피난처시로다

63:2	내가 주의 권능과 영광을 보기 위하여 이와 같이 성소에서 주를 바라보았나이다
65:1	하나님이여 찬송이 시온에서 주를 기다리오며 사람이 서원을 주께 이행하리이다
4	주께서 택하시고 가까이 오게 하사 주의 뜰에 살게 하신 사람은 복이 있나이다
	우리가 주의 집 곧 주의 성전의 아름다움으로 만족하리이다
66:13	내가 번제물을 가지고 주의 집에 들어가서 나의 서원을 주께 갚으리니
68:5	그의 거룩한 처소에 계신 하나님은 고아의 아버지시며 과부의 재판장이시라
24	하나님이여 그들이 주께서 행차하심을 보았으니
	곧 나의 하나님, 나의 왕이 성소로 행차하시는 것이라
29	예루살렘에 있는 주의 전을 위하여 왕들이 주께 예물을 드리리이다
35	하나님이여 위엄을 성소에서 나타내시나이다…….

3) 다음 세대(69~72편)

파란만장한 다윗의 시대가 마감하고 다음 세대가 하나님 나라의 역사를 이어가는 장면으로 2권은 마무리됩니다. 69편은 "주의 집"을 향한 시인의 열정을 표현하면서 앞의 시의 분위기를 이어가기도 하지만, 이 시의 마지막은 하나님이 구원하신 시온과 세우신 유다 성읍을 다음 세대들이 계승하는 것을 기원하며 마무리됩니다. 70편은 1권을 마무리하는 지점에 있는 시 40편 13~17절과 동일한 내용입니다. 여기에서 〈시편〉 기자는 "나의 영혼을 찾는" 대적들을 심판하시고 "주를 찾는 모든 자들이" 기뻐하며 하나님을 인정하게 해 달라고 기도합니다. 71편은 노년에 대한 기도로서 다윗의 기도를 마무리하기에 적합합니다. 〈시편〉 기자는 어렸을 때부터 하나님을 의지하고 그의 기적을 체험한 것을 간증하며, 이후로 늙을 때까지 하나님이 그를 버리지 않으셔서 다음 세대에게 하나님의 위대하심을 전파하게 해 달라고 기도합니다(71:6~9, 17~18). "솔로몬의 시"라는 표제가 붙은 72편은 아들로서 자신을 승계하는 솔로몬을 위한 다윗의 기도로 보입니다. 여기에서 〈시편〉 기자는 왕의 계승자에게 하나님의 판단력과 공의를 주셔서 백성을 잘 다스리고 그 나라가 번영하고 영원하기를 기원합니다.

3. 왕국의 멸망(시 73~89편; 3권)

전반부 11편은 아삽의 시 모음집이고(73~83편), 그다음에 4편의 고라 자손의 시(84~85, 87~88)와 그 중간에 1편의 다윗의 시(86편)가 있으며, 마지막은 에스라 사람 에단의 시(89편)입니다.

1) 멸망 탄식(73~80편)

성소의 재판장(73~76편). 73편에서 〈시편〉 기자는 악인의 형통과 의인의 고난이라는 현실을 보며 실족하고 탄식합니다. 〈시편〉 기자가 갈등하는 이 모순은 "성소"에 들어가서 하나님의 궁극적인 심판을 깨달음으로 해결되었습니다(73:17~20). 이것은 1권과 2권에서 고난당하는 의인이 성소에서 피난처를 얻고 복을 누린다는 주제를 잘 반영한 것입니다. 그런데 74편은 더 큰 문제를 제시합니다. 그것은 원수들이 하나님이 임재하신 성소마저 짓밟고 주의 이름을 모욕한다는 것입니다(74:3~10). 받아들이기 어려운 이 현실 앞에서 〈시편〉 기자는 하나님이 용사와 같이 일어나셔서 원수들을 치실 것을 호소합니다.

〈시편〉 기자의 간구는 75~76편에서 응답을 받습니다. 75편에서 하나님은 정한 기약이 이르면 심판하실 것을 약속하십니다(75:2). 그날이 오면 재판장이신 하나님이 악인을 낮추시고 의인을 높이실 것입니다(75:7, 10). 76편은 하나님의 궁극적인 심판이라는 주제를 이어갑니다. 하나님이 온유한 자(억눌린 자)

를 구원하시려고 심판하실 때에 하늘에서 판결을 선포하시고 온 땅과 세상의 권세자들이 두려워 떨 것입니다(76:9, 12).

구원 역사와 멸망의 현실(77~80). 77~78편은 이스라엘의 과거 역사를 돌이켜 보는 회상시입니다. 77편에서 〈시편〉 기자는 환난 가운데 낙심하며 '하나님의 은혜와 인자하심이 영원히 떠나지는 않았는지' 탄식합니다(77:1~9). 그 다음에 현재의 환난이 자신(들)의 잘못임을 시인하며 하나님이 과거에 그 백성을 위해 행하신 기이한 일들을 회상합니다. 여기에서 〈시편〉 기자는 시적인 표현을 통해서 하나님이 애굽에서 행하신 재앙과 홍해의 기적을 이야기합니다. 하나님은 열 재앙으로 애굽을 치셔서 민족으로 하나님을 알게 하시고(77:14~15), 홍해 가운데 길을 내셔서 그 백성을 인도하셨습니다(77:16~20). 78편은 더 구체적으로 출애굽과 홍해의 기적과 광야의 인도하심을 묘사한 다음, 하나님이 그 백성을 가나안 땅으로 인도하셔서 기업을 분배받게 하신 것과(78:54~55), 더 나아가 시온 산을 택하셔서 성소를 삼으시고, 다윗을 왕으로 세우셔서 그 백성을 바르게 지도하게 하신 것(78:68~72)까지를 묘사합니다.

그러나 하나님의 뜻 가운데 세워진 성전이 이방 나라들에게 짓밟히고 예루살렘이 황폐하게 된 현실을 79편이 묘사하고 있습니다. 그러면서 〈시편〉 기자는 비참한 현실을 탄식하며 하나님이 이 백성의 죄를 사하시고 은혜를 베풀어 주셔서 구원해 주실 것을 호소합니다(79:8~9). 80편은 79편의 마지막 구절처럼 하나님의 백성을 양 떼로 비유하며, 하나님의 구원을 호소합니다. 또한 이스라엘을 포도나무로 비유하며 출애굽과 가나안 정복을 말하고 현재는 이방 족속에 의해 짓밟힌 현실을 탄식하며 하나님의 구원을 간구합니다.

2) 원수 심판(81~83편)

아삽의 시 마지막 세 편은 원수들의 심판을 다룬다는 점에서 앞의 시들과 구분됩니다. 81편은 탄식을 기쁨과 환호의 분위기로 전환시킵니다. 앞의 시들과 같이 출애굽을 회상하며 하나님이 주신 율법을 거역했던 죄를 지적하지만, 이제라도 하나님의 말씀에 순종하면 하나님이 원수들을 심판하여 처단하실 것을 약속하십니다(81:13~14). 82편과 83편은 세상 나라에 대한 하나님의 심판을 촉구하면서 하나님이 만국의 소유주이시며(82:8), 온 세계의 지존자가 되심을 선포합니다(83:18).

3) 회복의 은혜(84~89편)

A 시온 찬양 : 사모하는 주의 장막(84편)
 B 주의 진노 : 포로된 백성의 귀환을 탄원(85편)
  C 주의 인자 : 구원을 비는 다윗의 기도(86편)
A' 시온 찬양 : 온 세상의 중심(87편)
 B' 주의 진노 : 죽음의 위협에서 구원을 탄원(88편)
  C' 주의 인자 : 다윗 언약의 회복을 기원(89편)

84~86편과 87~89편은 심판을 받아 멸망한 백성이 하나님이 은혜와 인자하심으로 그들을 구원하시고 회복하시길 바라는 염원을 담고 있습니다.

각각 세 편으로 된 두 모음은 비슷한 흐름으로 전개됩니다. 첫 번째 오는 84편과 87편은 주의 장막과 시온이 얼마나 아름답고 위대한 곳이었는지를 노래합니다. 그러나 현실은 시온이 파괴되고 성전도 무너져 있습니다. 그래서 두 번째 오는 85편과 86편은 하나님이 무서운 진노를 거두시고 구원해 주시기를 간구합니다. 마지막으로 세 번째 오는 86편과 89편은 하나님의 인자하심에 호소하면서 특히 다윗 언약의 회복을 기원하고 있습니다.

여기의 시들에서 특히 기름 부음 받은 자의 운명이 강조되고 있음을 주목해야 합니다. 84편에서 〈시편〉 기자는 시온에 대한 찬송과 함께 하나님이 "기름 부음 받은 자"에게 호의를 베풀어 주시기를 간구함으로써 다윗 언약에 대한 소망을 표현합니다(84:9). 환난 가운데 하나님의 구원을 호소하는 다윗의 기도(86편) 역시 기름 부음 받은 자에 대한 하나님의 구원을 간구하는 것입니다. 89편은 직접적으로 다윗 언약을 다루고 있습니다. 하나님이 다윗을 택하여 기름 부어 왕으로 세우시고, 그의 후손들이 왕권을 영구하게 계승하도록 하셨습니다(89:19~37). 그러나 그 후에 하나님이 기름 부음 받은 자에게 노하여 그를 내치시고 대적들에게 패배하게 하셨습니다(89:38~45).

이런 상황에서 〈시편〉 기자는 하나님의 인자하심에 호소하여, 다윗 언약을 회복하시고 기름 부음 받은 자의 원수들을 심판해 주실 것을 요청합니다.

4. 하나님 왕권(시 90~106편; 4권)

〈시편〉 3권의 시들은 이스라엘과 기름 부음 받은 왕의 멸망을 탄식하며 하나님의 구원을 간구했습니다. 이제 4권은 그 탄원에 대한 응답으로서 하나님의 왕권을 선포하며 구원을 노래합니다.

1) 성도의 거처(90~92편)

4권의 처음 세 편의 시는 '성도의 거처가 되시는 하나님'이라는 주제를 공통으로 가지고 있습니다.

90편은 모세의 시로서 인생의 허망함을 이야기하며 하나님의 은총을 구하는 기도를 담고 있습니다. 여기에 나타난 허망함, 주의 분노와 심판 등의 주제는 89편 마지막 부분을 반영하고 있습니다(참조. 89:46~48). 이런 연결점을 고려해 본다면 90편은 한편으로 인간 왕국의 몰락을 되새기며 다른 한편으로 새 시대의 소망을 제시하는 전환점의 역할을 한다고 할 수 있습니다. 이 시가 제시하는 소망은 곧 하나님이 영원한 거처가 되신다는 것입니다(90:1). 즉 허망한 인생의 해결책은 하나님을 의지하는 것밖에 없습니다.

> 90편: 영원한 거처
> 91편: 안전한 거처
> 92편: 풍성한 거처

91편은 "지존자의 은밀한 곳에 거주하며 전능자의 그늘 아래에 사는 자여"로 시작하면서 피난처가 되시는 하나님이라는 주제를 이어갑니다. 〈시편〉 기자는 다음과 같이 선포합니다.

91:9   네가 말하기를 여호와는 나의 피난처시라 하고 지존자를 너의 거처로 삼았으므로

10   화가 네게 미치지 못하며 재앙이 네 장막에 가까이 오지 못하리니

11   그가 너를 위하여 그의 천사들을 명령하사 네 모든 길에서 너를 지
      키게 하심이라.

92편은 91편처럼 하나님을 "지존자"(엘욘)로 부르며 시작합니다(91:1, 9, 92:1). 여기에 '거처'라는 단어는 없지만, 의인과 악인의 운명을 대조하는 가운데 의인을 "여호와의 집에 심겨진 나무"로 비유하고 있습니다. 그 나무는 항상 푸르고 많은 결실을 합니다.

2) 하나님의 통치(93~99편)
여기의 시들은 대부분 여호와의 다스리심을 선포하며(93:1, 96:10, 97:1, 99:1) 왕이신 하나님을 찬양하는 왕권시에 해당합니다.

영원한 우주적 왕권(93~94편). 93편은 첫 시로서 하나님의 왕권이 옛적부터 영원토록 견고한 것을 강조합니다. 여기에서 하나님이 '큰 물'을 제압하시는 것은 혼돈에서 창조의 질서를 세우시는 왕권을 묘사합니다. 94편은 왕권에 대한 직접적인 언급은 없지만 하나님을 "세계를 심판하시는 주"(94:2; 참조. 96:13, 98:9)로 그림으로써 하나님의 범세계적 왕권을 표현합니다. 여기에서 〈시편〉 기자는 하나님이 심판주로서 지금 현실 세계의 악인과 교만한 자를 처벌해 주실 것을 간구합니다.

독보적인 유일신(95~97편). 95편은 하나님에게 찬양하고 감사하라는 권유로 시작하며, 찬양의 이유는 "여호와는 크신 하나님이시요 모든 신들보다 크신 왕이시기 때문"이라고 합니다(95:1~3). 이 시의 전반부는 창조주 하나님을, 그리고 후반부는 이스라엘을 돌보시는 하나님을 찬양합니다. 96편과 97편도 여호와가 "모든 신들보다 뛰어난 하나님이신 것"을 노래한다는 점에서 95편의 흐름과 일치합니다(96:4~5, 97:7~9). 96편과 97편은 또한 공통적으로 온 세계를

심판하시는 여호와를 찬양합니다. 96편에서는 만민에게 공평한 하나님의 심판에 대해 우주 만물이 즐거워하고(96:11~12), 97편에서는 특별히 하나님의 언약 백성이 즐거워합니다(97:8).

이스라엘의 왕(98~99편). 왕권시의 마지막 두 편은 하나님의 왕권과 심판이 언약 백성에게 어떤 결과를 가져오는지에 초점을 맞춥니다. 98편은 하나님이 이스라엘에게 베푸신 인자와 성실에 따라 그 백성을 구원하시며, 그 구원을 온 세상에 나타나게 하십니다(98:1~3). 99편은 하나님의 왕권이 시온에서 이루어진 것을 선포하며(99:2), 여호와가 이스라엘에 정의와 공의를 세우시고(99:4), 그 백성을 행위로 심판하시되 용서하시는 하나님이심을 찬양합니다(99:8).

3) 감사와 찬송(100~106편)

이 단원의 시들은 바로 앞의 왕권시들처럼 하나님의 다스림을 직접적으로 표현하지는 않습니다(103:19은 예외). 그 대신 여기에는 "노래", "감사", "송축", "찬송"이라는 단어가 아주 많이 나옵니다. 왜냐하면 이 시들은 하나님의 성품과 그가 이루신 놀라운 일들을 생각하며 하나님에게 감사와 찬양을 드리는 시이기 때문입니다.

긍휼하신 왕(100~103편). 여기 네 편의 시에서 자주 등장하는 주제와 단어는 하나님의 인자와 긍휼입니다. 먼저 왕권시에서 첫 93편이 하나님 왕권의 영원함을 강조했듯이 100편은 하나님의 "인자와 성실"이 영원함을 찬양합니다(100:5). 101편의 〈시편〉 기

> 100편: 하나님의 영원한 인자와 성실
> 101편: 인자와 정의를 이루는 대리자
> 102편: 시온의 회복을 위한 인자와 긍휼
> 103편: 인자와 긍휼의 대상

자는 여호와의 인자와 정의를 노래하면서 그 인자하심과 정의가 여호와의 성에서 이뤄지도록 자신이 정의로운 통치를 할 것을 맹세합니다.

101편이 하나님의 대리 통치자에 대한 것이라면, 102편은 하나님의 거룩한 성 시온에 대한 것입니다. 이 시는 고난 당한 자의 탄식으로서 〈시편〉 기

자는 하나님의 진노의 심판을 받아 고통 속에 신음하며 구원을 호소합니다 (102:10). 이에 대한 하나님의 구원은 시온의 회복을 통해 이뤄집니다. 앞의 시는 "주께서 어느 때나 내게 임하시겠나이까"(101:2)라는 물음을 던졌고, 여기에서 〈시편〉 기자는 지금은 은혜 받을 때인 것을 확신하며 시온의 회복을 선포합니다(102:13~14).

〈시편〉 102편 13~14절을 적어 봅시다.

계속해서 〈시편〉 기자는 시온이 회복될 때에 하나님이 심판을 받아 고통 중에 탄식하는 자가 구원을 받아 시온에서 하나님의 영광을 증거하고, 이때에 모든 민족과 나라들이 여호와를 섬기게 될 것을 기대합니다(102:19~22).

103편은 다윗의 시로서 서두에서 〈시편〉 기자는 먼저 자신이 죄로 말미암아 파멸될 뻔했으나 하나님의 인자와 긍휼로 구원받은 것을 증거하며 찬양합니다(103:1~3). 그리고 하나님의 인자와 긍휼을 받는 대상이 누구인지를 분명하게 말합니다. 하나님은 "자기를 경외하는 자"에게 인자와 긍휼을 베푸십니다(103:11, 13, 17). 그리고 하나님을 경외하는 자는 "하나님의 언약을 지키고 그의 법도를 기억하여 행하는 자"입니다(103:18). 그러나 이것은 우리가 은혜를 받을 만한 가치나 공로가 있어야 한다는 뜻은 아닙니다. 하나님은 은혜와 긍휼이 풍부하시고 또 우리의 약함을 아시기 때문에 우리의 죄를 따라 그대로 갚지 않으시고 우리의 죄를 용서하십니다(103:8~14).

위대한 역사(104~106). 앞의 네 시는 하나님의 인자하신 성품에 초점을 맞추었고, 여기 세 편의 시는 하나님이 하신 위대한 역사를 찬양하며 구원의 소망을 표현합니다. 103편의 마지막은 창조주 하나님에 대한 찬양의 명령으로 끝이 났고(103:22), 104편은 이 주제를 받아서 하나님의 위대하신 창조의 역사를 노래합니다.

105편과 106편은 "여호와께 감사하라"로 시작하는 감사시이며, 동시에 이스라엘의 역사를 돌아보며 거기에 나타난 하나님의 은혜와 능력을 찬양하는 회고시입니다. 창조를 다룬 104편에 이어서 105편은 족장들의 역사에서부터 가나안 정복을 다룹니다. 즉 하나님이 아브라함에게 가나안 땅을 소유로 주실 것을 약속하셨고(105:11), 그 약속은 이삭과 야곱과 요셉의 역사를 따라 그 자손이 애굽에 들어가기까지 계속되었으며, 하나님이 그 언약을 따라 이스라엘 백성을 애굽에서 구출하시고 가나안 땅으로 인도하셔서 약속의 땅을 소유로 삼게 하셨습니다.

105편은 언약을 성취하시는 하나님의 역사를 돌아본 반면에 106편은 그 역사 속에서 끊임없이 죄를 범하는 이스라엘 배역의 역사를 묘사합니다. 홍해를 지날 때, 광야에서 이스라엘 백성은 끝없이 반역했고, 그들은 가나안에 들어와서까지 하나님을 잊고 그를 떠나 우상을 섬겨 그 땅을 더럽게 했습니다. 그래서 이 백성이 심판을 받아 이방의 지배를 받게 되었지만, 언약에 신실하신 하나님은 그 크신 인자하심을 따라 재앙을 돌이키셨습니다. 이 인자하심에 근거해 〈시편〉 기자는 하나님이 다시 이 백성을 모으시고 회복하시길 기원하며 4권이 마무리됩니다.

5. 회복된 나라(시 107~150편; 5권)

마지막 5권은 〈시편〉의 정점으로서 하나님의 구원과 함께 그 나라가 완전히 회복된 것을 묘사하며 영광의 찬송을 드립니다.

1) 구원의 감격(107~118편)

구원의 하나님(107~110편). 4권의 마지막은 하나님이 그 백성을 구원하시고 여러 나라로부터 모으시기를 간구하는 호소로 마무리되었습니다(106:47). 이제 5권은 여호와께서 그 백성을 대적으로부터 구원하셔서 모으셨다는 선언으로 시작합니다(107:2~3). 107편은 여러 가지 위협과 고통의 상황에서 그 백성을 구원하신 하나님을 찬양합니다(107편). 108~110편은 다윗의 시로서 기름 부음 받은 자의 승리와 구원을 노래합니다. 그중에서 108편과 109편에서 〈시편〉 기자는 대적들의 파멸을 호소하고 110편은 이에 대한 하나님의 응답으로서 하나님이 기름 부음 받은 자를 위하여 대적의 나라들을 파멸하실 것을 선언합니다. 즉 다윗 언약의 회복을 말씀하는 것입니다.

할렐루야 시(111~118편). 구원의 호소와 응답 다음에 "할렐루야"로 시작되는 찬양시들이 나옵니다. 111편과 112편은 형식상 알파벳시이며, 내용상으로는 지혜시로서 여호와를 경외하는 자들이 받을 복을 이야기합니다. 또한 111편은 여호와의 계명을 지키는 자에 대한 칭송으로 끝이 나고, 112편은 여호와의 계명을 즐거워하는 자는 복이 있다는 선언으로 시작함으로써 두 시가 연결됩니다. 먼저 111편은 여호와께서 그를 경외하는 자들을 위해 행하시는 일을 찬양하고, 그다음에 112편은 하나님을 경외하는 의로운 자들의 삶을 묘사합니다.

113~118편은 유월절을 기념하는데 사용된 '애굽 할렐 시집'으로서 하나님의 구원하시는 은혜를 찬양합니다. 113편은 높고 높으신 하나님이 스스로 낮아지셔서 낮고 천한 자들을 구원하시고 높이시는 은혜를 찬양합니다. 114편은 이스라엘 백성을 애굽에서 구출하시고 광야에서 인도하신 은혜를 찬양합니다.

115편은 우상이나 우상을 의지하는 자는 헛것이고 오직 하나님만 의지해야 할 것을 권고합니다. 115편의 마지막은 죽은 자들은 여호와를 찬양하지 못하지만 구원받은 공동체는 살아서 영원히 하나님을 찬양하게 된 것을 대조하며 마무리됩니다(115:17~18). 이 주제가 116편에서 다시 나타납니다. 〈시편〉 기자는 하나님이 사망에서 자기를 건지셨으므로 "생명이 있는 땅에서 여호와 앞에 행하리로다"고 선언합니다(116:8~9). 여호와의 인자하심을 찬양하는 짧은 117편 다음에 118편도 여호와의 인자하심을 찬양합니다. 117편은 "모든 나라 모든 백성"을 향하여 찬송하라고 하는 반면, 118편은 "이스라엘", "아론의 집", "여호와를 경외하는 자"에게 찬송을 명령합니다. 또한 118편의 기자는 사람을 의지하지 않고 하나님을 의지함으로 구원 얻었음을 증거하며, 앞의 두 시(115, 116편)에서처럼 "내가 죽지 않고 살아서 여호와께서 하시는 일을 선포하리로다"라는 결심을 표현합니다(118:17).

2) 율법과 시온(119~137편)

앞 단원의 시들은(107~118편) 구원받은 은혜를 찬양하는 시였습니다. 다음 시들은 구원받은 공동체 삶의 기초요, 중심이 되는 율법(119편)과 시온(120~137편)에 대한 시입니다.

율법시(119편). 회복된 새 구원 공동체에게 필요한 것은 바로 율법의 재정립입니다. 이런 맥락에서 율법시 119편이 이 자리에 있는 것은 중요한 의미가 있습니다. 구원의 은혜에 감사하는 데서 그치는 것이 아니라 어떻게 살아야 할 것인지 삶의 변화가 있어야 할 것이기 때문입니다. 여기에서 〈시편〉 기자는 하나님의 율법을 사모하며, 그 말씀의 교훈을 따라 살기를 결단합니다.

시온 성전(120~134편). 율법과 함께 새 구원 공동체의 신앙과 삶의 기본이 되는 것은 예배의 회복입니다. 여기에 수집된 "성전에 올라가는 노래"들은 시온의 성전을 향해 가는 순례자들의 찬송으로서 하나님의 임재하심을 사모하며 그분 앞에 진정한 경배를 드리는 모범을 보여 줍니다.

15편의 시를 각각 3편씩 5묶음으로 읽을 수 있습니다. 120~122편은 환난을 당한 성도가 여호와의 도움을 바라며 성전을 향해 평안이 있는 예루살렘 성을 향해 길을 떠나는 것을 보여 줍니다. 123~125편은 순례의 길을 가는 백성을 보호하시는 하나님의 은혜를 찬양합니다. 즉 성도들이 하늘에 계신 하나님을 바라보며 은혜 베푸시길 기다릴 때(123편), 하나님은 성도들의 편에 계셔서 온갖 위험으로부터 지키시며(124편), 산들이 예루살렘을 호위하듯이 하나님이 그 백성을 둘러 호위하십니다(125편). 126~128편은 시온에서 하나님이 베푸실 복을 소망하며 기뻐하는 순례자들의 모습을 보여 줍니다. 129~131편에서 하나님의 임재를 인내함으로, 간절하고 겸손하게 바라는 순례자들의 자세를 볼 수 있습니다. 132~134편은 드디어 하나님의 성소에 들어와 믿음의 공동체 안에서 하나님에게 찬양하고 예배드리는 순례자의 모습을 보여 줍니다.

역사적 회고(135~137편). 여기의 시들은 "성전에 올라가는 노래"가 아니고 이스라엘의 역사를 돌아보는 회고시이지만 시온 성전의 주제를 이어가고 있습니다. 135편은 "여호와의 집 우리 여호와의 성전 곧 우리 하나님의 성전 뜰에 서있는 너희"를 향하여 찬송하라는 명령으로 시작합니다(135:1~3). 이것은 바로 앞의 134편과 겹치는 내용입니다. 135편은 찬송의 이유를 제시합니다. 그것은 하나님이 이스라엘을 특별한 소유로 택하셨기 때문입니다. 135편과 136편은 유사한 전개 방식으로 이스라엘을 향한 하나님의 특별한 선택과 사랑을 노래합니다. 즉 위대한 창조주 여호와가 이스라엘 백성을 애굽에서 구출하시어 약속의 땅을 기업으로 주셨으므로 감사하며 찬양합니다. 창조(135:5~7, 136:4~9), 출애굽(135:8~9, 136:10~16), 가나안 정복과 기업 분배(135:10~12, 136:17~22).

137편은 바벨론 포로 시절을 회고하는 시입니다. 과거 바벨론 포로로 잡혀 있을 때 이스라엘 백성은 이방 땅에서 수치스럽게 시온의 노래를 부를 것을 강요당했습니다. 그때에 성도들은 예루살렘을 잊지 않고 있었으며 이제 주의 성전에서 자유롭게 시온의 노래를 부릅니다. 그러면서 감히 예루살렘을 위협하고 조롱했던 원수들을 심판하실 것을 간구합니다.

3) 대리자(138~145편)

〈시편〉을 맺기 전에 마지막 다윗 시집이 놓여 있습니다. 이 시들은 현재의 문맥에서 율법과 성전 예배의 회복과 함께 새 구원의 공동체 중심에서 언약 백성을 이끄는 기름 부음 받은 자 곧 하나님의 대리자 고백과 찬양으로 적용되고 있습니다. 138편 초두에 "주의 성전을 향하여 예배하며"라는 〈시편〉 기자의 고백은 앞에 있는 성전으로 올라가는 노래의 분위기를 이어가고 있습니다. 또한 이 〈시편〉은 하나님의 말씀과 여호와의 도를 강조함으로(138:2, 4~5) 119편의 율법시를 연상하게 합니다. 하나님의 통치 대리자는 절대 권력을 행사하는 것이 아니라 하나님의 말씀을 존중하며 순종함으로 나라를 다스릴 것입니다. 139편은 대리자에 대한 하나님의 특별한 섭리를 말합니다. 하나님은 그를 모태에서부터 창조하시고, 그의 모든 말과 행위를 아십니다. 140~144편에서 〈시편〉 기자는 하나님이 대리자를 대적으로부터 보호하시고 위로하시며 승리를 얻으며 번영하도록 간구합니다. 145편에서 〈시편〉 기자는 하나님이 궁극적인 "왕"이심을 고백하며(145:1), 그의 나라 그의 통치가 영원할 것을 찬양합니다(145:13).

〈시편〉 138편 4~5절을 적어 봅시다.

4) 대 영광송(146~150)

마지막 다섯 편의 시는 오직 하나님을 찬양하는 대영광송의 모음이며, 이로써 하나님 나라를 중심으로 진행되는 〈시편〉의 흐름이 최고조에 이릅니다.

먼저 146~147편은 찬양의 대상이신 하나님이 어떤 분이신지를 선포합니다. 그분은 창조주이시며 구원자이십니다. 146편은 천지의 창조자이시며 주재이신 하나님이 정의와 인자로 세상을 다스리심을 찬양합니다. 147편은 범위를 좁혀서 특히 하나님의 언약 백성 이스라엘을 구원하시고 예루살렘을 세우신 하나님 그리고 그 백성에게 율법을 주신 하나님을 찬양합니다.

148~150편은 찬양하는 주체들을 다양하게 언급함으로써 하나님에 대한 찬양이 온 세상에 가득한 것을 강조합니다. 여기에서 찬양하는 장소와 범위가 넓은 곳에서 핵심으로 점점 좁아집니다. 즉 우주에서 성도들 모임으로, 더 나아가 성소로 좁혀지고 있습니다. 148편에서는 하늘과 하늘 위에서부터 아래로 모든 만물이 찬양합니다. 149편에서는 특히 성도의 모임 곧 하나님의 백성이 찬양합니다. 마지막으로 150편은 하나님이 임재하시는 성소와 그의 권능의 궁창에서 찬양합니다.

146편	찬양의 대상	천지의 창조주/주재자
147편		이스라엘의 구원자
148편	찬양의 주체	우주
149편		성도의 모임
150편		성소와 권능의 궁창

이렇게 〈시편〉은 단순히 여러 시를 아무렇게나 모아 놓은 시집이 아니라 그 전체의 흐름 속에서 하나님 나라의 역사를 보여 주고 종말론적인 소망을 갖게 합니다. 즉 인간의 실패에도 불구하고 하나님은 그 나라를 완전하게 이루시고, 온 우주와 하나님의 백성이 여호와께 찬양하고 영광을 돌리는 최후의 완

성을 내다보고 있습니다.

❖ 〈시편〉를 정리해 봅시다.

	욥기	시편	잠언	전도서	아가
	삶의 고난	탄식과 찬양	삶의 실제	삶의 허무	사랑의 찬가
시가서	서문	( )			
	논쟁	왕권의 확립			
	강론	( )			
	강론	하나님 왕권			
	결말	( )			

※ 〈시편〉 외에 나머지 빈칸은 해당 단원에 가서 차례로 정리할 것입니다.

3과
잠언

현재 기독교 성경 안에 배열된 시가서의 순서는 아마도 연대적 순서를 고려한 것으로 보입니다. 〈욥기〉의 주인공 욥은 보통 족장 시대의 인물로 여겨지기 때문에 가장 앞에 놓이며, 〈시편〉의 많은 시는 다윗과 관련이 있어 그다음에 옵니다. 〈잠언〉부터 시작해서 〈전도서〉와 〈아가서〉는 전통적으로 솔로몬에게 연결되는 책들로서 마지막에 위치하였습니다.

　〈잠언〉은 여러 지혜로운 말씀이 모아진 책으로서, 대다수 솔로몬의 잠언과 그 외 지혜자들의 잠언이 수록되어 있습니다. 지혜서 가운데 가장 기초적인 지혜를 가르치는 책으로서 여호와를 경외하는 사람이 일상적인 삶을 어떻게 살아야 할 것인가를 다룹니다. 한마디로 하나님 나라 백성의 실천적인 삶의 지혜를 제시하는 것입니다. 여기에는 여러 편의 강론과 짧은 격언이 갖가지 다양한 주제를 다루고 있어서 전체적인 구성을 파악하는 것은 쉽지 않지만, 기본적으로 그 안에 있는 모음집의 구분을 따라 대략의 흐름을 이해할 수 있을 것입니다.

삶의 실제

〈잠언〉의 구조와 요점

1 서론 (1~9장)	〈잠언〉 전체에 대한 서론으로서 지혜의 가치를 설명하고, 지혜를 따라 살 것을 권고하는 긴 강론들이 있습니다.		
	1) 머리말(1:1~7) 이 책의 성격과 저자, 목적 그리고 전체의 기조가 되는 핵심 주제를 제시합니다.	**2) 강론**(1:8~8장) 아버지가 아들에게 전하는 10개의 강론과 함께, 중간 중간에 지혜시를 담고 있습니다.	**3) 선택**(9장) 지혜와 미련을 초청하는 여인으로 의인화하여, 생명의 길과 죽음의 길을 선택하라고 합니다.
2 솔로몬의 잠언 (10:1~22:16)	솔로몬의 짧은 금언들을 모은 것으로서 개인의 삶과 사회적인 윤리 그리고 참 신앙의 자세를 가르칩니다.		
	1) 대조(10~15장) 첫 소절과 다음 소절에 서로 대조되는 개념을 사용하는 반의적 평행법을 사용한 잠언이 많습니다.	**2) 대구**(16:1~22:16) 반의적 평행법은 드물게 사용되고, 그 외에 다양한 방식으로 두 소절이 평행하는 잠언들이 있습니다.	
3 기타 모음집 (22:17~31장)	지혜자들의 말씀과 후대에 편집된 솔로몬의 두 번째 잠언집 그리고 아굴과 르무엘의 잠언을 소개합니다.		
	1) 지혜자(22:17~24장) 삼십 수로 된 지혜자들의 말씀과 짧은 다른 지혜자들의 말씀이 있습니다.	**2) 솔로몬**(25~29장) 히스기야의 신하들이 편집한 솔로몬의 두 번째 잠언집입니다.	**3) 부록**(30~31장) 아굴의 잠언과 르무엘 왕이 어머니로부터 받은 교훈이 부록으로 추가되었습니다.

1. 서론(잠 1~9장)

1) 머리말(1:1~7)

머리말은 이 책을 읽기 전에 기본적으로 알아야 할 사항으로서 책의 성격과 저자 및 목적을 소개합니다. 이 책은 지혜의 말씀(잠언)들을 모은 것입니다. '솔로몬의 잠언'으로서 비록 솔로몬이 이 책의 모든 내용을 기록한 것은 아니지만 솔로몬의 지혜가 구현되어 그만한 권위를 가집니다. 이 책의 목적은 지혜를 깨닫게 하며, 특히 지식의 근본 곧 여호와 경외하기를 배우게 합니다.

2) 강론(1:8~8:36)

서론은 지혜의 말씀을 들을 준비를 하게 하는 것으로서, 본론의 짧은 잠언들과 달리 약간 긴 강론들로 구성되어 있습니다. 각 강론은 기본적으로 도입, 교훈, 결론의 3단 구조로 되어 있습니다. 서론은 "내 아들아"라는 부름으로 시작하여, 지혜 또는 훈계의 말을 들으라는 권면을 하며, 그에 따르는 유익을 설명합니다. 그다음에 본론은 교훈의 실제 내용 곧 강론의 주제를 제시합니다. 그리고 마지막 요약 진술로 결론을 맺습니다.

강론의 구조

---

1. 서론
   부름: 내 아들아
   권면: 들으라
   유익: 이는…… /그리하면……
2. 본론 – 교훈 내용
3. 결론 – 요약 진술

◆ 강론 구성의 예: 4:20~27

서론 20 내 아들아 내 말에 주의하며
내가 말하는 것에 네 귀를 기울이라.

21 그것을 네 눈에서 떠나게 하지 말며
네 마음 속에 지키라.

22 그것은 얻는 자에게 생명이 되며
그의 온 육체의 건강이 됨이니라.

본론 23 모든 지킬 만한 것 중에 더욱 네 마음을 지키라
생명의 근원이 이에서 남이니라.

24 구부러진 말을 네 입에서 버리며
비뚤어진 말을 네 입술에서 멀리 하라.

25 네 눈은 바로 보며
네 눈꺼풀은 네 앞을 곧게 살펴

26 네 발이 행할 길을 평탄하게 하며
네 모든 길을 든든히 하라.

결론 27 좌로나 우로나 치우치지 말고
네 발을 악에서 떠나게 하라.

1~8장에는 이와 같은 구성으로 된 10편의 강론이 있고, 또 간간이 지혜에 대한 교훈이 삽입되어 있습니다. 그러므로 이 강론 부분을 읽을 때는 각 강론의 구조를 파악하고, 특히 본론이 전달하려는 중심 주제가 무엇인지를 찾아야 합니다.

처음 여섯 강론은 그 주제가 교차대구형으로 배열이 되어 있습니다. 첫째 강론과 여섯째 강론은 악인의 길을 따라 가면 죽음의 길이라는 것을 알고 경계하라고 합니다(1:8~19, 4:10~19). 둘째 강론과 다섯째 강론은 반대로 지혜는 생명의 길이요, 삶을 윤택하게 하는 길이라고 합니다(2:1~22, 4:1~9). 교차대구 배열의 중앙에 놓인 셋째와 넷째 강론은 지혜의 길을 따라 바르게 사는 길을 제시합니다. 그 길은 한편으로 하나님을 신뢰하고 인정하며(3:1~12), 다른 한편으로 이웃에게 선을 행하고 화평하는 것입니다(3:21~35).

일곱째 강론(4:20~27)은 지혜로운 삶은 총체적이어야 한다고 합니다. 지혜는 단지 머리로만 아는 지식에서 그치는 것이 아니라, 마음의 생각과 눈으로 보는 것과 귀로 듣는 것과 발로 행하는 모든 것을 신중하게 하도록 합니다. 마지막 세 강론은 성적 순결에 대한 것입니다. 아내와 신실한 관계를 유지하고(5:1~23), 다른 사람의 아내와 간음하지 말고(6:20~35), 매춘부의 유혹에 넘어가지 말라고 합니다(7:1~27).

열 개의 강론 사이에 '지혜에 대한 교훈'이 삽입되어 있습니다. 첫 번째 지혜에 대한 교훈(1:20~33)은 지혜를 의인화해서 사람들을 초청하는 여인으로 묘사하고, 그 초청을 거부하는 것은 패망의 길로 가는 것이라고 경고합니다. 두 번째 지혜에 대한 교훈(3:13~20)은 지혜가 어떤 보석보다 귀하며, 생명으로 인도하는 길이라고 합니다. 세 번째 경계의 말씀(6:1~19)은 "내 아들아"로 시작하기는 하지만 강론의 기본 구조에서 벗어나 있습니다. 또한 이것은 지혜 자체에 대해서 다루지 않고, 보증, 게으름, 악한 말 등을 경계하게 하는 말씀입니다. 네 번째 지혜에 대한 교훈(8장)은 지혜를 의인화해서 초청하는 여인으로 묘사하고, 지혜의 가치와 유익을 설명함으로써 첫 번째 교훈과 짝을 이룹니다.

1.	A 악인의 길(1:8~19)	지혜의 초청(1:20~33)
2.	B 지혜의 유익(2:1~22)	
3.	C 바른 신앙: 수직 관계(3:1~12)	지혜의 가치(3:13~20)
4.	C′ 바른 생활: 수평 관계(3:21~35)	
5.	B′ 지혜의 유익(4:1~9)	
6.	A′ 악인의 길(4:10~19)	
7.	X 총체적 지혜(4:20~27)	
8.	Y 신실한 부부 관계(5:1~23)	경계의 말씀(6:1~19)
9.	Y¹ 불륜 금지(6:20~35)	
10.	Y² 음녀의 유혹(7:1~27)	지혜의 초청(8:1~36)

3) 선택: 지혜와 미련의 초청(9장)

서론을 마무리하는 장으로서 지혜와 미련을 각각 초청하는 여인으로 의인화하여 지혜와 미련 가운데 바른 선택을 하라고 교훈합니다. 1~6절은 지혜의 초청이며 그 길은 생명으로 가는 길입니다. 13~18절은 미련의 초청으로서 죽음으로 가는 길입니다. 이 두 초청 사이에서 7~12절은 징계와 책망을 거부하는 거만하고 어리석은 자와 교훈과 책망을 달게 받아들이는 지혜로운 자를 대조하며 지혜의 사람이 될 것을 권고합니다.

2. 솔로몬의 잠언(잠 10:1~22:16)

앞부분의 긴 강론과 달리 여기에는 대부분 두 소절로 된(이행연구, 二行聯句) 짧은 잠언들이 모아져 있습니다. 내용이나 주제에 있어서는 명확하게 구조가 나뉘지는 않지만, 잠언의 표현 양식 혹은 기법에 있어서는 전반부(10~15장)와 후반부(16:1~22:16) 사이에 뚜렷한 차이가 있습니다.

1) 대조(對照; 10~15장)

전반부에 있는 180개의 잠언은 첫 소절과 다음 소절에 서로 대조되는 개념을 대입하는 반의(反意) 평행법으로 구성되어 있습니다. 다음은 몇 가지 실례들입니다.

[지혜/미련]　지혜로운 아들은 아비를 기쁘게 하거니와,

　　　　　　미련한 아들은 어미의 근심이니라(10:1).

[교만/겸손]　교만이 오면 욕도 오거니와

　　　　　　겸손한 자에게는 지혜가 있느니라(11:2).

[의인/악인]　악인은 불의의 이익을 탐하나

　　　　　　의인은 그 뿌리로 말미암아 결실하느니라(12:12).

[진실/거짓] 진실한 입술은 영원히 보존되거니와

거짓 혀는 잠시 동안만 있을 뿐이니라(12:19).

2) 대구(對句; 16:1~22:16)

후반부(16:1~22:16)에는 190개의 잠언이 있습니다. 여기에는 반의 평행법이 드물게 보이고, 아래와 같이 앞뒤 소절이 다양한 대구 형식의 평행법으로 연결되는 잠언들이 있습니다.

일치: 처음에 속히 잡은 산업은

마침내 복이 되지 아니하느니라(20:21).

유사: 교만은 패망의 선봉이요

거만한 마음은 넘어짐의 앞잡이니라(16:18)

비유: 다투는 시작은 둑에서 물이 새는 것 같은즉

싸움이 일어나기 전에 시비를 그칠 것이니라(17:14).

모순: 미련한 자는 무지하거늘

손에 값을 가지고 지혜를 사려 함은 어찜인고(17:16).

비교: 다투는 여인과 함께 큰 집에서 사는 것보다

움막에서 사는 것이 나으니라(21:9).

이유: 게으른 자의 욕망이 자기를 죽이나니

이는 자기의 손으로 일하기를 싫어함이니라(21:25).

결과: 악한 자는 반역만 힘쓰나니

그러므로 그에게 잔인한 사자가 보냄을 받으리라(17:11).

조건: 누구든지 악으로 선을 갚으면

악이 그 집을 떠나지 아니하리라(17:13).

양보: 사람의 행위가 자기 보기에는 모두 정직하여도

여호와는 마음을 감찰하시느니라(21:2).

명령: 마땅히 행할 길을 아이에게 가르치라

그리하면 늙어도 그것을 떠나지 아니하리라(22:6).

이상의 잠언들은 다양한 주제를 무작위로 다루고 있어 그 내용을 따라 일정한 구조를 파악하기는 어렵습니다. 다만 초반(10~13장)에는 재물, 언어, 정의 등과 같은 개인적인 윤리를 강조하는 잠언이 많이 나옵니다. 중간(14~15장)에는 친구나 이웃과의 인간관계 또는 공동체 안에서의 사회생활을 다룬 잠언이 많으며, 후반부(16~22:16)에는 하나님의 주권을 인정함, 하나님을 신뢰함 등 신앙적인 자세를 다룬 잠언이 자주 나옵니다.

3. 기타 모음집(잠 22:17~31장)

1) 지혜자(22:17~24:34)

앞에서 솔로몬의 잠언을 소개했고, 여기에는 다른 "지혜로운 자들의 말씀"이라는 표제가 붙은 두 편의 잠언 모음집이 있습니다(22:17, 24:23). 그다음에 잠언 5개가 있는 작은 잠언집이 추가되어 있습니다.

삼십 수(22:17~24:22). 첫 번째 지혜로운 자들의 말씀은 30개의 개별적인 잠언들이 수집된 것입니다. 형식으로 보면 그중에서 17개가 4행연구이며, 그밖에 다양한 길이의 잠언들이 있습니다. 내용적으로는 아래와 같이 여러 주제가 뒤섞여 있어서 일정한 흐름을 찾기가 어렵습니다.

- 서론(22:17~21) – 경청의 권면과 목적 설명
    ① 약자(22:22~23) – 약자를 압제하지 마라.
    ② 분노(22:24~25) – 분노하는 자와 함께하지 마라.

③ 보증(22:26~27) - 함부로 보증 서지 마라.

④ 유업(22:28) - 유업으로 받은 땅의 경계를 바꾸지 마라.

⑤ 성실(22:29) - 근실한 사람은 출세할 것이다.

⑥ 식탐(23:1~3) - 관원 앞에서 탐식하지 마라.

⑦ 욕심(23:4~5) - 부자가 되려고 애쓰지 마라.

⑧ 악한 자(23:6~8) - 악한 자와 함께 식사하며 교제하지 마라.

⑨ 미련한 자(23:9) - 미련한 자에게 충고하지 마라.

⑩ 강탈(23:10~11) - 외로운 자(고아, 과부)의 유업을 빼앗지 마라.

■ 재권면(23:12) - 경청할 것을 다시 권면

⑪ 자녀 훈계(23:13~14) - 자녀를 적절하게 훈계하라.

⑫ 지혜와 정직(23:15~16) - 지혜롭고 정직하라.

⑬ 죄인의 형통(23:17~18) - 죄인의 형통을 부러워 말고, 항상 여호와를 경외하라.

⑭ 방탕한 친구(23:19~21) - 술 취하고 탐식하며 게으른 친구와 교제하지 마라.

⑮ 부모 존중(23:22~23) - 부모를 공경하고 진리, 훈계, 명철을 추구하라.

⑯ 효도(23:24~25) - 의롭고 지혜로움으로 부모에게 자랑거리가 되라.

⑰ 음녀(23:26~28) - 음녀와 이방 여인은 위험하다.

⑱ 음주(23:29~35) - 술 취하지 마라.

⑲ 악인의 형통(24:1~2) - 악인의 형통을 부러워 말고, 함께 하지도 마라.

⑳ 가정(24:3~4) - 지혜와 명철, 지식으로 가정을 유지하라.

㉑ 모략(24:5~6) - 지혜와 모략으로 승리하라.

㉒ 지혜(24:7) - 미련한 자는 쉽게 지혜를 얻지 못한다.

㉓ 미련과 거만(24:8~9) - 미련한 자나 거만한 자는 사람들이 미워한다.

㉔ 인내(24:10) - 환난 날에 낙심하지 마라.

㉕ 구제(24:11~12) – 치명적인 위기를 당한 사람을 도와줘라.

㉖ 꿀 지혜(24:13~14) – 지혜는 꿀과 같다.

㉗ 의인의 재기(24:15~16) – 의인은 고난을 겪어도 다시 일어선다.

㉘ 원수의 패망(24:17~18) – 원수가 망했다고 기뻐하지 마라.

㉙ 악인의 형통(24:19) – 악인의 형통을 부러워하지 말라. 그들은 장래가 없다.

㉚ 경외(24:20) – 여호와와 왕을 경외하라.

추가 잠언(24:23~34). 두 번째 지혜로운 자들의 말씀에는 다양한 길이로 된 잠언 5개가 있습니다.

① 공정한 재판(24:23~25) – 악인을 옳다고 재판하지 마라.

② 바른 대답(24:26) – (재판에서) 진실하게 대답하라.

③ 우선순위(24:27) – 우선순위에 따라 규모 있게 일하라.

④ 거짓 증거(24:28~29) – 재판에서 거짓 증거 하지 마라.

⑤ 게으름(24:30~34) – 게으르면 가난해진다.

2) 솔로몬(25~29장)

솔로몬의 잠언을 후대에 히스기야의 신하들이 수집한 100여 개의 잠언입니다. 앞의 솔로몬 잠언집(10:1~22:16)과 반대로 앞부분(25~27장)에는 여러 행으로 된 긴 잠언이 많고, 후반부(28~29장)에는 두 줄로 된 반의평행법이 많습니다. 내용적으로 보면 대체로 지도자들에 대한 교훈이 많다는 것이 특징입니다.

긴 경구(25~27장). 상대적으로 길이가 긴 잠언이 많습니다. 그리고 단편적인 잠언들이 산만하게 흩어져 있지 않고, 유사한 주제 혹은 관련된 어구들을 따라 함께 모아져 있는 것도 특징입니다.

- ■ 서론(25:1) – 솔로몬의 잠언, 히스기야 신하들의 편집
  - ① 왕권(25:2~7) – 왕권에 대한 3쌍의 잠언(2~3, 4~5, 6~7절)
  - ② 갈등 극복(25:8~28) – 갈등의 특징과 해결 방법
  - ③ 미련한 자(26:1~12) – 미련한 자에 대한 처신
  - ④ 게으른 자(26:13~16) – 게으른 자에 대한 4가지 묘사
  - ⑤ 다툼(26:17~22) – 다툼의 원인과 해결
  - ⑥ 속임수(26:23~28) – 아첨이나 속임수 경계
  - ⑦ 인간관계(27:1~22) – 친구, 이웃 등과 원만한 관계
  - ⑧ 재산(27:23~27) – 적절하고 지혜로운 재산 관리

짧은 경구(28~29장). 반의 평행법으로 된 짧은 이행연구 잠언들의 모음입니다. 주제가 뒤섞여 있기는 하지만, 대체로 28장에는 율법(28:4, 7, 9; 참고. 29:18), 여호와를 찾음(28:5), 의지함(28:25) 등과 같이 **신앙적인 요소**가 눈에 띕니다. 그리고 29장에는 권세(29:2), 왕(29:4, 14), 주권자(29:26), 관원(29:12), 부모(29:15, 17) 등 권위자들에 대해 많이 언급하고, 권위가 공동체에 끼치는 영향을 주로 설명합니다.

3) 부록(30~31장)

솔로몬 외에 실명의 저자가 언급된 잠언으로서 아굴과 르무엘의 잠언이 마지막에 부록처럼 첨가되어 있습니다.

아굴의 잠언(30장). 아굴의 잠언은 인간의 제한적인 지혜(30:2~4)와 하나님의 순전한 말씀(30:5~6)에 대한 대조로 시작합니다. 인간의 한계와 하나님의 완전하심을 느끼면서 아굴은 겸손하게 가난과 부요 양극단에 치우치지 않도

록 기도합니다(30:7~9). 그다음에 종을 그의 상전에게 비방하지 말라는 짧은 권고를 하고(10절), "……무리가 있느니라"는 후렴구로 끝나는 잠언들로 4가지 악한 무리들에 대해 경계하고 있습니다.

① 불효한 자(11절) - 부모를 저주하는 자

② 부정한 자(12절) - 깨끗한 줄 착각하고 부정을 씻지 않는 자

③ 오만한 자(13) - 남을 무시하고 깔보는 자

④ 압제하는 자(14절) - 가난한 자를 약탈 하는 자

그다음 잠언들은 "……서넛이 있나니"로 시작하며 각각 네 가지 실례를 제시하므로, '숫자 잠언'이라고도 부릅니다.

① 만족을 모르는 넷(30:15~16) ⇨ 욕심을 경계함.

: 음부, 불임한 태, 메마른 땅, 태우는 불

② 기이한 넷: 자취 없음(30:18~20) ⇨ 은밀한 죄를 풍자함.

: 하늘의 독수리, 땅의 뱀, 바다의 배, 동침한 남녀

③ 견딜 수 없는 넷(30:21~23) ⇨ 자격 없는 지도자가 공동체를 어지럽히는 상황을 풍자함.

: 종이 임금 됨, 미련한 자가 배부름, 미운 여인이 시집 감, 여종이 주모가 됨.

④ 작지만 지혜로운 넷(30:24~28) ⇨ 약한 자라도 지혜로 살 수 있다는 것을 교훈함.

: 개미(준비성), 사반(적응력), 메뚜기(조직력), 도마뱀(민첩성)

⑤ 위풍당당한 넷: 당할 수 없음(30:29~31) ⇨ 함부로 맞설 수 없는 힘과 권위.

: 사자, 사냥개, 수염소, 왕

르무엘의 잠언(31장). 르무엘 왕이 어머니에게 받은 교훈의 말씀입니다. 아들을 향하여 지나치게 정욕을 쓰거나(3절), 음주를 하지 말라고 권고하며(4~7절), 또 가난하고 약한 자들을 위해 공정하게 재판하라고 교훈합니다(8~9절).

10~31절은 각 구절의 첫 단어가 히브리어 알파벳 차례대로 되어 있는 알파벳시이며, 현숙한 여인에 대한 칭송을 담고 있습니다. 여기에서 현숙한 여인에 대한 묘사는 지혜의 특성을 반영하고 있다는 것을 주목해야 합니다. 지혜와 마찬가지로 현숙한 여인의 가치는 진주보다 귀합니다(31:10, 참고. 3:15, 8:11). 지혜가 재물을 가져다주듯이(8:18~21), 현숙한 여인은 가정 경제를 풍요롭게 합니다(31:11, 13~19). 지혜로 말미암아 왕과 고관들이 다스리는 것처럼(8:15~16), 현숙한 여인은 남편이 공적인 자리에서 재판을 하도록 내조를 잘합니다(31:23). 지혜의 근본은 여호와를 경외하는 것이며(1:7), 현숙한 여인은 여호와를 경외함으로 칭찬을 받습니다(31:30). 결론적으로 〈잠언〉의 마지막 시는 지혜의 유익을 이루는 현숙한 여인을 소개하면서 듣는 이와 독자들로 하여금 지혜를 추구하며 살도록 동기를 제시하며 〈잠언〉을 마무리합니다.

〈잠언〉 3장 15절과 8장 11절을 적어 봅시다.

❖ 〈잠언〉를 정리해 봅시다.

	욥기	시편	잠언	전도서	아가
	삶의 고난	탄식과 찬양	삶의 실제	삶의 허무	사랑의 찬가
시 가 서	서문	다윗의 고난	지혜와 미련		
	논쟁	왕권의 확립			
	강론	왕국의 멸망	( )		
	결말	하나님 왕권	기타 모음집		
		회복된 나라			

※ 〈잠언〉 외에 나머지 빈칸은 해당 단원에 가서 차례로 정리할 것입니다.

4과
전도서, 아가

〈전도서〉와 〈아가서〉는 서로 성격이 다르지만 상대적으로 짧기 때문에 함께 다루고 있습니다. 앞의 〈잠언〉 대부분이 지혜의 왕 솔로몬의 저작으로 여겨지는 것처럼 〈전도서〉와 〈아가서〉 역시 전통적으로 솔로몬이 지은 성경으로 인정되고 있습니다. 〈전도서〉의 경우 저자는 자신을 가리켜 "전도자"라고 합니다(전 1:1~2, 12, 7:27, 12:8~10). 그 뜻은 '가르치기 위하여 사람들을 소집하는 자'입니다. 〈전도서〉라는 책 이름은 여기에서 유래되었습니다. 이 저자는 자신을 "다윗의 아들 예루살렘 왕"이라고 하고 있고, 또 스스로 많은 재산과 처첩을 가졌다고 하므로(전 2:4~8) 그 묘사에 가장 맞는 인물로 솔로몬을 드는 것은 자연스럽습니다. 〈아가서〉 역시 "솔로몬의 아가라"(아 1:1)는 표제에 의해 솔로몬의 작품으로 인정됩니다. 아가(雅歌)는 '우아한 노래'라는 의미로서 이것은 히브리 성경의 명칭 '노래 중의 노래' 곧 최고의 노래라는 의미를 반영한 것입니다.

Ⓐ 삶의 허무

〈전도서〉에는 "헛되다"는 말이 많이 나오는데, 그래서 다소 암울한 내용의 책으로 보이지만, 결코 염세주의나 회의주의를 주장하는 것이 아닙니다. 〈전도서〉는 그 어느 성경책 못지않게 삶에 긍정적인 힘을 불어넣으면서 신앙을 권장하는 말씀을 담고 있습니다. 다만 〈전도서〉는 그것을 위해서 비현실적인 이상을 제시하는 것이 아니라, 현실을 바로 보고 삶의 한계와 문제를 생각하게 합니다. 그렇게 함으로써 이 세상의 삶, 즉 '해 아래' 사는 삶이 전부가 아니라 그 이상의 것이 있다는 것을 깨우치게 하는 것입니다. 그러나 이것은 〈전도서〉가 세상에서의 삶의 의미를 축소하거나 부정한다는 의미가 아닙니다. 오히려 성실하고 절제된 삶 가운데 영원하신 하나님을 생각하고 그분을 경외하며 살라는 것이 요지입니다.

〈전도서〉의 구조와 요점

1 **허무** (1~3장)	해 아래 세상과 인생은 허무한 것이므로 영원하신 하나님을 바라보고 그를 경외해야 합니다. **1) 헛된 세상(1:1~11)** 자연 세상은 분주하고, 인간 세대는 끊임없이 바뀌지만, 별 유익이 없이 헛됩니다. **2) 연구와 시도(1:12~2:26)** 전도자가 지혜로 연구하고 여러 시도를 해봐도, 모든 것이 헛되다는 결론입니다. **3) 해결(3장)** 하나님의 섭리와 심판을 믿고, 하나님을 경외하며 주어진 일에 최선을 다해 살아야 합니다.
2 **폐단** (4~6장)	세상에 악한 일이 많이 있으나 하나님이 심판하시므로 오직 하나님을 경외하는 것만이 살 길입니다. **1) 헛된 성공(4장)** 수고하여 성공을 이루었다 하더라도 왜곡된 인간관계에서 오는 악한 일들이 있습니다. **2) 경외(5:1~7)** 말을 신중하게 하고, 서원한 것은 꼭 갚을 것이며, 하나님을 경외해야 합니다. **3) 헛된 재물(5:8~6장)** 수고하여 재물을 얻었다 해도 만족하지 못하고 오히려 불행할 수 있습니다.
3 **지혜** (7~10장)	지혜는 지혜자를 살리고 능력 있게 하므로 좋은 것이지만, 궁극적으로 모든 것이 하나님의 손안에 있습니다. **1) 역설적 지혜(7:1~14)** 불행의 상황이 오히려 유익이 될 수 있으며, 모든 것은 하나님의 섭리입니다. **2) 역설적 정의(7:15~9:10)** 세상에 부조리가 많다 해도 하나님을 경외하며 현실의 삶에 충실해야 합니다. **3) 지혜와 우매(9:11~10장)** 지혜가 무시되는 현실적인 한계가 있기는 하지만, 지혜는 유익합니다.
4 **권고** (11~12장)	현실의 삶 속에서 최선을 다하여 수고하며, 낙을 누리고, 궁극적으로 하나님을 경외하며 살 것을 권고합니다. **1) 수고와 낙(11:1~8)** 결과를 알 수 없지만, 최선을 다해 수고하며 그 가운데 즐거움을 누려야 합니다. **2) 종말 의식(11:9~12:8)** 청년의 때에 수고하고 낙을 누리고 살되 심판의 때가 올 것을 기억해야 합니다. **3) 마무리(12:9~14)** 결론적으로 하나님을 경외하고 그의 명령을 지키는 것이 사람의 본분입니다.

1. 허무(전 1~3장)

〈전도서〉 전반부(1~6장)는 모든 것을 "헛되어 바람을 잡는 것"이라고 선언하면서 현실의 한계를 인식하도록 경종을 울립니다(1:14, 2:11, 17, 26, 4:4, 16, 6:9; "바람을 잡는 것" 1:17, 4:6, 5:16). 그중에서 처음 세 장은 죽음 앞에 덧없는 인생의 허무를 이야기하고, 뒤의 세 장은 삶의 폐단과 모순에 대해서 이야기합니다.

1) 헛된 세상(1:1~11)

저자를 소개하는 표제(1:1)가 나온 다음에 전도자는 곧 바로 "헛되다"를 연발하며, 해 아래서 수고하는 모든 수고가 아무런 유익이 없다고 탄식합니다. 그리고 자신의 주장을 증명하기 위해 자연에 대한 관찰을 제시합니다.

2) 연구와 실험(1:12~2장)

전도자의 시도(1:12~2:11). 전도자는 자연에 대한 관찰에 이어서 자신이 직접 연구하고 실험한 결과를 놓고 모든 것이 헛되다고 설명합니다. 전도자는 스스로 지혜를 다하여 인간의 모든 일을 살펴보고, 또 다른 사람들의 지혜까지 참고해 봤지만 결론은 결국 헛되다는 것이었습니다(1:12~18). 또한 전도자는 마음이 원하는 대로 할 수 있는 수고를 다하여 많은 일을 성취했지만, 그것도 역시 헛되고 무익하다는 것을 알았습니다(2:1~11).

A 지혜의 연구(1:12~18)
 B 수고의 실험(2:1~11)
A′ 지혜가 헛된 증거(2:12~17)
 B′ 수고가 헛된 증거(2:18~23)
 X 결론: 모든 것이 헛됨(2:24~26)

헛됨의 논증(2:12~26). 전도자는 지혜와 수고가 헛되다고 하는 예를 들어 논증합니다. 지혜로운 것이 미련한 것보다 낫기는 하지만, 지혜로운 자나 미련한 자나 죽기는 마찬가지이고, 또 그들이 죽고 나면 후대 사람들이 똑같이 잊어버리기 때문에 지혜도 무의미하다는 것입니다(2:12~17). 수고에 대해서는, 사람이 수고하여 얻은 것을 다음 사람이 어떻게 이어갈지 불확실하며, 또 성취의 결과를 수고하지 않은 다음 사람이 누리므로 수고하는 것이 헛되다고 합니다 (2:18~23). 결론적으로 전도자는 지혜나 수고함이 모두 하나님이 주신 것임에도 불구하고 모두 다 헛된 것임을 알았습니다(2:24~26).

3) 해결(3장)

전도자는 모든 것이 헛되다는 결론에 도달했지만, 그것으로 비관적 염세주의에 빠지게 하지는 않았습니다. 3장에서 전도자는 하나님의 섭리와 심판을 깨달음으로 허무를 극복합니다.

하나님의 섭리(3:1~15). 전도자는 모든 것이 단순한 무한반복이 아니라 때를 따라 정하신 하나님의 섭리가 있다는 것을 강조합니다. 또한 인간은 때에 따라 제한을 받는 존재이지만, 하나님의 하시는 일은 영원하며, 이것 또한 하나님이 인간으로 하여금 영원을 사모하게 하셔서 궁극적으로 하나님을 경외하게 하시려는 섭리라는 것입니다. 그러므로 "기뻐하며 선을 행하는 것"(12절) 즉 마음의 즐거움을 따라 수고하는 것과 "수고함으로 낙을 누리는 그것"(13절)이 결코 무의미한 것이 아니라 하나님의 선물이며, 그 가운데 하나님을 경외하는 것이 인간의 본분입니다(14절).

하나님의 심판(3:16~22). 모든 일에 때가 있는 것처럼 "심판의 때"가 있습니다. 사람은 짐승과 다름없이 죽음을 피할 수 없습니다. 이것은 앞 장에서 지혜자나 우매자나 죽음 앞에 똑같은 운명이라는 말과 같은 맥락입니다(2:16). 죽음으로 모든 삶이 똑같이 끝나기 때문에 지혜롭고 선하게 살려고 노력하는 것이 무의미하게 보이지만, 전도자는 여기에서 죽음 이후에 하나님의 심판이 있다는 것을 상기시킵니다. 그러므로 즐겁게 자기에게 맡겨진 일을 하는 것이 최선이라는 것이 전도자의 결론입니다. 마지막에 "아, 그의 뒤에 일어날 일이 무엇인지를 보게 하려고 그를 도로 데리고 올 자가 누구이랴"(22절)는 말은 얼핏 탄식처럼 들리지만, 이것은 앞에서 하나님의 하시는 일의 시종을 사람이 측량할 수 없게 하셨다는 것과 같은 의미의 말입니다(3:11).

2. 폐단(전 4~6장)

시간의 한계 아래 있는 인간의 허무에 대해 성찰한 이후에 전도자는 해 아래서 벌어지는 "악한 일"(4:3), "폐단"(5:13), "불행한 일"(6:1)에 대해 생각합니다(히브리어는 한 단어가 사용되었음).

1) 헛된 성공(4장)

전도자는 먼저 사회적 약자들이 학대받는 현실을 탄식합니다(4:1~3). 하나님이 원하시는 사회는 강자가 약자를 위로하고 돌보는 것이지만 현실은 권세를 잡은 사람들이 약한 사람들을 압제하고 있습니다. 그런데 약자들만 고통받는 것이 아니라 성공한 사람이라도 마냥 행복하지만은 않습니다. 왜냐하면 능력을 발휘해 성공을 이룬 사람들은 이웃의 시기를 받기 때문입니다(4:4~6).

어떤 사람은 스스로 누리지도 못하고 온 힘을 다해 수고하여 성공했다 하더라도 혼자라면 그 혜택을 상속하거나 나눌 사람이 없기 때문에 이것도 모순입니다(4:7~12). 하지만 전도자의 다음 이야기는 상속자가 있다고 해서 그저 좋은 것은 아니라는 것을 지적합니다. 즉 가난한 사람이 성공하여 왕이 되었지만, 다음 세대를 이어갈 후계자가 나오면 사람들은 금방 이전의 왕을 잊어버리고, 다음 왕의 편에 붙습니다(4:13~16).

2) 경외(5:1~7)

전도자는 해 아래 있는 세상의 폐단에서 눈을 돌려 하나님에게로 향합니다. 앞에서 하나님을 바라보는 것이 허무를 극복하는 길이었던 것처럼, 인생의 모순과 불합리 속에서도 해결책은 오직 하나님밖에 없기 때문입니다. 하나님 앞에서 함부로 말을 내뱉거나 많은 말을 하지 말고 그분의 말씀을 경청해야 합니다(1~3절). 다음 구절들은 서원과 함께 하나님 경외에 대해 다룹니다(4~7절). 갑자기 새로운 주제가 나온 것 같지만, 하나님 앞에서 성급하게 말하는 것을 경계한다는 차원에서 같은 맥락입니다.

3) 헛된 재물(5:8~6장)

이 단원은 재물과 관련된 문제들을 많이 다룹니다. 4장에서처럼 전도자는 먼저 약자가 학대 받는 현실을 탄식합니다(5:8~9). 가난한 사람들이 관원들에게 학대를 받을 때 상급 관원들이 오히려 비호하므로, 부패한 권력 체제에 의해 정의가 바로 서지 못하는 부조리를 고발합니다.

> A 부패한 권력 체제(5:8~9)
>   B 채울 수 없는 욕심(5:10~12)
>   C 재물의 폐단(5:13~17)
>   D 하나님의 선물(5:18~20)
>   C′ 재물의 폐단(6:1~6)
>   B′ 채울 수 없는 욕심(6:7~9)
> A′ 하나님의 주권(6:10~12)

부자도 행복하지는 못합니다(5:10~12). 재물에 대한 욕심은 채워지지도 않고, 재물이 많은 만큼 의지하려 드는 사람도 많아지며, 또 재물 때문에 오히려 불안하게 되기 때문입니다. 전도자는 직접 목격한 재물에 대한 폐단을 말합니다(5:13~17). 어떤 사람이 재물을 많이 모았지만 갑작스러운 재난으로 다 잃고, 자식에게 남겨줄 재산도 없이 빈털터리로 죽은 경우입니다.

전도자는 재물에 대한 현실적인 부조리를 말하지만 그렇다고 수고나 재물을 완전히 부정적으로 평가하지 않습니다. 각자 자기에게 주어진 몫을 따라 일하고, 그 소득으로 낙을 누리는 것이 하나님의 선물이라고 주장합니다(5:18~20). 전도자는 재물에 대한 다른 폐단을 소개합니다(6:1~6). 그것은 앞에서 말한 폐단과 짝을 이루며 정반대 상황을 보여 줍니다. 즉 재물을 잃은 것은 아니지만 자기가 누리도록 허락받지 못했고, 또 다른 사람들만 그것을 누리게 되는 경우입니다. 사람이 먹고 살자고 또는 욕망을 채우기 위해 수고한다고 하지만 욕심을 결코 채울 수 없다고 전도자는 한 번 더 단언합니다(6:7~9). 5:11에서 전도자는 재물을 소유하고 있어도 결국 남 좋은 일만 시키기 때문에 눈으로 보는 것 말고 유익이 없다고 했습니다. 여기에서는 그나마 눈으로 보고 있는 것이 마음으로 상상하고 원하는 것보다 낫다고 하지만 그것도 헛된 것이라고 말합니다. 재물에 대해 마무리하면서 전도자는 하나님의 주권을 이야기합니다(6:10~12). 하나님이 정하신 것을 사람이 바꿀 수 없으며, 많은 논쟁이 사람에게 아무 유익을 주지 못하고, 또 무엇이 낙인지 무슨 일이 일어날 것인지 알 수 없다고 합니다.

3. 지혜(전 7~10장)

앞에서 삶의 현실에 실재하는 허무와 폐단을 인식하게 한 전도자는 후반부에 와서 보다 긍정적인 삶의 방향을 제시합니다. 여기에서 전도자는 지혜의 한계와 함께 그 유익을 설명하면서 하나님의 주권을 인정하고 그를 경외하도록 교훈합니다.

1) 역설적인 지혜(7:1~14)

전도자는 여기에서 〈잠언〉과 같은 훈계의 형식으로 역설적인 지혜를 말합니다. 일반적으로 생명, 복, 즐거움이 좋은 것이지만, 오히려 죽음, 슬픔, 근심 등의 불행한 상황이 더 유익할 수 있습니다. 그 이유는 사람은 악조건에서 마음 깊이 사색하며 내면을 성찰할 수 있기 때문입니다.

전도자는 지혜의 유익이 있음을 말합니다(11~12절). 그러나 인간의 지혜가 하나님의 하시는 일을 변개(變改)할 수 없을 뿐만 아니라, 미래의 일을 예측할 수도 없습니다. 그러므로 전도자는 사람이 할 수 있는 최선의 길에 대해 "형통한 날에는 기뻐하고 곤고한 날에는 되돌아보아라"고 합니다(14절).

2) 역설적인 정의(7:15~9:10)

이 단원의 말씀은 "내가 그 모든 일을 살펴보았더니"(7:15, 8:9, 9:1)라는 반복된 어구로 묶어지며, 내용적으로는 의인과 악인의 대조가 많이 나옵니다.

의인과 악인의 뒤바뀐 보응(7:15~9:1). 전도자는 의인이 상을 받고 악인이 벌을 받는 일반적인 지혜의 원리가 지켜지지 않고 오히려 의인이 멸망하고 악인이 형통하는 역설적인 상황에 대해서 탄식합니다(7:15, 8:12, 14). 또한 그는 악의 문제가 모든 인간이 가지고 있는 근본적인 죄성에서 나온 것임을 깨달았습니다(7:20, 29). 지혜를 얻는 것은 결코 쉽지 않으며, 또 지혜로 모든 것을 알 수도 없다는 것을 알았습니다(7:23~24, 8:17). 모든 것이 하나님의 손 안에 있습니다(9:1). 그러므로 악에서 벗어나는 길은 오직 하나님을 경외하고 그를 기쁘게 하는 길뿐입니다(7:18, 26, 8:12~13).

의인과 악인에게 동일한 죽음(9:2~10). 의인이든 악인이든 지혜자이든 우매자이든 죽음은 똑같이 찾아옵니다. 살아 있는 사람은 죽은 사람을 곧 잊어버리며, 죽은 사람에게는 사랑도 미움도 없고 그들에게 돌아갈 몫도 없습니다. 이와 같은 죽음에 대한 인식은 보다 적극적인 삶을 살아야 하는 동기가 됩니다(9:7~10).

3) 지혜와 우매(9:11~10장)

"내가 해 아래에서 보니……"라는 도입 어구가 이 단원을 함께 연결시키며(9:11, 13, 10:5), 내용적으로는 지혜와 우매의 비교가 두드러집니다.

지혜의 현실적인 한계(9:11~10:7). 지혜나 명철이 반드시 거기에 합당한 보상을 가져다주는 것도 아니고, 또 재앙은 누구에게나 갑자기 닥칠 수 있습니다(9:11~12). 지혜자의 말은 무력이나 무기보다 강하지만 곧 잊어지고, 멸시받으며, 무산되기 쉽습니다(9:13~10:1). 지혜는 승리의 길(오른쪽)로 인도하고 우매는 패배의 길(왼쪽)로 인도하는 것이지만, 실상은 미련한 자가 권세를 얻는가 하면, 낮은 자들이 민첩하게 기회를 얻기도 합니다(10:2~7).

지혜의 유익(10:8~15). 지혜가 한계가 있지만 지혜는 분명히 유익한 면이 있습니다. 사람이 활동할 때(예: 구덩이 파기, 담 헐기, 채석, 나무 쪼개기 등) 예기치 못한 위험을 만날 수가 있습니다(10:8~9). 그러나 그렇다고 아무런 시도도 하지 않는 것은 지혜가 아닙니다. 연장을 잘 준비하고, 위험을 사전에 예방하는 지혜는 성공하기에 유익합니다(10:10~11). 지혜자의 말은 은혜롭지만 미련한 자의 말과 행동은 자신들을 해치고 무익할 뿐입니다(10:12~15).

사회 질서(10:16~20). 어리석고 탐욕스러운 왕과 관원들이 다스리는 나라는 화가 있지만, 지혜롭고 규모가 있는 왕과 관원들이 있는 나라는 복이 있습니다(10:16~17). 전도자는 또한 일반 백성의 삶에 대해서도 말합니다. 즉, 게으름을 경계하고, 적절하게 먹고 마시며, 함부로 비방하지 말아야 한다는 것입니다(10:18~20).

4. 권고(전 11~12장)

많은 관찰과 논증 다음에 전도자는 마지막 두 장에 와서 실제적인 권면을 함으로 〈전도서〉를 마무리합니다.

1) 수고와 낙(11:1~8)

전도자는 앞에서 하나님의 하시는 일이나, 미래, 혹은 죽음 이후에 대해서도 알 수 없다고 했습니다. 그러나 결과를 알 수 없다고 해서 포기하라는 것이 아니라 오히려 더 적극적으로 수고할 것을 권고합니다(1~6절). 또한 지금까지 여러 번 이야기해온 것처럼 무작정 수고만 하는 것이 아니라 즐거움을 누리며 살라고 합니다(7~8절).

2) 종말 의식(11:9~12:8)

열심히 수고하며 그 가운데 즐거움을 누리라는 권고는 한창 때에 있는 청년들에게 가장 필요한 교훈이므로 전도자는 청년들을 부르며 직접 수고하고 즐거움을 누릴 것을 권고합니다. 그러면서 동시에 전도자는 청년들에게 종말 의식을 가지고 살아야 한다는 것을 강조합니다.

3) 마무리(12:9~14)

전도자를 3자로 지칭하는 이 단원은 〈전도서〉의 결론 혹은 후기로서 전도자의 권위에 대해 설명한 다음 최종적인 결론을 제시합니다(12:13~14).

결론적으로 〈전도서〉는 인생의 덧없음과 현실의 부조리를 인식하고, 그 안에서 자기에게 주어진 분량만큼 최선을 다해 수고하며 그 결과로 얻어진 열매를 누리며 살되, 그 가운데 하나님을 경외하며 살 것을 교훈합니다.

아가

사랑의 찬가 Ⓑ

'솔로몬의 노래'라고도 하는 〈아가서〉는 남녀 간의 사랑 노래집입니다. 관능적이고 성적인 묘사도 많이 나오는데 전통적으로 이것을 풍유적(allegory)으로 해석하여, 하나님과 그 백성의 사랑 혹은 예수 그리스도와 교회의 사랑을 의미하는 것으로 해석해왔습니다. 그러나 이같은 해석은 육체를 악하거나 저급한 것으로 간주하는 이원론의 영향에 따른 것이고, 또 임의대로 성경을 풀이하게 하므로 바람직하지 않습니다. 그래서 오늘날 많은 성경학자가 〈아가서〉를 있는 그대로 해석하여 남녀 간의 순수한 사랑을 다루는 것으로 봅니다. 또한 남녀 간의 순수한 사랑과 열정은 하나님과 그 백성 간의 사랑을 표현하기에 적절한 것이므로 〈아가서〉를 통하여 하나님과 그 백성의 사랑을 이해하는 것도 가능합니다.

〈아가서〉의 구조와 요점

1 **연애** (1:1~3:5)	솔로몬과 술람미 여인이 사랑의 대화를 나누고 교제하면서 사랑을 키워갑니다.		
	1) 호감(1:1~2:7) 술람미 여인과 솔로몬이 연인으로서 서로를 칭찬하며 사랑의 표현을 나눕니다.	**2) 교제**(2:8~17) 솔로몬이 술람미를 찾아와 함께 봄나들이에 나가 교제하며 사랑을 키워 갑니다.	**3) 그리움**(3:1~5) 꿈인지 생시인지 술람미 여인은 사랑하는 연인을 간절히 찾다가 만났습니다.
2 **결혼** (3:6~5:1)	솔로몬과 술람미 여인이 정식으로 결혼식을 치르고 합방하여 한 몸이 되었습니다.		
	1) 결혼 행렬(3:6~11) 술람미가 솔로몬의 가마를 타고 그의 용사들의 호위 속에 결혼식 행차를 합니다.	**2) 신부 찬사**(4:1~15) 신랑 솔로몬이 신부 술람미의 아름다움과 순결함을 칭송합니다.	**3) 합방**(4:16~5:1) 솔로몬과 술람미가 결혼하고 합방하여 육체적 결합을 이루었습니다.
3 **부부** (5:2~8:4)	결혼한 부부로 살면서 서로 입장 차이로 말미암아 불화가 생기지만 극복하고 재결합합니다.		
	1) 불화(5:2~6:3) 남편이 아내에게 거절당한 후 집을 나가고, 아내는 남편을 찾아 헤매 다닙니다.	**2) 사랑의 찬사**(6:4~7:9a) 솔로몬이 술람미 여인의 아름다움을 칭찬하며 화해와 사랑의 마음을 전합니다.	**3) 재결합**(7:9b~8:4) 술람미 여인이 솔로몬에게 봄놀이에 나가 다시 사랑의 교제를 나누기를 요청합니다.
4 **후기** (8:5~14)	등장인물들의 마지막 어록을 덧붙이며 진정한 사랑이 어떤 것인지를 정리하고 있습니다.		
	1) 사랑의 본질(8:5~7) 사랑은 무엇보다 소중한 것이며, 열정적이고 죽음보다 강한 것입니다.	**2) 순결한 신부**(8:8~12) 술람미의 오라비들은 술람미를 육체적으로 순결하도록 보호해왔습니다.	**3) 사랑의 염원**(8:13~14) 서로에게 헌신하는 마음과 처음 사랑을 간직하고 싶은 염원을 표현합니다.

1. 연애(아 1:1~3:5)

1) 호감(1:1~2:7)

〈아가서〉의 사랑의 노래는 먼저 술람미 여인이 솔로몬의 입맞춤을 사모하며 그와 친밀한 교제를 나누기를 원하는 말로 시작합니다(2~7절). 솔로몬이 이에 응답하여 술람미 여인의 아름다움을 칭찬하며 사랑의 표현을 하고(1:9~11, 15, 2:2), 그 사이 사이에 술람미 여인도 솔로몬에게 찬사를 보내며 응답합니다(1:12~14, 16, 2:1, 3). 솔로몬이 술람미 여인을 부르는 호칭은 "내 사랑"(라야티) 또는 "내 누이, 내 신부" 등 여인을 가리키는 용어입니다. 술람미 여인이 솔로몬을 부를 때는 직접 "왕"이라고 하든지 아니면 "나의 사랑하는 자"(도디)라고 합니다.

2) 교제(2:8~17)

솔로몬이 술람미 여인을 찾아와서 함께 봄나들이를 가자고 청합니다. 술람미 여인은 쉽게 다가갈 수 없는 비둘기처럼 숨어 있지만, 마음은 솔로몬을 향한 깊은 사랑으로 가득한 것을 알 수 있습니다. "포도원을 허는 작은 여우"를 잡아달라고 하는 것은(2:15) 그들의 사랑을 위험에 빠지지 않게 해달라는 요청입니다.

3) 그리움(3:1~5)

꿈인지 생시인지 분간되지 않는 이 장면에서 술람미 여인은 사랑하는 연인을 간절히 찾았고, 그를 찾아서 자기 어머니의 집으로 데려갑니다.

2. 결혼(아 3:6~5:1)

1) 결혼 행렬(3:6~11)

술람미 여인이 결혼식을 치르기 위해 솔로몬의 가마와 그의 용사들의 호위를 받으며 행차를 하고 있는 장면을 생생하게 묘사합니다. 또한 예루살렘의 딸들은 솔로몬 왕의 결혼식에 참여하도록 초청을 받았습니다.

2) 신부 찬사(4:1~15)

신랑 솔로몬이 곱게 단장한 신부의 아름다움을 머리끝에서부터 아래로 내려오며 찬사를 보내고 있습니다. 뿐만 아니라 솔로몬은 아름다운 신부를 보면서 완전히 사랑에 빠진 자신의 마음을 그대로 고백합니다. 그리고 술람미 여인이 "잠근 동산", "덮은 우물", "봉한 샘"과 같이 아직 남자를 알지 못한 순결한 처녀인 것을 칭송했습니다.

3) 합방(4:16~5:1)

결혼식을 치르고 솔로몬은 술람미 여인의 순결한 동산에 들어가 육체적인 결합의 즐거움을 만끽합니다. 그리고 솔로몬은 이제 술람미 여인을 "내 동산"이라고 선포하고, 사랑하는 친구들에게 함께 기뻐하고 축하해 줄 것을 요청합니다.

3. 부부(아 5:2~8:4)

1) 불화와 해결(5:2~6:3)

달콤한 연애 끝에 결혼에 성공하였지만 여느 부부처럼 두 사람에게도 갈등이 생겨납니다(5:2~8). 술람미 여인이 잠자리에 들어 잠을 청하고 있을 때 솔로몬이 밤늦게 들어와 문을 열어달라고 두드립니다. 술람미 여인은 이미 씻고 자리에 누웠기 때문에 솔로몬의 요청이 반갑지 않았습니다. 그러나 마음을 고쳐먹고 문을 열었는데, 솔로몬은 이미 가 버리고 없었습니다. 술람미 여인은 뒤늦게 후회하고 솔로몬을 찾아 나섰다가, 파수꾼들을 만나 봉변을 당하기도 했습니다. 그리고 예루살렘 여인들에게 솔로몬을 찾아서 자신의 간절한 사랑을 전해달라고 요청했습니다. 솔로몬이 어떤 사람인가 묻는 여인들에게 술람미 여인이 솔로몬에 대해 설명하는데, 여기에서 술람미 여인은 머리부터 발끝까지 솔로몬을 칭송하며 그를 향한 사랑의 마음을 표현했습니다(5:9~16). 그 다음에 마침내 솔로몬을 그의 동산에서 만났습니다(6:1~3).

2) 사랑의 찬사(6:4~7:9a)

솔로몬이 술람미 여인을 향해 다시 사랑의 찬사를 보냅니다. 그는 술람미 여인이 깃발을 세운 군대와 같이 당당한 아름다움을 가졌다고 칭송합니다(6:4~10). 발부터 시작해서 머리까지 차례로 그 육체적인 아름다움을 묘사합니다(7:1~9).

3) 재결합(7:9b~8:4)

술람미 여인은 솔로몬의 사랑을 다시 확신하게 되었습니다(7:10; 참고. 2:16). 그리고 솔로몬에게 봄꽃이 피기 시작한 들로 나가자고 요청하며, 거기에서 사랑을 나누고 싶다고 합니다. 또한 술람미 여인은 솔로몬의 품에 안겨 있기를 간절히 원했습니다.

4. 후기(아 8:5~14)

〈아가서〉의 마지막에는 앞에서 나타난 인물들의 짤막한 말들이 뒤섞여 있습니다. 이 말들은 진정한 사랑의 의미를 생각하게 합니다.

1) 사랑의 본질(8:5~7)

"그의 사랑하는 자를 의지하고 거친 들에서 올라오는 여자"는 남편에게 기대어 오는 여인을 가리킵니다. 그래서 이 장면은 노년에 이른 술람미 여인이 솔로몬에게 기대어 있는 모습을 연상하게 합니다. 여인은 남편에게 그의 어머니가 출산한 자리에서 그를 깨웠다고 말합니다. 이것은 남편이 태어날 때부터 사랑했다는 과장법적인 표현으로 보입니다. 태어날 때부터 노년에 이르기까지 일생 동안 사랑했다고 할 만큼 열정적인 사랑을 한 것입니다.

여인은 또한 남편에게 자신을 도장같이 마음에 품고 또 팔에 두라고 합니다. 사랑하는 사람이라면 가장 소중하게 여기고 몸과 마음으로 품어 줘야 할 것입니다.

2) 순결한 신부(8:8~12)

진정한 사랑을 위해 순결을 유지한 신부의 과거를 칭송합니다. 술람미 여인의 오라비들은 그녀가 어렸을 때부터 순결하도록 보호했고, 그녀 자신도 성벽과 같이 견고하게 순결을 유지하며 성숙한 여인으로 성장했습니다.

3) 사랑의 염원(8:13~14)

두 연인이 마지막 사랑의 염원을 주고받으며 〈아가서〉가 마무리됩니다. 솔로몬이 술람미 여인(동산에 거주하는 자)을 향해 그녀의 목소리를 듣게 해달라고 요청하고, 술람미 여인은 솔로몬(내 사랑하는 자)에게 빨리 와 달라고 부릅니다. 이것은 연애 시절에 두 사람이 서로를 그리워하는 마음을 표현한 말들로서 (2:14, 17), 애틋한 처음 사랑을 간직하며 서로를 간절히 원하고 있는 것입니다.

❖ 〈전도서〉와 〈아가서〉를 정리해 봅시다.

	욥기	시편	잠언	전도서	아가
	삶의 고난	탄식과 찬양	삶의 실제	삶의 허무	사랑의 찬가
시 가 서	서문	다윗의 고난	지혜와 미련	( )	( )
	논쟁	왕권의 확립	솔로몬의 잠언	폐단	결혼
		왕국의 멸망			
	강론	하나님 왕권	기타 모음집	( )	( )
	결말	회복된 나라		권고	후기

High light Bible

하 이 라 이 트 성 경

4부

이사야~다니엘

심판과 구원

선지서는 언약 백성이 약속의 땅에 살면서 하나님의 말씀에 순종하지 못했기 때문에 심판받을 것을 경고하고, 심판 이후에 구원과 회복의 시대가 있다는 것을 예언합니다. 모두 17권의 선지서가 있는데 〈이사야서〉부터 〈다니엘서〉까지 처음 5권은 그 분량이 상대적으로 길다 해서 대선지서라고 하며 나머지 12권은 소선지서라고 합니다.

선지서는 대체로 그 흐름이 심판의 경고에서 구원의 약속으로 진행되는 공통적인 전개 방식을 보이고 있습니다. 그렇지만 선지서들이 모두 같은 예언을 반복하는 것이 아니라 각각의 특화된 중심 주제를 다루고 있습니다. 예를 들어 이사야는 시온의 구원을 중심 주제로 하여 하나님의 거룩한 성 예루살렘이 심판을 받지만 영광스럽게 회복될 것을 바라봅니다. 예레미야는 이스라엘 백성이 언약을 파기함으로 약속의 땅에서 쫓겨났다가 새 언약을 통해 회복되는 것을 예언합니다. 에스겔은 성전이 우상숭배로 더럽혀져 파괴되지만 장차 새 성전이 회복되고 하나님의 영광이 다시 임할 것을 예언합니다. 다니엘은 제국의 변천은 하나님의 주재 아래 있는 것을 증거하면서, 결국에는 하나님이 메시아를 통해 영원한 왕국을 세우실 것을 예언합니다.

선지서의 역사적 배경

선지서를 바로 이해하기 위해서는 그 시대적 배경도 파악할 필요가 있습니다. 왜냐하면 선지자의 예언은 선포하는 당대의 역사적 상황과 밀접한 연관이 있기 때문입니다. 선지서와 관련된 역사적 배경은 다음과 같이 크게 네 시대로 나누어 볼 수 있습니다.

1. 이스라엘 말기: 앗수르(앗시리아)의 등장과 북 이스라엘 멸망(주전 8세기)

문서 선지자의 역사는 대략 주전 8세기에 시작합니다. 8세기 중반에 앗수르의 디글랏빌레셀 3세가 왕위에 올라(주전 745년) 주변 나라들을 점령하고 거대한 제국을 형성해 갔습니다. 북왕국 이스라엘은 영토를 회복한 여로보암 2세 이후로 급격하게 몰락하고 결국 앗수르의 침략으로 멸망했습니다(주전 722년). 이 시기에 남 유다 역시 강력한 왕 웃시야의 죽음(주전 740년) 이후로 쇠퇴하고 있었습니다. 대선지서의 첫 번째 선지자 이사야는 이 시기에 사역했고, 동시대 선지자로 북 이스라엘에서 활동한 요나, 아모스, 호세아가 있고 남 유다에서는 미가 선지자가 있었습니다.

2. 유다 말기: 바벨론(바빌로니아)의 등장과 남 유다 멸망(주전 7세기 말~6세기 초)

7세기 말에 앗수르 제국이 쇠퇴하다가 결국 수도 니느웨가 바벨론에 의해 함락되었습니다(주전 612년). 바벨론 제국은 느부갓네살 2세(주전 605~562년) 때 황금기를 이루었으며, 이 왕이 3차에 걸쳐 유다에 침입하여 약탈하고 포로를 잡아가면서 유다 왕국도 무너졌습니다. 예레미야가 유다 왕국 마지막 40년 동안 예언했고, 동시대에 나훔, 하박국, 스바냐가 있었습니다.

3. 포로기(주전 6세기): 바벨론 포로~이스라엘의 황폐

3차에 걸친 바벨론의 침입 끝에 유다와 예루살렘과 성전마저 무너졌습니다. 에스겔(2차 포로)과 다니엘(1차 포로)이 바벨론에 끌려가 거기에서 사역했습니다. 그중에서 다니엘은 바사(페르시아) 제국 시대까지 사역하면서 그 이후 중간기의 역사까지 다루고 있습니다.

4. 포로기 이후(주전 5세기): 바사(페르시아) 제국~포로 귀환

5세기 후반에 들어서 페르시아가 바벨론을 멸망시키고 더 거대한 새 제국이 되었습니다(주전 539년). 페르시아 제국은 정복지에 대해 강압 정책을 펼친 앗수르나 바벨론과는 달리 유화 정책을 펼쳤습니다. 이런 상황에서 포로 귀환이 이루어지고 성전 재건과 함께 새 공동체를 회복하는 운동 이 전개 되었습니다. 소선지자 학개, 스가랴, 말라기가 이 시기에 해당합니다.

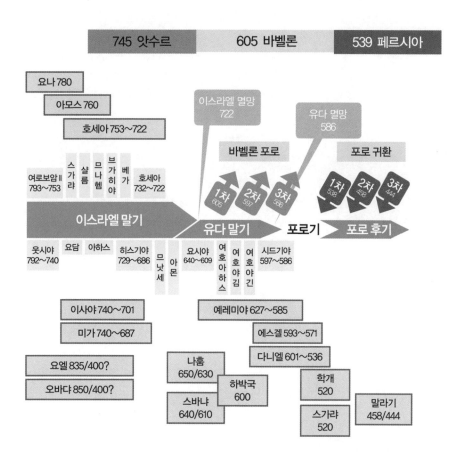

1과
이사야

〈이사야서〉는 〈시편〉을 제외하고는 성경에서 가장 길고 또 신약성경에 가장 많이 인용된 책입니다. 분량이 긴 만큼 그 다루는 역사와 내용도 다양하고 또 많은 신학적 주제를 담고 있는 계시의 보고(寶庫)라고 할 수 있습니다. 선지자 이사야는 남왕국 유다 왕 웃시야, 요담, 아하스, 히스기야 시대에 유다에서 특히 예루살렘을 중심으로 사역했습니다(사 1:1; 주전 740~686년). 이사야가 활동할 당시 국제적인 정세를 보면 앗수르에서 디글랏빌레셀 3세가 고대 근동에서 주변을 정복하고 영토를 확장하면서 세력을 펼치기 시작했습니다(주전 745년경). 앗수르의 침입으로 북왕국 이스라엘이 멸망했고(주전 722년), 남왕국 유다 역시 앗수르의 공격을 받았습니다(주전 701년). 한마디로 이사야는 북왕국이 붕괴하고 남왕국 역시 큰 시련을 감당해야 하는 민족적 위기의 시대에 사역한 것입니다.

이사야의 예언은 특히 '시온'(예루살렘)의 위기를 배경으로 하고 있습니다. 예루살렘은 하나님의 성전이 있는 거룩한 도시이며, 또한 하나님의 영원한 왕권 약속을 받은 다윗 왕조의 궁이 있는 수도였습니다. 이렇게 특별한 성이 이사야 시대에 두 번의 큰 위기를 겪었습니다. 첫 번째는 아하스 시대에 이스라엘과 아람의 연합군이 쳐들어온 때입니다(사 7~8장). 두 번째 위기는 히스기야 시대에 앗수르가 예루살렘을 포위하고 위협한 상황입니다(36~37장). 이와 같은 위기 속에서 이사야는 예루살렘이 하나님의 심판을 받고 있으며, 장차 더 큰 심판(바벨론 위협)이 있을 것을 경고합니다. 그러나 심판이 끝난 후에 예루살렘이 영광스럽게 변모될 것을 예언하면서 소망의 메시지를 던져 주고 있습니다.

〈이사야서〉의 구조는 크게 1~39장과 40~66장으로 구분됩니다. 전반부 39장까지는 '심판'의 메시지가 강조되지만, 위로의 메시지로 시작하는 40장부터는 '구원'의 메시지가 두드러집니다. 이와 같은 큰 구도를 염두에 두고 〈이사야서〉를 7 단원으로 구분하여 볼 수 있습니다: 1~12장, 13~27장, 28~35장, 36~39장, 40~48장, 49~55장, 56~66장. 각 단원의 말미에서 "하나님이 언약 백성을 시온으로 모으신다"는 주제가 후렴처럼 반복되면서 전체 주제를 엮어가고 있습니다(11:15~16, 27:12~13, 35:5~10, 48:20~22, 55:12~13, 66:18~24).

이사야

새 시온

〈이사야서〉의 구조와 요점

1 **이스라엘 심판** (1~12장)	하나님이 언약 백성 이스라엘의 죄에 대해 심판하신 후에 다시 그들을 구원하실 것입니다. **1) 고소**(1~5장) 법정의 고소 형식으로 하나님을 배반하고 언약 관계를 깨뜨린 이스라엘을 책망합니다. **2) 소명**(6장) 배역한 이스라엘을 돌이키고 구원하시려고 하나님의 대언자로서 이사야를 보내셨습니다. **3) 사역**(7~12장) 이사야가 다윗 왕조의 아하스 대신 다윗 같은 새 이상적인 왕의 출현을 예언합니다.
2 **이방 심판** (13~27장)	하나님은 온 세상의 주권자로서 모든 나라를 심판하시고, 그 가운데 신실한 자들을 구원하실 것입니다. **1) 각 나라**(13~23장) 하나님이 각 나라들을 심판하시고, 이스라엘과 다윗 왕권을 회복하심으로 세상을 구원하실 것입니다. **2) 온 세상**(24~27장) 하나님이 온 세상을 심판하시고 시온에서 왕이 되시어 여호와를 기다리는 백성을 구원하실 것입니다.
3 **참 도움** (28~35장)	위기의 시대에 애굽 같은 강대국에 도움을 구하는 것은 헛된 것이며, 오직 하나님만이 참 도움이 되심을 선포합니다. **1) 애굽의 도움**(28~31장) 애굽에 도움을 청하는 것이 오히려 화가 된다는 것을 다섯 편의 저주시를 통해 경고합니다. **2) 여호와의 도움**(32~35장) 여호와 하나님은 신실하게 그를 기다리는 자들을 구원하시는 참 도움이 되심을 증거합니다.
4 **히스기야** (36~39장)	히스기야는 하나님을 의지함으로 앗수르로부터 구원받았지만, 후대에 바벨론의 위협은 남아 있습니다. **1) 앗수르**(36~37장) 앗수르 왕이 예루살렘을 포위하고 함락시키려고 했으나, 히스기야는 하나님에게 기도하여 구원받았습니다. **2) 바벨론**(38~39장) 병에 걸린 히스기야가 기도로 나았지만, 후대에 바벨론 침략을 받게 될 것을 경고받았습니다.
5 **구원 약속** (40~48장)	창조주 하나님이 바벨론 포로로 잡혀 있는 이스라엘 백성을 위로하시고 구원의 약속을 주십니다. **1) 유일한 창조주**(40~44장) 우상과 비교할 수 없는 유일하신 창조주 여호와 하나님이 그의 종 이스라엘을 구원하실 것입니다. **2) 바벨론 심판**(45~48장) 하나님이 이스라엘 백성을 구원하시려고 고레스를 세우시고 바벨론을 무너뜨리실 것입니다.
6 **시온 회복** (49~55장)	이스라엘 백성이 전에는 포로로 끌려갔고 시온은 황폐해졌으나, 의로운 종의 중보로 회복될 것입니다. **1) 포로 귀환**(49:1~52:12) 시온은 버림받은 아내처럼 비참하게 되었으나, 백성이 돌아오고 시온이 다시 번성하게 될 것입니다. **2) 종의 희생**(52:13~55장) 여호와의 의로운 종의 대속적 희생으로 많은 사람이 의롭게 되고 예루살렘이 회복될 것입니다.
7 **영원한 복** (56~66장)	오직 하나님의 신실한 종들이 영광스러운 새 시온에서 하나님을 섬기며 영원한 복락을 누릴 것입니다. **1) 의인과 악인**(56~59장) 신실한 자들에게 구원을, 패역한 자들에게 심판을 예고하십니다. **2) 시온의 영광**(60~62장) 하나님이 시온을 회복하시고 온 세상의 중심이 되게 하실 것입니다. **3) 영원한 보응**(63~66장) 신실한 종들은 영원한 구원을, 패역한 자들은 영원한 심판을 받을 것입니다.

1. 이스라엘 심판(사 1~12장)

첫 단원에서 선지자는 언약 백성을 향한 하나님의 열심을 배반한 이스라엘에게 닥칠 심판을 경고합니다. 1~5장은 법정의 고소 형식으로 하나님이 이스라엘의 죄를 책망하는 것입니다. 6장은 하나님이 이 백성을 돌이키시려고 이사야를 보내시는 소명을 기록한 것입니다. 7~12장은 이사야가 현장에 가서 말씀을 선포하는 사역을 다루고 있습니다.

1) 고소(1~5장)

타락한 시온(1장). 〈이사야서〉 전체의 서론으로서 1장은 타락하여 심판 받은 시온에 대한 탄식으로 시작합니다. 거룩한 성 시온은 이스라엘 백성의 죄로 말미암아 창녀와 같이 더럽혀졌고, 그 나라는 심판으로 얻어맞아 시온만 겨우 남은 상태가 되었습니다. 그러나 하나님의 심판은 시온과 그 백성을 멸망시키려는 것이 아니고, 그 백성을 정결하게 하여 하나님의 거룩한 성 거룩한 백성으로 거듭나게 하려는 것입니다.

미래의 시온과 현실의 시온(2~4장). 서두(2:1~4)와 말미(4:2~6)에 있는 시온의 종말론적 영광에 대한 선포로 묶어집니다. 이 말씀은 1장에서 제시한 바와 같은 미래에 회복될 시온의 영광을 보여 주는 것입니다. 이 두 말씀 사이에 당대 이스라엘의 죄에 대한 질책을 기록하고 있습니다(2:5~4:1). 그 백성은 우상 숭배와 이방의 가증한 풍속을 따라 행하고, 부패한 지도자들은 백성을 어긋난 길로 인도하므로 하나님이 그들을 심판하실 것을 강력하게 경고합니다.

A 배역의 고소: 부패한 자식(1장)
  B 회복된 시온: 하나님의 교훈(2:1~5)
   C 타락한 백성(2:6~21)
   C′부패한 지도자(2:22~4:1)
  B′회복된 시온: 하나님의 보호(4:2~6)
A′배역의 고소: 부실한 포도원(5장)

배역한 백성(5장). 하나님은 이스라엘을 언약 백성으로서 포도원을 가꾸는 농부와 같이 세심하게 돌보셨습니다. 그러나 이스라엘은 하나님을 배반하고 다른 신을 섬겼으며, 하나님의 백성다운 삶을 살지 않았습니다. 그들은 "여호와의 율법을 버리고 이스라엘의 거룩하신 이의 말씀을 멸시"한 죄로 심판을 받게 될 것입니다(5:24). 하나님은 더 이상 이스라엘을 보호하지 않으시고 이방의 대적들을 불러 그들을 짓밟게 하실 것을 선고하셨습니다(5:5, 26~30).

2) 소명(6장)

이사야는 환상 중에 보좌에 앉으신 거룩하신 왕 여호와 하나님을 뵈었습니다. 그러나 선지자는 부정한 백성의 대표로서 거기 있고 그래서 죽을 수밖에 없습니다. 그 순간에 제단의 숯불이 이사야의 입에 닿아 그가 정결하게 된 것은 하나님이 그 백성을 정결하게 하시려는 의도를 나타냅니다. 그 목적을 이루시기 위해 하나님은 이사야를 대언자로 보내십니다. 하지만 그 백성은 마음이 둔하여 들어도 깨닫지 못하고 보아도 알지 못할 것입니다. 그럼에도 불구하고 하나님은 남은 자(거룩한 씨)를 통하여 그의 구원의 역사를 이루어 가실 것입니다.

3) 사역(7~12장)

소명을 받은 이사야는 유다 왕 아하스에게 가서 예언을 합니다. 아하스는 우상을 숭배하고 이방의 가증한 풍속을 따라간 악한 왕이었습니다(왕하 16:3~4). 이사야는 부패한 아하스의 몰락을 경고하고 그와 대조되는 새 다윗, 즉 이상적인 왕에 대해 예언합니다.

아하스와 메시아(7:1~9:7). 그때에 북 이스라엘과 아람의 연합군이 쳐들어와 예루살렘을 포위하고 있었고, 아하스와 백성이 두려워 떨고 있었습니다. 이사야는 아하스에게 두려워하지 말고 하나님에게 징조를 구하라고 했습니다. 이것은 하나님을 의지하고 그분의 도우심을 구하라는 뜻입니다. 하지만 아하스는 하나님에게 구하지 않고 그 대신 성전과 왕궁의 보물을 신흥 강대국 앗수르 왕에게 보내고 그의 도움을 요청했습니다(7:12; 참고. 왕하 16:7~8). 다윗 왕조의 왕은 하나님의 종으로서 하나님의 말씀에 순종하고 그분을 의지해야 하는데, 위기의 순간에 신흥 강대국 앗수르를 의지하여 그의 심복이 되기를 자처한 것입니다. 그래서 이사야는 임마누엘 징조의 선언과 함께 아람과 이스라엘의 멸망을 이야기하면서(7:14~16) 동시에 유다 역시 하나님의 심판으로 앗수르의 공격을 받게 될 것이라고 예언했습니다(7:18~20; 대하 28:20~21).

하나님은 심판 가운데 남은 자를 구별하십니다. 아하스와 그 백성은 하나님을 버리고 앗수르를 의지하였으므로 하나님이 오히려 앗수르를 불러다가 그 백성을 심판하실 것입니다(8:6~8). 여호와 하나님을 두려워할 분으로 삼는 신실한 자들에게 그분은 구원의 성소가 되시며, 그렇지 않은 자들에게는 심판주가 되실 것입니다(8:13~15). 그래서 이사야는 신실한 제자들과 함께 하나님의 말씀을 붙잡고 하나님을 기다리기로 하였습니다(8:16~17). 하나님의 율법과 말씀을 따르지 않는 교만한 자들로 말미암아 그 땅에 환난과 고통과 흑암의 심판이 임할 것입니다(8:20~22). 그러나 심판이 끝이 아니라 하나님은 구원의 소망도 주셨습니다. 하나님이 압제자를 꺾으시고, 그 백성 가운데 한 아들을 주셔서 다윗 왕조를 회복하시고 그 나라를 영원히 굳건하게 세우실 것을 약속하셨기 때문입니다(9:1~7).

〈역대하〉 28장 20~21절을 적어 봅시다.

_____

_____

_____

여호와의 진노(9:8~10:4). 심판에 대한 경고와 함께 "그럴지라도 여호와의 진노가 돌아서지 아니하며 그의 손이 여전히 펴져 있으리라"는 말씀이 후렴구로 반복되고 있습니다(9:12, 17, 21, 10:4).

궁극적인 구원(10:5~12:6). 하나님은 앗수르를 심판의 몽둥이로 사용해 이스라엘을 치시고 시온을 망하게 하시지만, 그 이후에 교만한 앗수르를 심판하시고 결국에는 그 백성을 구원하실 것입니다(10:12~14). 그러나 모든 백성이 구원을 받는 것이 아니라 진실하게 하나님을 의지하고 하나님에게 돌아온 남은 자들만 구원을 받습니다(10:20~23). 그때에 이새의 줄기에서 난 싹 곧 다윗과 같은 새 이상적인 왕이 여호와의 영을 받고 여호와를 경외하며 정의와 공평으로 다스리고, 온 세상에 평화를 이룰 것입니다(11:1~10). 그날에 회복된 시온 공동체가 하나님의 구원하심에 감사하고 그를 찬송하며 온 땅에 그의 하신 일을 선포할 것입니다(12:1~6).

2. 이방 심판(사 13~27장)

〈이사야서〉의 첫 번째 단원(1~12장)은 여호와 하나님이 "이스라엘의 거룩하신 이"로서 언약 백성 이스라엘을 심판하시고 구원하시는 것을 예언한 말씀이었습니다. 이사야의 두 번째 단원은 이방의 각 나라들에 대한 경고의 말씀(13~23장)과 묵시적인 예언(24~27장)을 다룹니다. 그런데 이 예언들의 목적은 단지 이방인들의 운명을 예고하자는 것이 아닙니다. 여기에서 선지자는 하나님의 심판과 구원이 범세계적으로 혹은 우주적으로 확대되고 있음을 선포합니다. 그래서 이스라엘의 거룩하신 이가 단지 이스라엘의 민족신이나 지역신이 아니라 온 땅의 하나님으로서(참고. 54:5) 세상 모든 나라를 주관하시며 궁극적으로 하나님 나라가 서게 하신다는 것을 말합니다.

〈이사야서〉 54장 5절을 적어 봅시다.

_____

_____

_____

1) 각 나라(13~23장)

13~23장은 이방 나라의 이름이나 별칭을 각각 언급하며 그들에 대한 경고의 말씀을 전합니다. 이 나라들은 유다와의 관계에 따라 대략 네 부류로 구분할 수 있습니다.

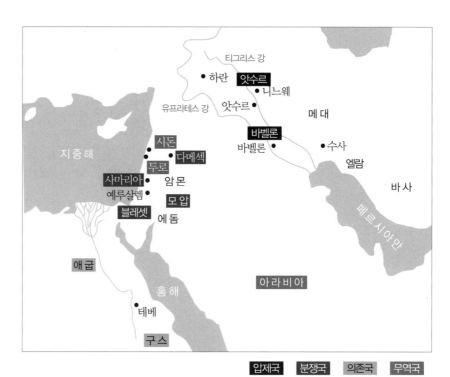

1. 바벨론(13:1~14:23), 앗수르(14:24~27).

2. 블레셋(14:28~32), 모압(15:1~16:14), 다메섹/에브라임(17장).

3. 구스(18장), 애굽(19장), 애굽과 구스(20장).

4. 해변 광야(바벨론; 21:1~10), 두마(에돔; 21:11~12), 아라비아(21:13~17),
   환상 골짜기(예루살렘; 22:1~25), 두로와 시돈(23장).

압제국: 바벨론, 앗수르(13:1~14:27). 이스라엘 북동쪽에 있는 바벨론(바빌로니아; 13:1~14:23, 21:1~10)과 앗수르(앗시리아; 14:24~27)는 언약 백성 이스라엘을 멸망시키고 압제한 원수의 나라들입니다. 바벨론은 아직 이사야 시대에 강대국은 아니지만 〈이사야서〉 후반부에서 유다를 멸망시킨 주적으로 나오기 때문에 가장 앞서 다루고 있습니다. 여기에 묘사된 바벨론은 이사야 당대에 여러 나라를 거침없이 정복한 대제국 앗수르와 비슷합니다(14:6, 37:11). 더구나 모든 신보다 높다고 떠벌리는 바벨론 왕의 교만(14:12~14)은 〈이사야서〉 36~37장에 나타난 앗수르 왕의 교만함과 거의 닮은꼴입니다.

이사야가 전하는 예언의 요지는 앗수르나 바벨론의 왕은 많은 나라를 정복하고 의기양양하여 그 나라들의 수호신들을 조롱하지만, 여호와 하나님은 그런 우상들과 비교할 수 없는 전능하신 하나님으로서 교만한 제국의 왕들을 꺾으시고 하나님의 백성을 구원하신다는 것입니다. 이것이 온 세계에 대한 하나님의 경영이며 아무도 그에게 맞설 자가 없습니다(14:26~27).

분쟁국: 블레셋, 모압, 다메섹, 북 이스라엘(14:28~17:14). 이스라엘 주변에 있는 나라들로서 유다와 충돌이 잦은 국가들 곧 블레셋(14:28~32), 모압(15~16장), 다메섹과 에브라임(17장)에 대한 경고가 이어집니다.

블레셋은 이스라엘 서쪽 지중해 연안에 있는 나라로서 사사 시대부터 오랫동안 이스라엘과 분쟁해왔습니다. 여기에서 "너를 치던 막대기"(14:29)가 누구인지 논란이 되고 있지만, 요지는 분명합니다. 즉 블레셋을 괴롭히던 대상(아하스 혹은 앗수르 왕)이 죽었다 하더라도, 북쪽에서 일어난 다른 대적으로 말미암아 결국에는 멸망한다는 것, 그리고 오직 피난처는 하나님이 세우신 시온이라는 것입니다(14:32).

모압은 요단 동쪽의 나라이며 롯의 후손으로서 이스라엘의 친족국입니다. 하지만 이들 역시 교만하기 때문에 심판이 선고되었습니다(16:6, 25:10~12). 모압에 대한 심판 예언에서도 시온과 다윗 왕조의 회복이 부각되어 있음을 주목해야 합니다(16:1, 5). 신약성경은 바로 이 다윗 왕조의 이상이 예수 그리스도에게서 성취되고(계 22:16), 시온의 회복은 하늘에서 내려오는 새 예루살렘으로 완성될 것을 증거합니다(계 21:1~4).

다메섹은 아람(시리아)의 수도이며 에브라임은 북 이스라엘을 주도하는 지파입니다. 7장의 기록처럼 이들은 연합하여 유다를 쳐들어와 예루살렘을 위협했고 이사야는 이들의 멸망을 선포했습니다. 17장에서 이사야는 이 두 나라의 멸망에 대해서 다시 확증합니다.

〈요한계시록〉 22장 16절을 적어 봅시다.

의존국: 구스, 애굽(18~20장). 구스(이디오피아; 18장)와 애굽(이집트; 19장)은 이스라엘 남쪽의 강대국입니다. 앗수르와 바벨론 같은 북방 세력의 위협이 있을 때 이스라엘은 남쪽의 강대국을 의지하려고 합니다. 하나님을 믿기보다 현실적으로 눈에 보이는 군사적인 힘에 의존하고 있기 때문입니다. 그러나 하나님은 그 나라들도 치실 것을 경고하셨습니다. 그때에는 그들조차 시온에 계신 하나님 앞에 예물을 가지고 나와서 경배할 것입니다(18:7, 19:21~22). 이것은

하나님이 애굽이나 구스의 섬김을 받으실 위대하신 분이신 것을 증거하고 따라서 이스라엘 백성이 의지하고 섬길 분은 여호와 하나님이신 것을 강력하게 선포합니다. 아울러 남과 북의 대표적인 강대국 애굽과 앗수르가 이스라엘과 더불어 동맹을 맺고 연결이 되어 하나님의 백성으로서 복을 받게 된다는 말씀을 통해 온 세상에 확장될 구원의 날을 예고하고 있습니다.

무역국: 아라비아, 두로와 시돈(21:13~17, 23장). 아라비아(21:13~17)는 육로 무역을 그리고 두로와 시돈(23장)은 해상 무역을 통해 번영한 나라들입니다. 그런데 하나님이 이 나라들의 부귀와 영화를 다 없이 하실 것이라고 했습니다. 그런데 여기에서도 보다 중요한 점은 장차 두로의 재물이 하나님 앞에 드려지게 되고 여호와 앞에 사는 자가 먹을 양식이 된다는 것입니다(23:18).

2) 온 세상(24~27장)

각 나라에 대해 개별적으로 주신 경고의 말씀을 담은 13~23장과 달리 24~27장은 종합적으로 온 우주에 펼쳐질 하나님의 심판과 구원을 말씀합니다. 24장은 땅이 흔들리고 천체마저 빛을 잃는 우주적인 격변을 묘사합니다. 앞에서 각 나라에게 내려진 심판의 말씀이 여기에서 절정을 이룹니다. 그리고 그 격변의 끝은 하나님의 왕권이 시온에 확립되는 것입니다(24:23). 25장은 왕이신 하나님이 포학한 세력들을 굴복시키셨으므로 더 이상 슬픔이나 고통 심지어 죽음조차도 없는 종말의 복을 만민에게 베푸실 것을 예언합니다. 그러나 아무나 이 구원의 기쁨을 누리는 것이 아니라 오직 여호와를 기다린 신실한 자들만이 구원의 기쁨을 누리게 됩니다(25:9). 26장은 구원받을 자들의 신실함에 대해서 더 분명하게 보여 줍니다. 27장은 하나님의 백성에 대한 구원을 확증합니다. 즉 버려진 포도원이었던 이스라엘(5:1~7)이 이제 회복되어 꽃이 피고 열매를 맺게 될 것을 예언합니다. 이 예언은 참포도나무이신 예수 그리스도와 그에게 붙어 있어 결실을 맺는 성도들로 말미암아 성취됩니다(요 15:1~8).

3. 참 도움(사 28~35장)

이 단원에서 예언의 초점은 다시 이스라엘에게로 맞춰집니다. 선지자는 이스라엘이 위기의 시대에 다른 강대국에게 도움을 청하는 것이 어리석다는 것을 지적하고 하나님을 의지할 것을 권고합니다. 앞 단원에서 보여 준 것처럼 온 세상을 심판하시는 주권이 하나님에게 있는데 세상의 힘을 의지하는 것이 무슨 소용이 있겠습니까? 아하스는 아람과 북 이스라엘 연합군이 쳐들어왔을 때 앗수르에 도움을 청했습니다(7장). 그런데 앗수르는 아람과 북 이스라엘만 멸망시키는 선에서 그치지 않고 유다에까지 쳐들어옵니다. 그때에 유다의 모사꾼들은 또 다른 강대국 애굽에 도움을 요청하려고 합니다. 여기에 대해 선지자는 정치적인 계략으로 위기를 벗어나려는 시도를 비판하고, 참 도움이신 여호와 하나님을 의지하라고 권고합니다.

1) 애굽의 도움(28~31장)

28~31장에는 아래와 같이 "화로다"(화 있을진저! woe!)로 시작하는 다섯 편의 저주시로 구성되어 있습니다(본문을 히브리어 어순에 가깝게 번역함).

[28장]   화로다, 에브라임의 술 취한 자들의 교만한 면류관이여!

[29:1~14]   화로다, 아리엘이여, 다윗의 진 친 성읍이여!

[29:15~24] 화로다, 자기의 계획을 깊이 숨기려 하는 자들이여!

[30장]   화로다, 패역한 자식들이여 계교를 베푸나 나로 말미암지 아니하며…….

[31장]   화로다, 도움을 구하러 애굽으로 내려가는 자들이여!

첫 번째 저주시(28장)의 대상은 "에브라임의 술 취한 자들의 교만한 면류관"(28:1)입니다. 여기에서 술 취해 비틀거리는 자들은 타락한 북 이스라엘의 백성을 뜻하고, 교만한 면류관은 그들이 자랑스럽게 여기는 수도 사마리아 성을 말합니다. 그러므로 이 예언은 바로 이사야 당대에 일어날 북 이스라엘의 멸망(주전 722년)을 예고하는 것입니다. 그런데 이 말씀을 듣고 깨우침을 받아야 할 대상은 예루살렘의 지도자들입니다(28:14). 그들은 북 이스라엘이 멸망하고 자기들에게도 위험이 오자 외국과의 동맹을 맺는 것이 최선의 계략이라고 생각합니다. 그러나 선지자는 그것이 오히려 사망이고 재앙의 길이라고 꼬집고 있습니다(28:15, 18). 그리고 오직 여호와 하나님이 시온에 주춧돌을 두셨고 그것을 믿는 자가 위험에 빠지지 않게 될 것을 선포했습니다(28:16). 이 약속은 예수 그리스도에게서 성취되었습니다(롬 9:33; 벧전 2:6; 참고. 사 8:14).

〈로마서〉 9장 33절을 적어 봅시다.

_____

_____

　두 번째 저주시(29:1~14)는 "아리엘" 곧 "다윗이 진 친 성읍"을 대상으로 하고 있습니다. 이것은 다윗이 왕궁을 세우고 수도로 삼은 예루살렘 혹은 시온산(29:8)을 말합니다. 그러므로 이 예언은 28장의 북왕국 이스라엘의 수도 사마리아의 멸망과 짝을 이루어 남왕국 유다의 수도 예루살렘의 멸망을 예고하는 것입니다. 그러나 북 이스라엘의 경우와 달리 하나님은 심판 후에 예루살렘을 친 이방 나라들을 멸망시키시고 시온을 회복시키실 것도 말씀합니다.

　세 번째 저주시(29:15~24)는 하나님을 무시하고 인간적인 계획을 세우는 어리석은 지도자들을 겨냥한 것입니다. 하나님은 어리석고 교만한 지도자들을 심판하시고 그 대신 겸손하고 가난한 자를 구원하시며 그들을 지혜롭게 하실 것을 약속하십니다. 네 번째 저주시(30장)와 다섯 번째 저주시(31장)는 이 백성이 세운 어리석은 계략이 무엇인지 구체적으로 드러냅니다. 그들은 하나님의 뜻을 묻지 않고 바로와 애굽의 보호를 받으려고 했습니다(30:1~2). 하나님의 도우심을 구하고 그분을 기다린 것이 아니라 애굽의 군사적인 힘을 의지했습니다(31:1). 그래서 하나님은 그들의 시도가 오히려 수치가 되게 하시고 그들을 망하게 하실 것을 경고하셨습니다. 그러나 이것은 하나님의 패배를 뜻하는 것은 아닙니다. 하나님은 강한 용사가 되어 시온을 위해 싸우시고 예루살렘을 보호하실 것을 약속하시며 배역한 백성을 향하여 하나님에게로 돌아올 것을 명령하십니다(31:4~9).

2) 여호와의 도움(32~35장)

32~35장은 애굽이 아니라 여호와를 신실하게 기다리고 구원을 얻은 새 시온 공동체에 대해서 이야기합니다. 32장은 이상적인 나라의 회복을 보여 줍니다. 즉 정의로운 통치자들이 그 백성 가운데 세워지고 그 땅에 정의와 평화가 회복될 것을 예언하는 것입니다. 33장은 하나님이 그 이상적인 나라의 가장 높으신 왕으로서 정의와 공의가 시온에 충만하게 하시며(33:5) 그 백성을 구원하시는 분임을 선포합니다(33:22).

34장은 이방 나라를 향한 여호와의 진노를 묘사합니다. 이것은 시온을 압제한 모든 나라 특히 친족이면서도 이스라엘을 괴롭힌 에돔에 대한 보복적인 심판으로서 시온의 구원을 위한 과정입니다. 마지막으로 35장은 마치 출애굽 때처럼 하나님이 그 백성을 광야의 길로 인도하시고 마침내 시온으로 돌아오게 하실 것을 예언합니다.

4. 히스기야(사 36~39장)

36~39장은 히스기야가 겪은 두 번의 위기를 기록한 역사입니다. 36~37장은 하나님이 앗수르의 침략에서 히스기야와 예루살렘을 구원하신 역사이고, 38~39장은 히스기야가 죽을병에 걸렸으나 기도로 낫고 생명을 연장 받은 사건을 다룹니다. 그런데 사실 히스기야가 병이 나은 사건이 먼저 일어난 것입니다. 하나님이 치유를 약속하시면서 "너와 이 성을 앗수르 왕의 손에서 건져내겠고 내가 또 이 성을 보호하리라"(38:6)는 약속도 함께 주셨습니다.

그럼에도 불구하고 앗수르 침략에 대한 기사가 먼저 나오고 병 치유가 뒤에 나온 것은 〈이사야서〉 전체 흐름의 전환과 관련이 있습니다. 앞 단원(1~35장)에서 이사야의 예언은 하나님이 앗수르를 몽둥이로 사용해서 이스라엘을 심판하시지만, 그 후에 교만한 앗수르를 징벌하신 다음 이스라엘을 구원하신다는 것이었습니다. 36~37장은 바로 앗수르 왕의 교만과 그에 대한 하나님의 심판, 그리고 약속하신 구원의 성취를 보여 주는 것입니다. 그러나 앗수르는 망하더라도 그 후에 등장할 바벨론이 실제 유다를 멸망시킬 원수입니다. 이사야는 38~39장은 바벨론 제국의 등장을 예고합니다. 히스기야가 병에서 나은 후 바벨론 사절단이 방문했고, 히스기야는 이 사절단에게 왕궁의 보물을 다 보여 주었습니다. 이에 대해 이사야는 바벨론 침략을 예고했고, 이것은 바벨론 포로에서 귀환과 함께 새 시대의 구원을 예언하는 40~66장 예언의 배경이 됩니다.

5. 구원 약속(사 40~48장)

40장부터 이사야의 예언은 이스라엘의 바벨론 포로 상태를 전제하고 있습니다. 후반부의 첫 단원인 40~48장은 여호와 하나님이 이스라엘 백성을 바벨론에서 해방하실 것을 선포합니다. 그다음에 두 번째 단원 49~55장은 포로 귀환과 시온의 회복을 다루고, 마지막으로 세 번째 단원 56~66장은 회복된 공동체의 삶에 대해서 이야기합니다.

40~48장은 두 소단원으로 구분됩니다. 먼저 40~44장은 유일한 창조주이신 하나님의 속성에 대해 증거하고, 45~48장은 바벨론을 심판하시는 하나님의 역사에 주목합니다.

1) 유일한 창조주(40~44장)

만물의 창조자(40~42장). 40장은 포로로 잡혀 있는 백성을 향하여 위로와 구원의 말씀을 선포하는 것으로 시작합니다(40:1~11). 그다음에 선지자는 여호와 하나님이 우상과 비교할 수 없는 유일하신 창조자이신 것을 증거하면서 이런 하나님을 신뢰하는 자는 결코 패배하지 않을 것을 선포합니다(40:12~31). 41장에서 하나님은 택하신 백성 이스라엘을 향하여 구원의 약속을 주시며 두려워하지 말라고 하십니다(41:10, 13~14)

42장은 하나님이 작정하신 구원의 역사를 이루기 위하여 택하신 종을 소개합니다(42:1~9). 이것은 첫 번째 종의 노래입니다. 이스라엘 백성은 하나님을 제대로 알지 못하고 또 그의 말씀을 귀담아 듣지 않아서 심판을 받았습니다(42:18~25). 그러나 하나님이 그 기뻐하시는 종을 "백성의 언약과 이방의 빛"이 되게 하셔서 그를 통해 이 백성을 다시 구원하실 것입니다(42:6~7, 16).

이스라엘의 창조자(43~44장). 창조주 하나님과 이스라엘의 특별한 관계가 강조되고 있습니다. 모든 만물을 다 하나님이 창조하셨지만, 그 가운데 이스라엘 백성을 특별히 지으시고 선택하셨으므로 하나님은 그들을 구원하시고 보호하실 것입니다(43:1~2, 44:1~2, 21). 우상은 헛된 것이고 아무 힘도 없지만(44:9~20), 이스라엘의 창조자이시며 만물의 창조자이신 여호와 하나님은 그 백성의 구원자가 되셔서, 그들을 압제자 바벨론 사람들의 손에서 해방시키실 것입니다(43:14). 하나님은 바사(페르시아) 왕 고레스를 통해 예루살렘과 그 성전과 유다의 성읍들이 회복되게 하실 것입니다(44:24~28).

이상의 이사야 예언을 요약하면 한마디로 하나님은 우상과 비교할 수 없는 창조주로서 확실한 구원자가 되신다는 것입니다. 이와 같은 예언의 말씀은 36~37장에서 히스기야가 기도하여 앗수르 왕의 침입으로부터 구원받은 역사를 떠올리게 합니다. 앗수르 왕은 자신이 여러 나라를 정복할 때 그 나라의 신들이 자기를 막지 못했다고 하면서 예루살렘도 별 수 없을 것이라고 조롱하며 위협했습니다(37:11~12). 여기에 대해 히스기야는 성전에 올라가 기도하면서 "주는 천하만국의 유일하신 하나님이시라 주께서 천지를 만드셨나이다"(37:16)라는 신앙고백과 함께, 앗수르 왕이 정복한 나라의 신들은 헛것이기 때문에 그 나라들이 망했다고 하면서, 전적으로 하나님의 도우심을 구했습니다(37:18~20). 하나님은 히스기야의 기도를 들으시고 교만한 앗수르 왕을 심판하시고 히스기야와 예루살렘을 구원하신 것입니다.

2) 바벨론 심판(45~48장)

고레스: 바벨론 심판을 위한 하나님의 도구(45장). 선지자는 44장 끝에 등장한 바사 왕 고레스에 대한 예언을 이어갑니다. 44장에서 고레스는 예루살렘 회복을 위해 세우신 하나님의 목자였고(44:28), 45장에서는 열국을 정복하는 새 제국 세력입니다(45:1). 하나님은 바벨론을 무너뜨리도록 기름 부음 받은 종으로 고레스를 세우신 것입니다. 마치 앗수르 왕이나 바벨론 왕을 심판의 몽둥이로 사용하신 것처럼 하나님은 고레스를 세우셔서 그 백성을 구원하시며 예루살렘을 회복하실 것입니다(45:4, 13). 그리고 하나님의 구원은 이스라엘 백성에

게만 제한되지 않고 하나님에게로 회개하고 돌아온 "땅의 모든 끝"까지 포함될 것입니다(45:22).

바벨론의 멸망과 이스라엘의 해방(46~47장). 46장은 구원의 능력이 없는 바벨론의 우상 "벨"과 "느보"의 파멸을 말하며(46:1~2), 하나님은 그것들과 비교할 수 없는 분으로서 작정하신 모든 것을 반드시 이루시는 전능하신 분인 것을 강조합니다. 47장은 애도의 형식을 통해 바벨론의 멸망을 조롱합니다. 48장은 이스라엘 백성의 위선과 가식에도 불구하고 그들을 멸망시키지 않으시고 참으시는 하나님의 사랑을 보여 줍니다. 하나님은 언약 백성을 연단하신 후에 반드시 구원하실 것을 말씀합니다. 그래서 하나님은 그 백성을 향하여 바벨론에서 나오라 하시고, 하나님이 그 백성을 구원하셨다는 것을 땅 끝까지 선포하라고 하십니다(48:20).

6. 시온 회복(사 49~55장)

49~55장은 바벨론에서 나온 포로들이 시온으로 돌아와서 시온이 회복될 것을 예언합니다. 전반부(49:1~52:12)는 그 백성의 귀환에 초점을 맞추고, 후반부(52:13~55장)는 이 구원의 사역을 위하여 대속적인 희생을 감당하는 의로운 종의 희생을 강조합니다.

1) 포로 귀환(49:1~52:12)

종의 탄식(49:1~13). 42장에서 소개된 여호와의 종 곧 여호와께서 기뻐하시고 택하신 의로운 종이 두 번째 종의 노래에서 다시 등장합니다(49:1~4). 하나님이 이 종을 모태에서부터 택하시고 그를 통해 하나님의 영광을 나타내시려고 했습니다. 그러나 종은 자신의 수고와 사역이 헛되게 끝났다고 탄식합니다. 이 탄식은 5~8절에서 해결됩니다. 하나님은 의로운 종을 통하여 이스라엘을 모으시고 또 그를 이방의 빛으로 삼아 구원을 땅 끝까지 베풀게 하실 것을 약속하십니다.

시온의 탄식(49:14~50:3). 종의 탄식에 이어 시온의 탄식이 나옵니다. 시온은 마치 남편에게 버림받고 자식까지 잃어버린 채 탄식하는 여인과 같습니다. 하나님이 남편이고 시온은 버림받은 아내입니다. 그리고 자식을 잃어버렸다는 것은 그 백성이 약속의 땅에서 쫓겨나고 그 땅은 황폐해진 것을 의미합니다. 시온이 이렇게 버려진 것은 하나님이 부당하게 버리셨기 때문이 아니라, 그 백성의 범죄에 대한 심판의 결과였습니다(50:1). 그러나 하나님은 그 백성이 다시 돌아와 시온이 회복되어 기뻐하게 될 날이 올 것을 약속하십니다(49:18~21).

종의 믿음(50:4~11). 49장에서 탄식하던 의로운 종은 이제 하나님의 말씀을 듣고 깨우침을 받아 분명한 확신을 갖습니다. 그래서 세 번째 종의 노래에서 종은 어떤 반대와 고난이 와도 하나님의 도우심을 믿고 의지할 것을 결단합니다.

구원의 약속(51:1~52:12). 하나님이 "의를 따르며 여호와를 찾아 구하는" 신실한 자들을 향하여 하나님의 영원하신 공의와 구원을 약속하십니다(51:1~8). 그리고 "깨소서 깨소서"(51:9)라고 외치며 하나님의 적극적인 개입을 요청하는 탄원에 대해, 하나님은 예루살렘(시온)을 향하여 "깰지어다 깰지어다"(51:17, 52:1)로 시작하는 두 약속의 말씀을 통해 예루살렘의 회복을 확증하십니다. 그리고 포로로 잡혀 있는 백성을 향하여 "떠날지어다 떠날지어다"라고 하시며 그들을 압제의 땅에서 안전하게 구출하실 것을 약속하십니다(52:11~12).

2) 종의 희생(52:13~55장)

종의 고난(52:13~53:12). 구원은 결코 값없이 이루어진 것이 아닙니다. 의로운 종이 그 백성의 죄값을 담당하여 자신의 영혼을 대속의 제물로 드리고 고난과 멸시를 받았기 때문에 많은 사람이 의롭게 되었습니다. 마치 애굽에서 유월절 양이 각 집에서 장자의 생명을 대신하여 드려지고 이것을 통해 이스라엘 백성이 애굽의 압제에서 벗어나게 된 것과 같으며, 이 의로운 종의 이상은 예수 그리스도가 고난과 죽으심을 예표합니다.

회복된 시온(54장). 여기에서 선지자는 의로운 종의 대속적 희생을 통해 이루어질 시온과 그 백성의 회복을 보여 줍니다. 즉 버림받은 아내와 같은 처지에서 탄식하던 시온에게 하나님은 친히 남편이 되시고 그 자녀들을 번성하게 하실 것을 약속합니다.

은혜로운 초청(55장). 회복의 약속을 주신 후에 하나님은 구원의 은혜를 누리도록 사람들을 초청하십니다. 목마른 자 가난한 자 누구든지 값없이 와서 먹고 마시라고 부르십니다. 이 은혜는 다윗 언약에 기초하고 있습니다(55:1). 이 점에서 종의 이상은 〈이사야서〉 전반부에 나오는 메시아, 즉 다윗의 보좌 위에서 정의와 공평으로 다스리는 이상적인 왕과 연결되고 있습니다. 이 종의 사역은 단지 이스라엘 백성에 그치지 않고 이방 나라에까지 미치게 합니다(55:4~5; 참고. 49:6).

〈이사야서〉 49장 6절을 적어 봅시다.

_____

_____

_____

7. 영원한 복(사 56~66장)

마지막 단원에서 선지자는 회복된 새 구원 공동체가 어떻게 살아야 할 것인지 삶의 방향을 제시하면서 영광스러운 시온의 최종적인 모습을 보여 줍니다. 아무나 이 구원에 참여하지 못하고 오직 하나님의 언약을 신실하게 붙잡는 자들이 그 복을 누리고, 반대로 여호와께 패역한 자들은 영원한 심판을 받게 될 것을 선포합니다.

1) 의인과 악인(56~59장)

신실한 외인의 복(56:1~8). 신실한 이방인과 고자(鼓子)에 대한 예언으로 시작하고 있습니다. 이방인은 약속의 땅에서 기업을 받을 권리가 없습니다. 고자는 이름을 잇고 기업을 상속할 후사가 없기 때문에 결국 기업을 잃게 됩니다. 한마디로 이들은 하나님의 약속에서 벗어난 외인이었습니다. 그러나 새 시대에는 외인들이라도 여호와께 연합하고 그의 언약을 굳게 지키면 그들에게도 기업을 주실 것이며 후사보다 더 좋은 이름을 남기게 하실 것을 약속하십니다. 또한 이들은 하나님의 임재하심이 있는 거룩한 산 곧 시온에서 하나님에게 기도와 제사를 드리고 하나님은 이를 기쁘게 받으실 것입니다. 이 예언은 이방인들이 새 언약의 중보가 되신 예수 그리스도의 희생으로 말미암아 약속의 유업을 받게 된 것으로 성취되었습니다(엡 2:12~13, 19; 갈 3:14, 29).

〈에베소서〉 2장 12~13절을 적어 봅시다.

악한 이스라엘의 벌(56:9~58:14). 외인이라도 여호와의 언약을 붙잡으면 구원을 받지만, 이와 반대로 이스라엘 백성이라도 패역한 자들에게는 심판이 있을 것을 선고합니다. 맹인인 이스라엘의 파수꾼은 타락한 영적 지도자들을 의미하고 이스라엘을 다스리는 몰지각한 목자는 부패한 정치 지도자들을 의미합니다. 이들의 타락은 바로 앞에서 언급한 신실한 이방인과 고자와 대조됩니다. 하나님을 의뢰하는 자는 하나님의 산을 기업으로 얻을 것이지만(57:13), 악인에게는 설사 언약 백성이라 하더라도 평강이 없습니다(57:20~21).

악한 이스라엘 백성의 죄는 위선적인 금식에서도 나타납니다(58장). 그들은 금식한다고 하면서 이웃을 압제하고 또 하나님이 기뻐하시는 일은 하지 않고 자기들 멋대로 살아가기 때문에 하나님은 이들의 금식을 받지 않으십니다. 하나님이 기뻐하는 금식은 형식적인 제의가 아니라 약한 이웃을 돌아보는 것입니다(58:6~7; 참고. 약 1:27).

여호와의 역사(59:1~21). 이스라엘 백성이 망한 것은 결코 하나님의 능력이 모자랐기 때문이 아니라 그들의 죄 때문입니다(59:1~8). 자신들의 죄 때문에 정의와 구원을 보지 못하고 비참하게 고통을 받고 있는 것입니다(59:9~15a). 그런 상황에서 그들 스스로는 결코 구원을 얻을 수 없기 때문에 하나님이 친히 용사가 되셔서 시온의 원수들에게 보복하시고 구원의 역사를 이루실 것입니다(59:15b~21).

2) 시온의 영광(60~62장)

선지자는 하나님이 용사로서 친히 이루신 시온의 구원이 얼마나 영광스러운 것인지를 잘 노래하고 있습니다. 60장에서 "너"는 시온을 가리킵니다. 시온에 여호와의 영광이 임함으로 시온은 더 이상 이스라엘 백성만의 성읍이 아니라 온 세상의 중심이 되어 만국의 봉사와 섬김을 받게 될 것입니다. 61장은 비록 '종'이라는 명칭은 없지만 다섯 번째 종의 노래로서 시온에서 하나님의 구원을 이루는 대리자에 대해 소개합니다(61:1~4; 참고. 눅 4:17~19). 62장은 대리자의 사역보다 여호와 하나님의 역사하심에 초점을 맞추고 있습니다. 시온은 하나님의 신부이며, 하나님은 시온의 신랑으로서 그 구원을 이루도록 쉬지 않고 일하실 것입니다(62:1, 6~7). 〈요한계시록〉은 이 시온의 신랑을 예수 그리스도에게 적용하여 하늘에서 내려오는 예루살렘을 신부로 맞이하여 혼인 잔치를 하는 어린 양으로 표현합니다(계 19:7, 21:2, 9~10). 그러므로 여기에서 신부는 성도를 가리키는 것이 아니라 하나님의 거룩한 도성 예루살렘을 의미합니다. 성도들은 어린 양의 혼인 잔치에 청함을 받은 자들입니다(계 19:9). 즉 이사야의 예언에서 회복된 거룩한 성에서 복을 누리며 사는 "시온의 자녀들"을 혼인 잔치에 청함 받은 자로 표현한 것입니다.

〈요한계시록〉 21장 2절을 적어 봅시다.

3) 영원한 보응(63~66장)

보복하시는 용사(63:1~6). 시온의 영광과 대조되게 경쟁국 에돔은 하나님의 보복과 심판의 대상이 되고 있습니다. 여기에서 하나님은 원수를 살육하느라 피로 얼룩진 붉은 옷을 입은 용사로 그려지고 있으며, 포도즙 틀을 밟느라 옷이 붉게 얼룩진 사람으로 비유되고 있습니다.

이 예언은 〈요한계시록〉에서 피 묻은 옷을 입은 백마 탄 용사에 연결됩니다(계 19:13). 즉 이사야가 하나님을 심판하시는 용사로 그린 예언의 말씀을 바로 심판주로 오시는 예수 그리스도에게 적용한 것입니다. 그러므로 여기에서 피 뿌린 옷을 입었다는 것은 십자가에서 흘리신 희생의 피를 말하는 것이 아니라 원수를 살육하느라 피로 얼룩진 옷을 말합니다. 초림하신 예수 그리스도는 어린 양으로 희생당하신 분이지만 재림하시는 예수는 심판주로 오셔서 모든 원수를 심판하시고 하나님 나라를 완성하실 분입니다.

선지자의 탄원(63:7~64:12). 선지자는 과거에 하나님이 이스라엘에게 은혜를 베푸셨는데, 현실은 하나님이 그 백성에게 대적같이 되어서 그들을 치신 상황이 된 것을 탄식합니다(63:7~14). 그는 장차 그 땅이 바벨론에게 짓밟히고 예루살렘과 성전이 원수들에 의해 유린될 것을 내다보고 있습니다(63:18, 64:10). 하나님이 아버지이시고 구속자라는 것은 하나님과 그 백성의 언약적 결속이 맺어진 것을 의미합니다. 그런데 현실은 그 백성이 이방 나라에 의해 멸망하고 하나님의 다스림을 받지 못하는 자와 같이 되었습니다(63:19). 즉 더 이상 하나님 나라의 복을 누리는 백성이 아니라 이방 나라의 포로로 전락한 것입니다. 그래서 선지자는 다시 언약적 관계에 호소하여 하나님은 그들의 아버지가 되시고 그들을 지으신 창조주이시므로 구원해 주실 것을 간곡히 요청합니다(64:8~12).

악인의 심판과 의인의 복(65~66장). 선지자의 탄원에 대한 하나님의 응답이 나오고 있습니다. 그런데 하나님의 구원은 혈통적인 이스라엘 백성이라고 자동적으로 주어지는 것이 아닙니다. 우상숭배하며 패역한 백성(65:2~3, 11), 하나님이 기뻐하지 않으신 일을 택한 자들에게 하나님은 엄중하게 심판하실 것이기 때문입니다(65:12). 그러나 하나님의 신실한 종들은 약속의 땅에서 기업을 받아 살고(65:9~10) 하나님이 주시는 복으로 말미암아 먹고 마시며 기쁨을 누릴 것입니다(65:13).

선지자는 신실한 종들이 기업으로 살 곳은 옛 가나안 땅이 아니라 하나님이 새로 창조하실 새 하늘과 새 땅 새 예루살렘인 것을 예언합니다(65:17~25). 그곳에서 하나님은 하늘을 보좌로 땅을 발판으로 삼으시는 온 우주의 왕이 되실 것입니다(66:1). 이제 하나님의 나라에서 혈통적인 이스라엘이 구원을 받는 것이 아니고 또 이방인이라고 제외되는 것도 아니며, 오직 하나님의 말씀을 듣고 떠는 자(66:2, 5), 하나님의 거룩한 성 예루살렘을 사랑하는 자(66:10) 이들이 신실한 하나님의 종으로서 하나님의 통치와 보호하심 아래 영원한 복락을 누릴 것입니다. 이 새 하나님의 백성은 온 세상에 하나님의 영광을 선포하며 (66:19) 절기마다 하나님에게 진실한 예배를 드릴 것입니다(66:23). 그러나 악인들은 꺼지지 않는 지옥 불에서 영원한 형벌을 받게 됩니다(66:24).

❖ 〈이사야서〉를 정리해 봅시다.

	이사야	예레미야/애가	에스겔	다니엘
	새 시온	새 언약	새 성전	새 왕국
대선지서	( )			
	이방 심판			
	( )			
	히스기야			
	( )			
	시온 회복			
	( )			

※ 〈이사야서〉 외에 나머지 빈칸은 해당 단원에 가서 차례로 정리할 것입니다.

예레미야/애가

예레미야는 이사야보다 약 1세기 뒤 요시야 통치 13년(627년)에 소명을 받아 예루살렘 함락 직후(586/5)까지 유다 왕국의 마지막 40년 동안 사역했습니다. 이 시기에 앗수르 제국이 망하고 바벨론 제국이 새로운 강자로 등장했으며, 유다 왕국은 앗수르와 애굽 그리고 바벨론의 패권 다툼 속에 휘말리다 결국 바벨론에 의해 멸망되었습니다. 그 동안에 유다 백성은 3차에 걸쳐 바벨론에 포로로 끌려갔습니다(주전 605, 597, 586년). 이런 상황 속에서 예레미야는 왜 하나님의 백성이 망하여 약속의 땅을 떠나 이방 나라에 포로로 끌려가고 그 땅은 황폐하게 되는지 그 이유를 설명합니다. 그것은 이스라엘 백성이 하나님과의 언약을 어기고 그의 말씀에 순종하지 않았기 때문에 언약에 따른 저주를 받은 것입니다. 그러나 이와 같은 멸망의 선포가 전부가 아니라 예레미야는 다른 선지자들과 마찬가지로 멸망 이후의 회복에 대해서도 말합니다. 즉 하나님이 그 백성을 회복하시고 새 언약을 세우신다는 것입니다. 한마디로 예레미야의 메시지는 언약을 중심으로 전개되고 있습니다.

〈예레미야서〉의 구조를 보면 1~45장은 하나님의 백성 유다 예루살렘에 대한 것이며, 46~52장은 이방 나라에 대한 말씀입니다. 그 가운데 1~25장은 주로 이스라엘의 죄에 대해 질책과 그에 대한 하나님의 심판을 선고하는 예언의 말씀이며, 26~45장은 역사적 전기로서 유다의 마지막 시대적 상황과 그 가운데 사역한 예레미야의 활동을 보여 줍니다. 46~51장은 이방 나라에 대한 심판의 선고이며, 52장은 유다와 예루살렘의 멸망을 묘사하는 역사적 부록입니다. 이렇게 말미에 이방인의 심판을 예언하는 것은 하나님 백성을 괴롭히던 원수들을 멸망시키고 그 백성을 회복시키시는 구원의 역사를 선포하는 것입니다(참고. 렘 30:11). 그러므로 〈예레미야서〉 역시 심판에서 구원으로 진행되는 선지서의 전형적인 전개 방식을 따르고 있다고 할 수 있습니다.

〈예레미야 애가〉는 다섯 편의 탄식시로서, 5장을 제외하고는 모두 각 행이 히브리어 알파벳 순서를 따라 지어진 알파벳시입니다. 그 내용은 예루살렘 함락에 대한 애도로서 〈이사야서〉의 말미에 있는 선지자의 탄원과 유사합니다(사 63~64장).

새 언약

〈예레미야서〉와 〈예레미야 애가〉의 구조와 요점

1 **심판 선고** (1~25장)	예언 신탁의 형식으로서 하나님의 언약 백성인 유다와 예루살렘의 죄에 대한 심판을 선고합니다.		
	1) 배역한 백성(1~10장) 언약 백성 이스라엘이 하나님을 배반하고 우상을 숭배한 죄를 질책합니다.	**2) 언약적 심판**(11~20장) 이스라엘이 언약을 파기한 죄로 약속의 땅에서 쫓겨나게 될 것을 선고합니다.	**3) 지도자들의 죄**(21~25장) 백성을 잘못 인도한 지도자들, 곧 유다의 왕, 선지자, 제사장을 질책합니다.
2 **심판 실현** (26~45장)	역사적인 전기 자료를 통해 유다가 멸망하는 역사적 상황과 그 안에서 사역하는 예레미야의 활동을 보여 줍니다.		
	1) 멸망의 선고(26~29장) 예레미야가 유다와 예루살렘의 멸망을 선고하며 거짓 선지자들과 대립했습니다.	**2) 위로의 책**(30~33장) 하나님이 다윗 왕조를 다시 세우시고, 그 백성과의 언약을 회복하실 것입니다.	**3) 유다의 최후**(34~45장) 유다와 예루살렘이 망하고, 다윗 왕조도 끊겼으며, 그 땅은 황폐하게 되었습니다.
3 **이방 심판** (46~52장)	하나님이 바벨론을 통해 만국을 치시지만, 최후에는 바벨론 제국을 심판하시고 이스라엘을 회복하실 것입니다.		
	1) 주변 나라 멸망(46~49장) 하나님이 애굽을 비롯해 주변 나라들을 심판하여 멸망시키실 것입니다.	**2) 바벨론 멸망**(50~51장) 하나님이 바벨론을 멸망시키고 언약 백성을 위한 보복을 이루실 것입니다.	**3) 유다 멸망**(52장) 예루살렘과 유다가 바벨론에 의해 멸망한 것을 묘사하는 역사적인 부록입니다.
4 **애가** (애 1~5장)	예루살렘과 유다가 하나님의 진노의 심판을 받아 멸망한 것을 탄식하며 구원을 간구합니다.		
	1) 몰락한 시온(1장) 영광스러웠던 성 예루살렘이 망하여 비참하게 된 현실을 탄식하며 애도합니다.	**2) 여호와의 진노**(2~4장) 시온의 멸망은 그 백성의 죄에 대한 여호와의 진노의 심판을 받은 결과입니다.	**3) 회복을 비는 호소**(5장) 백성이 죄를 고백하며 하나님의 구원하심과 언약관계의 회복을 호소합니다.

1. 심판 선고(렘 1~25장)

1) 배역한 백성(1~10장)

예레미야의 소명(1장). 예레미야는 제사장 가문에서 태어났습니다. 일반적인 절차대로라면 그는 성전에서 봉사하는 제사장이 되었겠지만, 선지자로 부르심을 받은 예레미야는 오히려 그 시대의 부패한 성전 제도권과 지도자들에 대립하여 예언을 하게 되었습니다. 하나님은 예레미야에 입에 손을 대시며 "내가 내 말을 네 입에 두었노라"(1:9)고 하시며 이렇게 말씀하셨습니다.

> 보라 내가 오늘 너를 여러 나라와 여러 왕국 위에 세워 네가 그것들을 뽑고 파괴하며 파멸하고 넘어뜨리며 건설하고 심게 하였느니라 하시니라(1:10).

이것은 예레미야가 실제 나라들을 멸망시키거나 세우는 정복자의 사명을 받은 것이 아니라 예레미야를 통해 선포하신 하나님의 말씀의 권위를 이야기하는 것입니다. 즉 하나님의 말씀에 불순종하는 나라들은 파멸하며, 순종하는 나라들은 세워진다는 것입니다(참고. 18:7~10). 이렇게 예레미야가 소명을 받으면서 두 가지 환상을 보았습니다. 첫째 환상으로 살구나무 가지(아몬드)를 보았습니다.

하나님이 선포하신 말씀이 반드시 이루어지도록 지켜보시겠다는 하나님의 분명한 의지를 보이신 것입니다. 둘째 환상으로 끓는 가마가 북쪽에서부터 기울어져 있는 것을 보이시며, 북방의 나라들이 이 땅에 쳐들어올 것이라고 설명하셨습니다. 즉 바벨론 제국의 침략으로 이 땅이 망하게 될 것을 말씀하셨습니다. 예레미야는 이제 이와 같은 멸망의 심판이 반드시 이루어진다는 것을 선포해야 할 사명을 갖게 되었습니다.

배역한 백성(2:1~4:4). 하나님이 이스라엘을 애굽에서 구출하여 내시고, 그들을 약속의 땅 가나안에 인도하여 들이셨습니다. 그러나 그 백성은 가나안에 들어와서는 하나님을 버리고 우상을 섬기며 가난한 이웃을 압제함으로 하나님의 기업인 그 땅을 더럽혔습니다(2:7, 3:2, 9). 그 백성이 언약에 신실하게 살지 못했으므로 그 땅이 하나님 나라다운 거룩함을 잃어버린 것입니다. 그래도 하나님은 마치 음란한 아내를 기다리는 남편과 같이 그 배역한 백성을 향하여 돌아오라고 권고하셨습니다(3:12, 22). 그들이 돌아서서 하나님에게 연합하면 다른 나라들이 그들에게 복을 빌어 줄 정도로 높아질 것이고, 회개하지 않으면 불 같은 하나님의 진노에 따라 심판이 있을 것을 경고하셨습니다(4:1~4).

심판의 선고(4:5~6:30). 그들이 회개하지 않으면 겪을 심판이 얼마나 무서운 것인지 경고합니다. 하나님이 북방에서부터 대적을 일으켜 유다와 예루살렘을 치셔서 그 땅과 성읍이 황폐하게 하시고 사람이 살지 못하게 하실 것입니다(4:5~7, 23~31). 5장에서는 멸망의 선포가 예루살렘 거리(5:1)에서 시작하여 성벽(5:10) 그다음에 야곱 집과 유다(5:20)로 점점 확대되고 있습니다. 6장은 대적들에게 공격당하는 상황을 실감나게 묘사합니다. 예루살렘 성이 대적들에게 포위당하고(6:1~8), 그 땅의 백성들은 여호와께 버림받아 남녀노소를 불문하고 다 이방 땅으로 잡혀갈 것입니다(6:9~30).

이 백성이 이렇게 무서운 심판을 겪는 것은 "여호와의 길, 자기 하나님의 법"을 알지 못하고(5:4), 하나님의 말씀을 듣지 않고 그의 율법을 거절하였기 때문입니다(6:18). 어떤 나라의 시민권을 얻으려면 그 나라의 법을 준수하겠다는 서약을 하고 지켜야 합니다. 마찬가지로 하나님의 말씀에 순종하고 그의 율법을 지키는 것은 하나님의 통치 아래 사는 하나님 나라 백성의 언약적 의무입니다. 하나님이 이런 백성을 얻으시려고 아브라함을 택하셨으며(창 18:19), 시내 산에서 이스라엘 자손과 언약을 맺으시고 소유된 백성으로 삼으셨습니다(출 19:5).

하나님의 율법의 핵심은 하나님을 사랑하고 이웃을 사랑하는 것입니다. 그런데 그 백성은 여호와 하나님을 인정하지도 않고(5:12), 두려워하지 않으며(5:22), 여호와를 버리고 이방 신들을 섬겼습니다(5:19). 또한 이웃에 대해서도 자기의 유익을 위해서 가난한 자를 압제하고 판결을 굽게 하는 악을 저질렀습니다(5:28). 이렇게 이 백성이 하나님을 배반하고 그의 율법을 지키지 않았기 때문에 하나님이 그들에게 징벌을 내리지 않을 수가 없었습니다(5:9, 29).

혼합 종교에 대한 질책(7~10장). 하나님이 예레미야로 하여금 성전 문 앞에 서서 "이것이 여호와의 성전이라는 거짓말을 믿지 말라"고 선포하게 하셨습니다(7:4). 그 이유는 백성이 이웃을 압제하고 다른 신을 섬기는 악행을 다하면서 성전에 들어와 예배하는 위선은 하나님 보시기에 가증한 것이기 때문입니다(7:8~10). 하나님과 이스라엘 백성의 언약 관계의 기초는 형식적인 제사가 아닌 그의 말씀에 순종하는 것인데 그 백성은 순종하지 않았습니다(7:21~28). 그들은 하나님이 시키지 않은 가증한 이방 풍속을 따라 갔으므로 하나님은 그들을 죽음으로 심판하시고, 살아남은 자들 역시 차라리 죽기를 바랄 정도로 끔찍한 고통을 겪게 하실 것을 경고하셨습니다(7:29~8:3). 그들은 여호와의 규례를 알지 못하고(8:7) 또 하나님 알기를 싫어하므로(9:6) 파멸의 경고가 계속 이어지고 그 가운데 선지자는 슬퍼하고 괴로워합니다(8:18, 10:19).

2) 언약적 심판(11~20장)

이스라엘이 무서운 형벌을 받는 것은 그들이 언약을 파기하였으므로 언약의 저주에 따른 심판을 받은 것입니다.

언약의 파기(11~13장). 하나님이 이스라엘 자손을 애굽에서 구출하여 내신 후 시내 산에서 맺은 언약은 양면성이 있습니다. 언약의 말씀을 지키면 그들은 하나님의 백성이 되고 하나님은 그들의 하나님이 되는 언약 관계가 유지되지만, 지키지 않으면 저주를 받습니다(11:3~4). 언약이 맺어진 후에 하나님은 그 조상들에게 맹세하신 대로 이스라엘 백성을 가나안 땅으로 인도하여 들이심으로 약속하신 것을 신실하게 이루셨습니다(11:5). 하지만 이스라엘 백성은 그 땅에서 하나님에게 반역하고 이방 신을 섬기고 언약을 깨뜨렸으므로, 하나님이 그 땅에 재앙을 선고하셨습니다(11:9~17).

예레미야의 고향(아나돗) 친척들이 예레미야를 죽이려고 하면서 그에게 하나님의 말씀을 예언하지 못하도록 위협했습니다(11:18~23). 그들은 제사장 집안사람들로서 예레미야가 성전 예배와 타락한 제사장들에 대해 질타하고 유다와 예루살렘의 멸망을 예언하는 것을 못마땅하게 여겼기 때문입니다. 하나님은 그들을 심판하실 것을 선고하시고 예레미야에게 그들의 말을 믿지 말라고 하셨습니다(12:6). 예레미야와 그의 집안사람들과의 불화는 하나님과 이스라엘 백성의 언약 관계가 파기된 것을 설명하기 위한 예증이라고 할 수 있습니다. 마치 예레미야의 집안사람들이 예레미야를 공격한 것처럼 하나님의 소유된 백성이 하나님을 거역했고, 하나님도 그들을 심판하시어 그 땅을 황폐하게 하실 것을 경고하셨습니다(12:7~13). 그러나 심판이 끝이 아니라 하나님은 그 백성을 다시 회복하실 것도 말씀하셨습니다(12:14~17).

13장에서 하나님은 예레미야에게 상징적인 행위와 비유를 통해 언약의 파기와 심판을 설명하게 하십니다. 예를 들어 하나님이 예레미야에게 허리에 두른 띠를 물가에 감추어 썩게 하셨는데, 이것은 하나님과 언약적 관계로 결속된 이스라엘이 망하게 될 것을 상징합니다(1~11절). 그 외에도 포도주가 가득 찬 가죽부대(12~14절), 사로잡힌 양 떼(15~17, 20절), 산고를 겪는 여인(21~22절), 구스인과 표범(23절), 바람에 흩어지는 검불(24절) 등의 상징적인 이미지를 사용해 유다에 심판을 내리실 것을 경고하고 있습니다.

언약의 형벌(14~17장). 여기에서 선지자는 그 백성이 언약을 파기한 죄에 대하여 받을 형벌이 어떤 것인지 구체적으로 묘사합니다. 하나님이 백성을 칼과 기근, 질병이나 죽음 또는 포로로 잡혀가는 고통을 겪게 하실 것입니다. 이와 같은 심판은 〈신명기〉에서 언약의 저주로 이미 경고하신 것입니다(신 28:20~68). 즉 이 백성이 하나님의 언약에 충실하지 않으면 그 땅에서 사는 동안에 재난이나 질병 때문에 풍요로운 삶을 살지 못할 것이며, 더 나아가 이방나라의 침략을 받아 멸망하고 그 백성은 포로로 잡혀가게 될 것입니다.

하나님의 주권적 심판(18~20장). 토기장이가 진흙을 가지고 임의대로 토기를 만드는 것처럼 이스라엘 백성의 운명은 전적으로 하나님에게 달려 있습니다(18:6). 이스라엘뿐만 아니라 하나님은 모든 나라에 대한 주권을 가지고 각 나라에 복과 저주를 내리게도 하시고 거두기도 하십니다. 여기에서 정의로우신 하나님은 사람들의 반응을 중요하게 고려하십니다. 복을 내리려 하셨더라도 그 백성이 악한 길로 가면 복을 거두시고, 반대로 저주를 내리려 하셨지만 그 백성이 악에서 돌이키면 저주를 거두신다는 것입니다(18:7~10). 하나님이 예레미야를 통해 멸망을 예언하게 하신 것은 그 백성으로 하여금 악에서 돌이키게 하시고 복을 주시려는 뜻이었지만, 그들은 거부하였습니다(18:11~12). 그래서 하나님은 예레미야에게 토기장이가 옹기를 깨트리는 것처럼 그 백성과 성읍을 멸망시키실 것이라고 경고하게 하셨습니다(19:1~13).
예레미야가 성전의 뜰에서 멸망을 예언할 때(19:14~15), 성전 총감독인 제사장 바스훌이 예레미야를 때리고 감금했습니다(20:1~2). 예레미야는 여기에 굴복하지 않고 바스훌과 그의 식구 그리고 그의 거짓 예언을 따른 모든 사람이 바벨론의 포로로 끌려가게 될 것을 예언했습니다(20:3~6). 거짓 선지자들과 종교 지도자들은 하나님의 심판이 없을 것처럼 백성을 속이지만 예레미야는 심판이 확실하며 임박해 있다는 것을 강력하게 경고합니다. 하지만 그 가운데 선지자 자신은 파멸을 선포해야만 하는 자신의 괴로운 처지를 하나님에게 하소연합니다(20:7~18).

3) 지도자들의 죄(21~25장)

이 백성이 언약을 어기고 심판을 받게 된 것은 결국 지도자들의 책임입니다. 하나님은 예레미야를 통해 당대의 부패한 왕들과 선지자와 제사장들의 죄를 집중적으로 질책하십니다.

유다 왕(21:1~23:8). 유다의 마지막 왕 시드기야 때 바벨론 왕 느부갓네살의 침입이 있자 시드기야는 예레미야에게 사람을 보내 하나님의 개입을 간구하도록 했습니다(21:1~2). 그러나 예레미야는 바벨론 군대가 쳐들어와 유다와 예루살렘을 무너뜨리고 그 백성을 포로로 끌어갈 것이라고 예언했습니다(21:3~10).

"유다 왕의 집"(21:11, 22:1, 6) 곧 다윗 왕조의 왕들을 질책하는 여러 예언의 말씀이 모아져 있습니다(21:11~22:30). 다윗 왕조의 왕들은 영원한 왕권을 약속받은 다윗의 후손으로서 하나님 나라의 대리자라는 막중한 책임을 가지고 있습니다. 그러나 그들은 부패하여 하나님의 말씀에 온전히 순종하지 않았으므로 심판의 대상이 되었습니다. 예레미야는 시드기야보다 앞섰던 유다 마지막 시대의 왕들에 대한 하나님의 심판을 예언했고 그 말씀은 그대로 이루어졌습니다. 요시야 죽음 이후 그를 계승한 아들 살룸, 곧 여호아하스는 왕이 된 지 세 달 만에 애굽으로 끌려가 거기에서 죽습니다(22:10~12; 왕하 23:34). 그 뒤를 이어 요시야의 다른 아들 여호야김이 왕이 되었는데, 그는 아버지 요시야와 달리 탐욕스럽고 포악한 왕으로서 무죄한 피를 흘린 죄로 비참하게 죽었습니다(22:13~19; 왕하 24:4). 여호야김의 후계자인 아들 여호야긴(고니야)은 바벨론에 포로로 잡혀갔습니다(22:24~30; 왕하 24:15). 이렇게 예레미야 당대의 유다 왕들은 심판을 받아 비참한 종말을 맞이했지만, 하나님은 장차 다윗의 후손 가운데 정의로운 왕을 일으켜 언약 백성을 구원하실 것을 약속하셨습니다(23:5~6). 우리는 신약의 많은 증거를 통해 예수 그리스도께서 이 약속을 성취하신 것을 확신합니다(눅 1:32~33).

〈누가복음〉 1장 32~33절을 적어 봅시다.

_____

_____

_____

선지자와 제사장(23:9~40). 왕과 함께 언약 백성을 지도하는 책임이 있는 선지자와 제사장에 대한 질책도 이어지고 있습니다. 선지자와 제사장들은 심지어 성전에서도 악을 행하였습니다(23:11). 북 이스라엘 사마리아의 선지자들은 우상숭배를 조장하여 이스라엘을 타락하게 했고, 남 유다의 예루살렘 선지자들 역시 스스로 죄를 지으며 백성을 선도하지 못하여 그 나라가 마치 소돔과 고모라와 다름없게 하였습니다(23:13~14). 그래서 하나님은 그 백성에게 거짓 선지자들의 말을 듣지 말라고 하시며(23:16), 거짓 선지자들을 심판하시고 또 그 성읍까지 내버리실 것이라고 경고하셨습니다(23:40).

바벨론 포로 예고(24~25장). 하나님은 예레미야에게 좋은 무화과와 나쁜 무화과의 환상을 보여 주시고 바벨론 포로가 확정된 것을 말씀하셨습니다(24장). 좋은 무화과는 이미 바벨론 포로로 잡혀간 자들을 가리키며(주전 605, 597

년) 이들은 하나님의 돌보심을 받을 것입니다. 그런데 왕 시드기야를 비롯하여 고관들과 유다에 남아 있는 자들은 재난이 피해 갔을 것이라고 생각하며 여전히 회개하고 있지 않았습니다. 그래서 이들은 나쁜 무화과와 같이 심판을 받고 멸망하게 될 것입니다.

25장은 심판 예언의 정점이라고 할 수 있습니다. 하나님은 바벨론을 심판의 도구로 사용하셔서 그 백성을 치게 하시고 그 땅을 황폐하게 하실 것이라고 경고하셨습니다(25:9). 하지만 심판의 기간인 70년이 지난 후에는 바벨론을 심판하시겠다고 하셨습니다(25:12~14). 아울러 예루살렘이 심판을 받는 만큼 모든 세상 주민이 다 심판을 받게 될 것이라고 하셨습니다(25:29).

2. 심판 실현(렘 26~45장)

예레미야가 사역 현장에서 겪는 박해와 실제 유다가 멸망하게 되는 역사를 보여 줍니다.

1) 멸망의 선고(26~29장)

성전 설교(26장). 예레미야는 하나님의 명령을 따라 성전 뜰에 서서 성전과 예루살렘 성이 하나님의 심판을 받아 무너지게 될 것을 예언했습니다(26:1~7). 성전에 예배하러 온 사람들에게 그런 예언을 하고 있으니 사람들이 반발하며 특히 지도자들인 제사장과 선지자와 고관들이 예레미야를 성전모독죄로 사형시켜야 한다고 위협했습니다. 실제로 우리야라는 사람은 예레미야와 같은 예언을 하다가 잡혀 죽었습니다(26:20~23).

거짓 선지자들과 대립(27~28장). 예레미야는 멸망을 예언하고 있기 때문에 당대의 거짓 선지자들과 자주 충돌이 있었습니다. 예레미야는 하나님의 지시를 따라 줄과 멍에를 매고 유다 왕 시드기야에게 가서 그와 주변의 모든 나라

사신에게 말하기를 하나님이 이 땅의 모든 권세를 바벨론 왕 느부갓네살에게 주었으니 모두 그에게 굴복하고 섬기라고 했습니다. 특히 시드기야와 그 백성에게 그들이 바벨론 왕을 섬기게 되지 않을 것이라고 말하는 거짓 선지자들의 말에 넘어가지 말라고 했습니다. 예레미야가 말하는 거짓 선지자의 전형이 하나냐입니다(28장). 하나냐는 예레미야가 맨 멍에를 빼앗아 꺾으며 하나님이 바벨론의 멍에를 꺾으실 것이라고 했습니다. 그러나 예레미야는 그를 책망하고 그 해에 하나냐가 죽게 될 것이라고 예언했습니다.

포로에게 보낸 편지(29장). 예레미야는 이미 포로로 끌려가 있는 백성에게도 편지를 보내 그들이 칠십 년이 차기까지 바벨론에 억류되어 있어야 할 것이니 거기에 정착하고 그 거주하는 성을 위해 평안을 빌라고 했습니다. 그러면서 그들이 빨리 돌아가게 될 것이라는 거짓 선지자들의 말을 믿지 말라고 했습니다. 스마야는 바벨론에 있는 거짓 선지자의 전형적인 인물입니다(29:24~32). 예레미야는 하나냐에게 했던 것처럼 스마야와 그 자손들에 대해 저주를 선언했습니다.

2) 위로의 책(30~33장)

예레미야는 단지 멸망만 선포한 것이 아닙니다. 30~33장에서 하나님은 이스라엘의 회복을 예고하시며 예레미야에게 이 모든 말을 책으로 기록하라고 하셨습니다(30:2). 그래서 이 부분을 특히 '위로의 책'이라고도 합니다.

언약 관계의 회복(30~31장). 하나님은 이스라엘 백성으로 하여금 바벨론 포로에서 다시 조상들에게 맹세하신 약속의 땅으로 돌아오게 하시고 그들이 그 땅에 정착하게 하실 것을 말씀하셨습니다(30:3). 이 백성이 언약을 깨뜨려 언약의 심판을 받아 그 땅에서 쫓겨났지만 하나님은 그들과 새 언약을 맺으시고 다시 그들이 언약을 깨뜨리지 않도록 하나님의 법을 그 백성의 마음에 새기신다고 하셨습니다(31:31~33; 참고. 겔 11:19~20, 36:27~28). 이 약속은 신약 시대에 성령 강림으로 성취되었습니다.

기업 회복의 증표(32장). 하나님은 예레미야에게 그의 사촌 형제에게서 밭을 사도록 하셨습니다. 이 땅은 예레미야에게 상속권이 있어 무를 수 있는 곳입니다. 그리고 그 매매 증서를 오랫동안 잘 보관하게 지시하셨습니다. 이것은 그 백성이 포로에서 돌아와 각각 자기 기업을 얻게 될 것을 확증하는 증표였습니다(32:15). 비록 하나님이 그 백성에게 진노하시고 그 땅에서 쫓아내시지만 심판 후에 하나님은 그들을 돌아오게 하시어 언약 백성으로서 그 땅에 다시 정착하게 하실 것을 약속하셨습니다(32:37~44).

다윗 왕권의 회복(33장). 언약 백성이 돌아와서 땅을 다시 차지하는 것이 전부가 아닙니다. 하나님은 회복된 땅과 자손들 위에 하나님의 신실한 대리자의 왕권을 세우십니다. 그 왕권은 다윗에게 약속하신 대로 다윗의 후손에서 나오며, 새 왕은 그 땅에서 정의와 공의를 실행하고 그의 왕권은 영원할 것입니다(33:15~17, 25~26).

3) 유다의 최후(34~45장)

회복의 메시지 이후에 34~45장은 유다 왕국과 예루살렘이 멸망하는 역사와 멸망 이후 남은 자들의 행적을 보여 줍니다.

언약을 파기한 이스라엘(34~36장). 예레미야는 이스라엘의 멸망의 역사를 묘사하기에 앞서 그 멸망의 원인이 언약 파기에서 비롯되었다는 것을 분명하게 지적합니다. 34장에서 우리는 그 백성이 얼마나 쉽게 언약을 깨뜨리는지 한 실례를 볼 수 있습니다. 시드기야 왕과 그 백성이 하나님 앞에 계약을 맺어 노비를 자유롭게 하고 다시는 유다인을 종으로 삼지 못하게 했습니다. 이것은 하나님이 법으로 정하신 것입니다. 그러나 그들은 얼마 지나지 않아 마음이 변하여 다시 동족을 노비로 삼았습니다. 하나님은 이렇게 계약을 어긴 백성에게 심판을 내리실 것을 경고하셨습니다. 35장은 조상의 명령과 약속에 철저하게 순종하는 신실한 레갑 족속의 예를 들면서 이스라엘 백성이 하나님의 언약을 어긴 것이 얼마나 악하고 수치스러운 것인지를 상기시킵니다.

36장에서 하나님은 예레미야에게 다시 하나님의 말씀을 두루마리 책에 기록하라고 하셨습니다. 이번에는 위로가 아니라 심판을 선포하는 말씀이었지만, 그 의도는 그 백성을 회개하게 하시고 그래서 작정하신 재앙을 거두시려는 것입니다(36:2~3). 예레미야는 조력자로 바룩을 불러 말씀을 두루마리에 받아 적게 하고, 자신은 갇혀 있는 상태이므로 바룩에게 대신 성전에 가서 그 말씀을 낭독하게 했습니다. 바룩의 낭독하는 말씀을 듣고 백성은 금식을 선포하며 변화하려는 모습을 보였지만, 여호야김은 이 말씀에 두려워하기는커녕 오히려 두루마리를 찢어 불태워 버렸습니다. 회개하라는 권고를 거절하고 하나님의 말씀을 철저하게 무시한 것입니다. 이에 대해 예레미야는 그가 비참하게 죽을 것과 다윗 왕조의 단절을 예언했습니다.

유다의 최후(37~39장). 유다 왕 시드기야가 즉위할 때부터 그 나라가 바벨론의 침략으로 완전히 망할 때까지 유다와 예루살렘의 역사의 최후를 보여 줍니다. 이 시기에 예레미야는 신실하게 하나님의 말씀을 증거하면서 많은 핍박을 받고 구덩이에 갇혔습니다. 시드기야가 예레미야에게 사람을 보내 하나님에게 받은 말씀에 대해 묻자 예레미야는 왕에게 바벨론에 항복할 것을 권유하고 만약 그렇게 하지 않으면 멸망하게 될 것이라고 했습니다(37:17, 38:21). 결국 시드기야는 바벨론 침략을 맞아 도망가다 생포되었습니다. 그의 아들들을 그가 보는 앞에서 처형되었으며, 그 외에도 유다의 귀족들이 살해되고 시드기야 자신은 두 눈이 뽑혀 끌려갔습니다. 예루살렘 성벽도 무너지고 그 땅은 초토화되었으며 남은 자들은 바벨론 포로로 끌려가고 빈민들만 그 땅에 남았습니다.

유다의 피난민(40~45장). 멸망 이후 유다 땅에 남아 있는 자들의 상황을 설명하고 있습니다. 이들에게 아직 믿음의 시련이 끝나지 않았기 때문입니다.

바벨론 왕은 그다랴를 유다 총독으로 세워 다스리게 했는데, 암몬 왕의 사주를 받은 이스마엘이 동조자들과 함께 그다랴를 암살하고 암몬으로 도망갔습니다(40~41장). 그러자 바벨론의 보복을 두려워한 유다의 난민들은 애굽으로 도망가려고 했습니다. 그들이 예레미야에게 하나님의 뜻을 구하자 예레미야는 바벨론 왕을 두려워하지 말고 그 땅에 남아 있으라는 하나님의 명령을 전했습니다. 그리고 그들이 하나님의 말씀을 어기고 애굽으로 도망간다면 거기에서 칼과 기근과 전염병에 죽게 될 것이라고 경고했습니다(42장). 그런데 그 백성은 유다 땅에 머물러 있으라는 하나님의 명령에 불순종하고 심지어 예레미야와 바룩까지 끌고 애굽으로 도망갔습니다(43장). 이들은 하나님의 약속을 믿기보다 애굽의 세력을 의지하여 하나님의 명령을 거역했습니다. 그래서 하나님은 피난 온 자들을 애굽에서 죽게 하시고 애굽마저 바벨론에 굴복하게 하실 것이라고 선언하셨습니다(44장). 그 가운데 예레미야를 수종들며 말씀을 기록한 바룩에게는 구원을 보장하셨습니다(45장). 이것은 하나님이 심판하시는 중에도 신실한 자들을 보호하신다는 것을 보여 줍니다.

3. 이방 심판(렘 46~52장)

〈예레미야서〉의 마지막 단원은 이방 나라에 대한 심판의 말씀입니다. 하나님의 거룩한 성 예루살렘이 무너지고 하나님의 백성이 심판을 받았으니 세상 나라는 더욱 심판을 받을 것입니다(렘 25:29; cf. 벧전 4:17).

> **〈예레미야서〉 25장 29절을 적어 봅시다.**
>
> _____
>
> _____
>
> _____
>
> _____

1) 주변 나라 심판(46~49장)

이사야와 같이 예레미야도 이방 나라들이 심판받는다는 것을 선포합니다. 민족들의 심판에 대한 예언은 애굽으로부터 시작합니다. 이것은 바로 앞 40~45장에서 유다 백성이 바벨론을 피하여 애굽으로 도망간 사건과 관계가 있습니다. 선지자는 애굽도 결국 바벨론에 의해 정복당할 것이고, 오직 이스라엘의 참 구원자는 하나님이신 것을 선포합니다. 그다음에 서쪽의 블레셋(47장), 요단 동편의 모압(48장), 암몬(49:1~6), 에돔(49:7~22), 북쪽의 다메섹(49:23~27), 게달과 하솔(49:28~33), 그리고 멀리 바벨론 동쪽에 있는 엘람(49:34~39)에 대한 심판을 예언합니다.

이 예언들의 목적은 하나님이 바벨론을 심판의 도구로 사용하셔서 세상 나라들을 심판하신다는 것입니다(25:9, 15~26).

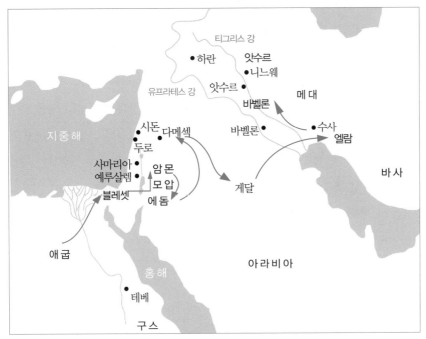

티그리스 강
• 하란
앗수르
• 니느웨
유프라테스 강
앗수르 •
바벨론
메 대
• 시돈 다메섹
바벨론 •
• 수사
엘람
지중해
두로 •
사마리아 •
예루살렘
↑ 암몬
모압
바사
블레셋
에돔
게달
애굽
홍해
아라비아
• 테베
구 스

예레미야의 이방 나라 심판 예언

2) 바벨론(50~51장)

이방 나라의 심판에 대한 예언의 정점은 바벨론 멸망으로서 이것은 앞서
예언한 말씀의 확장판입니다. 하나님이 바벨론을 심판의 도구로 사용하셔서
모든 나라를 망하게 하시지만 그 시기는 70년으로 제한하셨고, 70년이 끝나
면 바벨론의 왕과 그 나라의 죄에 대해 심판하여 그 땅을 황폐하게 하실 것을
말씀하셨습니다(25:11~12). 하나님이 바벨론을 심판하심으로 하나님 백성의
원수를 갚고(51:6, 36), 그 결과 그들을 구출하시고 돌아오게 하시며(50:4~5,
18~19) 시온의 회복(50:5, 51:10)을 이루실 것입니다.

3) 유다 멸망(52장)

마지막 장은 예루살렘의 함락을 설명하는 역사적 기사입니다. 다윗 왕조의 왕 시드기야가 비참하게 바벨론으로 끌려가 거기에서 죽었고(52:1~11), 여호와의 성전은 헐리고 그 보물과 기구를 탈취당했으며(52:12~23), 그 백성은 포로로 잡혀갔습니다(52:24~30). 이것은 멸망을 예언한 예레미야가 참선지자였음을 입증합니다. 그가 선포한 멸망의 예언이 이루어졌다면 회복의 예언도 그대로 이루어질 것입니다. 이런 맥락에서 마지막 여호야긴의 석방 기사는 중요한 의미를 가지고 있습니다. 왜냐하면 하나님 나라를 이루는 데 중추적인 역할을 하는 다윗 왕조의 계보가 유지되고 있다는 것을 보여 주는 것이기 때문입니다. 즉 예레미야는 하나님이 다윗 자손을 아주 버리지 않으시고 "다윗의 자손 중에서 아브라함과 이삭과 야곱의 자손을 다스릴 자"가 나오게 하신다는 약속이 여전히 유효하다는 것을 증거합니다(33:26).

4. 애가(애 1~5장)

1) 몰락한 시온(1장)

예루살렘이 과거에는 세상에서 높은 위상과 영광을 누렸으나 이제는 몰락하여 조롱거리가 되었습니다(1:1~9). 보물은 대적들에게 약탈당하고 성소마저 이방인들에게 더럽혀지고(1:10) 청년들은 포로로 끌려가고(1:18, 20), 제사장과 장로들은 양식을 구하지 못해 쓰러졌습니다(1:19). 이와 같은 비참한 현실에 대해 선지자는 하나님 앞에 호소합니다.

2) 여호와의 진노(2~4장)

시온이 무너지고 이스라엘이 망한 것은 하나님이 그 백성의 죄에 대해 진노하시고 그들을 징벌하셨기 때문입니다(2:1, 3, 6, 21~22, 3:1, 43, 4:11, 16). 비록 이 백성을 무섭게 심판하시지만 하나님은 인자와 긍휼이 무궁하셔서 그들을 완전히 진멸하지는 않으셨습니다(3:22, 32~33). 그래서 선지자는 하나님의 구원을 바라고 기다립니다(3:24~26).

3) 회복을 비는 호소(5장)

탄식 가운데 간간히 하나님의 구원을 호소하기는 했지만, 구원의 간구는 마지막 시에서 두드러지고 있습니다. 선지자는 그들이 당하는 비참한 현실을 하나님이 살펴 주시기를 간구합니다(5:1~18). 그리고 하나님의 왕되심을 인정하는 가운데 탄식적인 항변과 서원을 하며 하나님의 구원과 회복을 요청합니다(5:19~22).

❖ 〈예레미야서〉와 〈예레미야 애가〉를 정리해 봅시다.

	이사야	예레미야/애가	에스겔	다니엘
	새 시온	새 언약	새 성전	새 왕국
대 선 지 서	이스라엘 심판	( )		
	이방 심판			
	참 도움	심판 실현		
	히스기야			
	구원 약속	( )		
	시온 회복	애가		
	영원한 복			

※ 〈예레미야서〉와 〈예레미야 애가〉 외에 나머지 빈칸은 해당 단원에 가서 차례로 정리할 것입니다.

3과
에스겔

에스겔은 요시야 개혁 시대에 제사장 가문에서 태어났으며(주전 623년), 바벨론 2차 침공 때 포로로 끌려갔습니다 (주전 597년). 그 후 30세가 되던 해 바벨론에서 소명을 받아 유배 중에 있는 이스라엘 백성을 상대로 약 22년(주전 593~571년)동안 사역했습니다(cf. 겔 1:1~2, 29:17). 〈에스겔서〉의 메시지는 성전이라는 주제를 중심으로 합니다. 즉 왜 예루살렘 성전이 파괴되었는지를 설명하고 그다음에 영광스럽게 회복될 새 성전에 대해 예언합니다. 이것은 그가 제사장 가문에서 났다는 것과 연결되는 것 같습니다. 그가 만약 포로로 끌려가지 않았다면 제사장으로서 성전 에서 활동했을 것입니다. 그러나 바벨론에 억류된 상황에서 그는 선지자로 부르심 받아 환상을 통해 하나님의 영광 이 떠난 성전을 보고 그다음에 하나님의 영광이 회복된 새 성전에 대해 예언하는 것입니다.

〈에스겔서〉는 〈이사야서〉와 마찬가지로 크게 '심판'과 '회복'이라는 두 단원으로 구분됩니다. 전반부(1~32장)에 서 에스겔은 유다와 예루살렘의 멸망이 임박해 있음을 선포합니다. 이것은 그의 사역 초기의 메시지로서 예레미야 와 마찬가지로 에스겔은 그 시대 거짓 선지자들이 예루살렘이 망하지 않을 것이라고 하는 근거 없는 낙관론을 반박 하는 것입니다. 이 심판의 메시지는 다시 유다 예루살렘에 대한 심판의 신탁(1~24장)과 이방 나라들에 대한 심판 의 신탁(24~32장)으로 구분됩니다(25~32장). 심판의 예언 다음에 선지자는 33~48장에서 회복의 메시지를 선포 합니다. 이것은 그의 후반부 사역을 반영하는 것으로서 그는 예루살렘 멸망 후 포로들에게 구원의 소망을 일깨우는 예언을 했습니다.

에스겔

새 성전

〈에스겔서〉의 구조와 요점

1 유다 심판 (1~24장)	하나님이 에스겔을 부르셔서 유다와 예루살렘에 대한 심판을 선고하게 하셨습니다.		
	1) 소명(1~3장) 하나님이 에스겔을 파수꾼으로 세우시고 이스라엘을 깨우치는 소명을 주셨습니다.	**2) 상징 행위와 예언(4~15장)** 에스겔이 상징 행위와 예언의 말씀으로 이스라엘에 대한 심판을 경고합니다.	**3) 풍유적 예언(16~24장)** 에스겔이 풍유적인 예언의 말씀으로 이스라엘에 대한 심판을 경고합니다.
2 이방 심판 (25~32장)	하나님이 이방 나라들을 심판하시며 그가 여호와이신 것을 만민이 알게 하실 것입니다.		
	1) 동과 서(25장) 하나님이 동쪽의 암몬과 모압과 에돔 그리고 서쪽의 블레셋을 심판하실 것입니다.	**2) 북부(26~28장)** 하나님이 북쪽의 두로와 시돈을 멸망시키시고 교만한 두로 왕을 심판하실 것입니다.	**3) 남부(29~32장)** 이스라엘이 의지하려던 남쪽의 애굽마저 하나님의 심판을 받아 멸망할 것입니다.
3 회복 (33~48장)	에스겔이 예루살렘이 함락된 소식을 들은 이후에 이스라엘의 회복에 대해 예언합니다.		
	1) 두 번째 소명(33장) 하나님이 에스겔에게 회개와 회복의 메시지를 전달하는 소명을 맡기셨습니다.	**2) 회복된 나라(34~39장)** 하나님이 친히 이스라엘의 목자가 되셔서 그 나라를 회복하실 것입니다.	**3) 회복된 임재(40~48장)** 회복된 성전에 하나님의 영광이 돌아오며 백성은 각각 기업을 얻을 것입니다.

3과 에스겔 | 209

1. 유다 심판(겔 1~24장)

A 소명: 여호와의 영광의 대면(1~3장)
B 상징 행위: 예루살렘 침공(4~5장)
C 심판의 예언(6~7장)
A′ 성전을 떠나는 여호와의 영광(8~11장)
B′ 상징 행위: 포로 유배(12:1~20)
C′ 심판의 예언(12:21~14장)

1) 소명(1~3장)

〈에스겔서〉는 다른 선지자들에 비해서 다소 긴 소명 기사로 시작합니다. 서른째 해(1:1)는 아마도 그가 30세가 되었다는 것을 의미하는 것으로 보입니다. 그가 만약 포로로 끌려오지 않았다면 정식 제사장으로 성전 사역을 시작했을 나이입니다. 하지만 그는 이제 이방 나라에서 파수꾼과 같은 선지자로서 이스라엘을 깨우치는 사명을 받았습니다. 사명을 받으면서 그는 들에서 여호와의 영광스러운 모습을 처음 보았고(1:28), 여호와의 영광이 처소에서 나오신다는 선포를 들었으며(3:12), 또 다시 그 영광이 들에 머무르는 것을 보았습니다(3:23). 이후로 〈에스겔서〉의 메시지는 여호와의 영광을 중심으로 전개됩니다.

2) 상징 행위와 예언(4~14장)

하나님은 에스겔로 하여금 실제 몸으로 행동하며 예언의 말씀을 선포하게 하셨습니다. 에스겔의 기이한 행동은 듣는 사람들의 주목을 끌며 강력한 인상을 남겼을 것입니다. 상징 행위를 통한 그의 예언은 예루살렘의 함락과 이스라엘 백성의 포로 유배에 대한 것이었습니다.

상징 행위: 예루살렘 침공(4~5장). 예루살렘이 외적의 포위 공격을 당하여 겪게 될 비극적 상황을 여러 상징 행위로 예시하고 있습니다.

① **예루살렘 모형(4:1~3).** 예루살렘을 토판 위에 그리고, 그 위에 사다리를 세우고 흙무더기를 쌓고 철판을 두른 모형을 만들어 예루살렘 침공을 표현했습니다.

② **한쪽으로 눕기(4:4~8).** 북 이스라엘의 죄를 감당하는 뜻에서 390일 동안 왼쪽으로만 눕고, 남 유다의 죄를 위해서 40일을 오른쪽으로만 누웠습

니다. 하루는 일 년을 뜻하며 북 이스라엘이 유독 긴 것은 분열된 이후 타락한 역사 때문입니다. 유다에 대한 상징 행위는 예루살렘이 포위 공격을 받을 때까지 속박되는 상황을 표현합니다.

③ **부정한 떡(4:9~17).** 쇠똥으로 불을 피워 만든 부정한 떡을 390일 동안 먹는 것은 이스라엘 백성이 포로로 끌려가 부정한 떡을 먹게 될 것을 예고하는 것입니다. 또한 유다는 포위 공격을 당하여 음식과 식수가 부족하게 될 것이라고 합니다.

④ **머리털과 수염(5장).** 머리털과 수염을 깎아 삼등분하여 삼분의 일은 성읍 안에서 태우고, 삼분의 일은 성읍 사방에서 칼로 치고, 삼분의 일은 바람에 날리게 하였습니다. 이것은 그 백성이 각각 성읍 안에서 전염병과 기근으로 죽거나, 성읍 밖에서 칼로 죽거나, 혹은 이방 나라로 흩어지게 된다는 것을 의미합니다. 이렇게 무서운 심판을 받게 된 이유는 그들이 하나님의 성소를 더럽혔기 때문입니다(5:11).

심판의 예언(6~7장). 하나님은 그 백성의 타락의 온상인 산당을 헐어 버리시고 그 제단들을 깨뜨리시며, 우상숭배자들을 우상 앞에서 처단하실 것이라고 말씀하셨습니다. 그들은 이렇게 심판을 받고 나면 그가 여호와 하나님인 줄 알게 될 것입니다(6:7, 10, 13, 14). 하나님의 심판은 단지 산당에서 그치지 않고 온 이스라엘에 "끝"을 가져옵니다(7:2, 6). 사람들이 성 밖에서는 칼에 죽고 성 안에서는 기근과 전염병으로 죽는 총체적인 재앙이 일어날 것입니다(7:15).

성전을 떠나는 여호와의 영광(8~11장). 에스겔은 환상 중에 예루살렘 성전으로 옮겨져 하나님의 영광을 대면하게 됩니다. 거기에서 에스겔은 거룩한 하나님의 처소가 우상으로 더럽혀져 있는 것과, 우상숭배가 행해지는 것을 보았습니다. 언약 백성이 그렇게 가증한 일들을 성소에서 행하기 때문에 하나님이 성소를 버리시고 멀리 떠나신 것입니다(8:8). 하나님 앞에 신실하지 못한 이들은 이웃에 대해서도 불성실하여 그 땅에 폭행이 가득하게 함으로써 하나님의 진노를 사고 엄중한 심판을 초래했습니다(8:17~18).

9장은 하나님의 진노에 따른 심판으로서 그 땅에 대학살이 벌어질 것을 보여 줍니다. 심판은 성전에서 지도자들을 죽이는 것으로 시작하여 남녀노소를 다 처단할 것입니다. 다만 하나님은 가증한 일에 동참하지 않고 탄식하고 신실한 자들의 이마에 표를 하게 하시고, 그들만큼은 심판을 피하게 하셨습니다(9:3~6). 이것은 〈요한계시록〉에서 구원받은 십사만 사천 성도의 이마에 어린 양과 아버지의 이름이 있게 하신 것과 연결됩니다(계14:1~5). 하나님은 심판 중에도 신실한 남은 자들을 보호하십니다.

10~11장은 하나님의 영광이 성전과 예루살렘을 떠나는 것을 보여 줍니다. 에스겔은 먼저 여호와의 영광이 그룹에서 올라와 성전 문지방까지 가득 찬 것을 보았습니다(10:3~4). 그룹들이 성전에서 나가고 여호와의 영광 역시 성전 문지방을 떠나 다시 그룹들 위에 머무르며, 그룹들은 여호와의 영광과 함께 성전 동문으로 움직입니다(10:18~19). 이것은 마치 왕이 시종들의 가마를 타고 호위무사를 거느리고 행차를 떠나는 모습을 연상하게 합니다. 그다음에 여호와의 영광은 성읍 가운데에서 올라와 성읍 동쪽 산에 머무릅니다(11:23). 여호와의 영광이 예루살렘 성을 떠나신 것입니다.

이스라엘 백성은 마치 가마 속에 있는 고기처럼 예루살렘 성에서 안전하게 살 것으로 생각했지만 하나님은 그들을 끌어내서 이방인의 손에 넘기신다고 하셨습니다(11:1~12). 이것은 그들이 하나님의 규례를 지키지 않았기 때문입니다. 즉 하나님의 통치를 따르지 않는 백성을 그 나라에서 쫓아내기로 하신 것입니다. 이때 에스겔은 마치 모세가 금송아지 사건 때 했던 것처럼 하나님에게 그 백성을 멸절시키지 않으시도록 호소합니다(11:13). 하나님은 그 백성을 이방 나라에 흩으셔서 그들을 연단하신 후에 다시 모아들이실 것을 말씀하셨습니다(11:16~18). 그때에는 그들에게 새 마음과 새 영을 주시어 하나님의 규례를 지켜 행하게 하시고 하나님과의 언약 관계를 회복하게 하실 것이라고 하셨습니다(11:19~20).

_____

_____

_____

_____

상징 행위: 포로 유배(12:1~20). 에스겔은 다시 상징 행위를 통해 예언의 메시지를 전하는데, 여기에서는 예루살렘 침공 이후 언약 백성이 포로로 끌려 갈 것에 초점을 맞춥니다.

① **포로 행장(12:1~16).** 하나님이 에스겔에게 포로 행장을 꾸리고 성을 다니게 하셨습니다. 이것은 예루살렘의 왕과 그 백성이 포로로 잡혀가게 될 것을 의미합니다(12:10~11). 이미 포로로 잡혀와 억류된 사람들은 속히 그 땅에 돌아가기를 기대하고 있겠지만, 머지않아 남아 있는 왕과 백성마저 포로로 잡혀오게 될 것을 예언하는 것입니다.

② **두려워하며 식사하기(12:17~20).** 에스겔은 떨면서 먹고 근심하면서 마시라는 명령을 들었습니다. 이것은 그 백성의 포악한 죄로 말미암아 그 땅이 황폐하게 되는 무서운 심판이 있을 것을 알립니다.

심판의 예언(12:21~14장). 하나님의 심판이 확실함에도 불구하고 백성은 그들이 멸망하지 않을 것이라는 허황된 기대를 가지고 있었습니다. 백성은 "날이 더디고 묵시가 사라지리라"는 속담을 믿고 에스겔과 같이 심판을 예언하는 경고를 무시하였습니다. 이에 대해 하나님은 에스겔에게 그 말씀하신 대로 심판이 확실하게 그리고 속히 이루어질 것을 선포하게 하셨습니다.

백성이 잘못된 기대를 가지게 된 것은 거짓 선지자들이 평강이 없는데도 평강이 있다고 거짓으로 예언하고 있기 때문입니다(13:10, 16). 하나님은 이렇게 거짓 예언을 하는 남녀 선지자들을 처단하실 것이라고 경고하셨습니다. 또한 거짓 선지자들을 따라 간 백성 역시 죄없다 하지 못하고 스스로의 죄 값을 받게 될 것입니다(14:10). 하나님이 그 백성에게도 이렇게 책임을 물으시는 이유는 그들로 다시는 거짓에 미혹되어 하나님을 떠나는 일이 없도록 경종을 울리게 하시기 위해서입니다(14:11).

풍유적 예언(15~24장). 상징 행위를 실연하여 예언하는 것 이외에도 선지자는 열 가지 풍유(비유)를 사용해서 이스라엘의 죄와 그에 따른 하나님의 심판을 선포합니다.

① **무익한 포도나무(15장).** 쓸모없는 포도나무 가지를 불에 태우듯이 하나님이 예루살렘의 주민을 처형하시고 그 땅을 황폐하게 하실 것을 경고합니다.

② **음란한 아내(16장).** 하나님이 비천한 예루살렘을 택하시고 하나님에게 속한 거룩한 성이 되게 하셨는데, 예루살렘은 음란한 아내와 같이 하나님을 배반하고 애굽(16:26)과 앗수르(16:28)와 바벨론(16:29)과 같은 강대국을 의지하며 그들의 속국이 되었습니다. 이렇게 언약을 깨뜨린 죄에 대해 하나님은 엄중하게 심판하십니다(16:59). 그러나 심판 후에 하나님은 영원한 새 언약을 세우실 것을 약속하십니다(16:60~63).

③ **두 독수리와 포도나무(17장).** 두 독수리는 각각 바벨론 왕과 애굽 왕을 상징하며 백향목/포도나무는 포로로 잡혀온 이스라엘 귀족을 가리킵니다. 바벨론에 잡혀온 포로들이 바벨론 왕과 언약을 맺었는데 그 언약을 배반하고 애굽에 군사적인 도움을 요청하면 더 이상 바벨론 왕의 호의를 입지 못하고 오히려 처형당할 것입니다. 마찬가지로 하나님도 언약을 배반한 이스라엘의 죄에 대해 심판하실 것을 경고합니다.

④ **신 포도(18장).** "아버지가 신 포도를 먹으므로 아들이 이가 시다"고 하는 말은 조상의 죄값을 후손이 치르는 상황을 풍자한 속담입니다. 하나님은 각 사람이 자기의 행한 대로 심판을 받을 것을 말씀하시며, 심판 아래 있는 이스라엘 족속을 향하여 회개하고 새로운 삶을 살 것을 명령하십니다.

⑤ **암사자, 포도나무(19장).** 암사자가 낳은 사자는 유다 지파에서 나온 다윗 왕조의 왕들을 가리킵니다. 그래서 이 예언은 다윗 왕조가 한때 왕성했지만 어떤 왕은 애굽으로 끌려가고 어떤 왕은 바벨론으로 끌려가서, 결국 그 나라가 멸망하게 된 것을 풍자합니다.

⑥ **불타는 남쪽의 숲(20장).** 하나님이 이스라엘이 조상 때부터 하나님을 반역한 것을 지적하시며, 광야에서 그 조상들을 심판하신 것처럼 이 백성을 심판하실 것이라고 말씀하십니다. 북쪽 이스라엘은 이미 망했고, 남쪽에 남은 예루살렘과 유다마저 심판을 받게 될 것입니다(20:45~49).

⑦ **칼의 심판(21장).** 칼은 전쟁을 의미하며, 하나님이 바벨론을 통해 예루살렘을 치실 것을 예고합니다.

⑧ **풀무 불(22장).** 풀무 불에 쇠를 넣고 찌끼를 제거하는 것처럼 하나님이 예루살렘을 심판하셔서 그 죄를 제거하시고(17~22절), 특히 선지자, 제사장, 고관, 약자를 억압하는 기득권자들을 심판하실 것입니다.

⑨ **음란한 두 자매(23장).** 사마리아와 예루살렘을 음란한 두 자매로 비유하며, 그 백성이 애굽과 앗수르와 바벨론과 결탁하며 그들의 우상을 음란하게 섬긴 죄에 대해 심판하실 것을 선포합니다.

⑩ **녹슨 가마(24장).** 가마를 걸고 불을 피워 고기를 삶는 것은 하나님의 징계를 상징합니다. 그런데 이스라엘은 어지간히 불을 피워도 녹이 떨어지지 않는 녹슨 가마와 같아서 빨리 회개하지 않습니다. 그래서 하나님은 바벨론을 통하여 그 나라를 망하게 하실 것입니다. 이때 하나님은 에스겔에게 그의 사랑하는 아내가 죽을 것을 말씀하시며 애도 의식을 하지

말라고 하셨습니다. 이것은 하나님이 이스라엘 백성이 아끼는 하나님의 성소를 무너뜨리실 것을 말하며, 그런 가운데에도 이 백성은 제대로 슬퍼할 겨를도 없이 패망하는 급박한 상황이 될 것을 예고합니다.

2. 이방 심판(겔 25~32장)

이사야나 예레미야와 마찬가지로 에스겔 역시 이방 나라에 대한 심판의 메시지를 전하고 있습니다. 두 선지자와 달리 바벨론의 멸망에 대해서는 언급하지 않으며 주변의 나라들과 애굽까지 일곱 나라에 대한 심판을 다루고 있습니다. 이 예언들에서 "내가 여호와인줄 너희가 알리라"는 어구가 계속 반복되는 것에 주목해야 합니다. 비록 하나님이 그 백성을 심판하시려고 성소를 무너지게 하시고, 그 나라를 망하게 하시지만 이것이 하나님의 패배를 의미하는 것은 아니라는 것을 강력하게 주장하는 것입니다.

1) 동과 서(25장)

심판 예언의 대상은 요단 강 동쪽에 있는 암몬에서 시작하여, 시계 방향으로 모압, 에돔, 블레셋으로 진행합니다. 암몬이 심판받는 이유는 하나님의 성소가 무너지고 이스라엘과 유다가 망하는 것을 보고 기뻐하며 조롱했기 때문입니다(25:1~7). 바로 앞에서 하나님은 그 백성에 대한 심판으로 성소를 더럽히게 하고 그 백성을 죽게 하실 것이라고 하셨습니다(24:21). 그러나 하나님이 언약 백성을 아주 버리신 것이 아닙니다. 그렇기 때문에 그 성소와 언약 백성의 멸망을 조롱한 암몬을 심판하십니다. 모압 역시 유다의 패망을 조롱한 죄에 대해 심판을 받을 것입니다(25:8~11). 에돔과 블레셋은 복수한다는 명목으로 유다를 괴롭힌 죄 때문에 심판을 받을 것입니다(25:12~17).

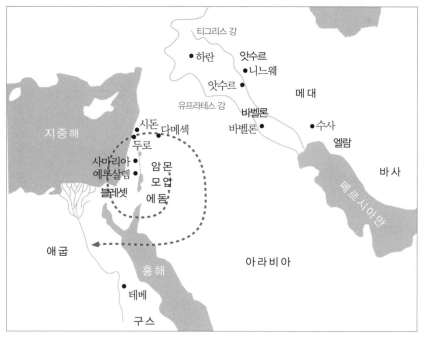

티그리스 강

● 하란

앗수르
● 니느웨

앗수르

메 대

유프라테스 강

바벨론

지중해

시돈 다메섹

바벨론 ●

● 수사

엘람

두로

사마리아 ●
예루살렘 ●

암몬
모압

바 사

블레셋

에돔

페르시아만

애굽

홍해

아라비아

테베

구 스

이방 나라에 대한 경고

2) 북부(26~28장)

두로와 시돈은 해양 무역을 통해 번영한 도시국가입니다. 이들은 특히 예루살렘의 멸망이 자기들에게 경제적인 이익이 되므로 좋아했습니다(26:2). 그래서 하나님이 그들의 대적이 되시고 바벨론을 들어서 그들도 치시겠다고 선언하셨습니다. 27장의 애가는 두로의 멸망을 선포합니다. 28장은 교만한 두로 왕에 대한 심판을 예언합니다.

3) 남부(29~32장)

에스겔의 이방 심판 예언은 애굽의 멸망에서 정점에 이릅니다. 애굽은 이스라엘이 북방 세력에 대항하면서 의지하던 남방의 세력이었으나 하나님인 그 세력을 미약하게 하시고(29:7, 14~16) 바벨론에 의해 망하게 하실 것입니다.

3. 회복(겔 33~48장)

1) 두 번째 소명(33장)

이스라엘의 파수꾼으로서 에스겔의 소명이 다시 부각되는 것은 그의 예언이 심판의 경고에서 위로와 회복의 메시지로 전환되고 있기 때문입니다. 또한 이와 같은 전환이 이루어진 계기는 그가 예루살렘의 함락 소식을 들었기 때문입니다(33:21~22).

2) 회복된 나라(34~39장)

새 목자(34장). 언약 백성이 망하게 된 것은 지도자들이 타락하여 그 백성을 바로 인도하지 못했기 때문입니다(34:1~6). 그러므로 하나님이 부패한 지도자(목자)들을 심판하시고(34:10) 친히 그 백성의 목자가 되셔서 양 떼를 돌보신다고 하셨습니다(34:15). 하나님은 그 백성 가운데 기득권을 가지고 다른 사람을 어렵게 한 자들을 심판하실 것입니다(34:17~22). 하나님은 또한 다윗을 목자로 세우시고 그들을 돌보게 하신다고 하셨습니다(34:23~24; 참고. 37:24).

> **〈요한복음〉 10장 11절을 적어 봅시다.**
>
> _____

대적과 이스라엘의 엇갈린 운명

A 에돔—세일 산 심판(35장)
B 이스라엘 회복(36~37장)
A′ 곡—마곡 심판(38:1~39:20)
B′ 이스라엘 회복(39:21~29)

에돔(세일 산)에 대한 심판(35장). 하나님이 이스라엘을 괴롭힌 대적들을 심판하여 멸망시키고 이스라엘을 회복하게 하실 것을 약속하십니다. 여기에서 예언의 대상으로 지목된 세일 산은 에서의 후손인 에돔 족속의 땅입니다. 이스라엘과 오랜 경쟁 관계에 있던 에돔은 이스라엘이 환난을 당했을 때 배반하고(35:5), 이스라엘이 황폐하게 되자 즐거워하면서 그 땅을 차지하려고 하였습니다(35:10, 12; 참고. 36:2, 5). 하나님은 이에 대한 심판으로 에돔을 황폐하게 하신다고 경고하셨습니다.

이스라엘의 회복(36~37장). 세일 산에 대하여 심판을 선고하신 것과 달리 하나님은 이스라엘의 산을 향하여 회복을 약속하셨습니다(36:1~15). 이것은 또한 7장에 있는 이스라엘의 산들에 대한 심판이 역전되는 것이기도 합니다. 이제 하나님은 과거에 우상숭배의 자리로 더럽혀져 진노의 심판을 받은 이스라엘의 산이 회복되어 언약 백성을 위한 풍성한 기업이 될 것을 약속하십니다.

풍성한 기업의 회복은 언약 백성의 내적 변화가 전제되어야 합니다. 이스라엘 백성은 약속의 땅에 들어와 살면서 죄악된 행위로 스스로 더럽히고 또 그 땅을 더럽혀서 "여호와의 백성이라도 여호와의 땅에서 쫓겨난 자"가 되었습니다(36:16~20). 이방 나라에 흩어진 언약 백성 때문에 여호와의 거룩한 이름이 더럽혀졌으므로, 여호와께서 그 거룩한 이름을 위하여 백성을 다시 모아 약속의 땅에 살게 하시려고 합니다. 이 일을 위해서 하나님은 그 백성을 과거의 죄로부터 정결하게 하실 뿐만 아니라 하나님의 법을 지켜 행하는 새로운 삶을 살도록 그들에게 새 영과 새 마음을 주실 것을 약속하셨습니다.

이렇게 백성을 새롭게 하신 후에 하나님은 그들을 그 땅에 다시 살게 하시고 황폐했던 땅에서 풍성한 소출을 얻게 하실 것입니다(36:33). 37장 에스골 골짜기의 환상은 이 약속의 성취를 더 실감나게 보여 줍니다(37:1~14).

이때에 분열되었던 두 나라가 연합하고 하나님의 언약 백성이 될 것입니다(37:15~23). 그리고 이 백성은 이상적인 다윗 같은 한 목자의 영도 아래 하나님의 율례를 지켜 행할 것이며(37:24~25), 하나님의 성소가 영원히 그들 가운데 있어 하나님의 임재하심이 항상 함께하실 것입니다(37:26~28). 이 약속은 일차적으로 포로 귀환으로 이루어졌으며, 더 나아가 새 언약의 중보자 예수 그리스도께서 왕이 되시는 새 하늘과 새 땅 새 예루살렘에서 완전한 완성이 이루어질 것입니다(계 21:1~3).

마곡의 왕 곡의 심판(38:1~39:20). 마곡은 지중해와 흑해 사이의 소아시아에 위치한 땅(지금의 터키 근방)으로 추정되며, 그 땅의 왕 곡이 하나님의 백성을 대적하여 전쟁을 일으키면 하나님이 그를 격파하실 것을 예언합니다.

에스겔은 하나님의 백성이 이방의 압제에서 벗어나 약속의 땅에 평안히 거주할 때 마곡의 왕 곡의 주도 아래 이방 나라의 연합군이 쳐들어올 것이라고 합니다(38:7~9, 14~16). 그런데 이 전쟁은 하나님이 목적을 가지고 대적들을 유도하신 것입니다. 하나님의 위대하심과 거룩하심을 온 세상에 알리기 위해 하신 일이라고 합니다(38:16, 23, 39:6~7). 이것은 마치 하나님이 애굽에서 빠져나온 이스라엘 자손을 홍해로 인도하셨다가 거기에서 애굽 군대를 수장시키심으로 하나님이 어떤 분이신지 온 세상이 알게 하신 것과 같습니다.

이스라엘의 회복(39:21~29). 홍해의 기적을 체험한 후에 이스라엘이 여호와를 경외하게 된 것처럼(출 14:31), 하나님이 민족들을 심판하시는 역사를 목격한 하나님의 백성은 위대하신 하나님을 제대로 알게 되고 그래서 자신들이 스스로의 죄 때문에 심판을 받았다는 것을 깨닫게 됩니다. 이와 같이 회개한 백성을 하나님이 다시 모으시고 그들에게 하나님의 영을 부어 주시며 하나님과의 관계를 회복하게 하십니다.

3) 회복된 임재(40~48장)

하나님의 언약 백성을 약속의 땅에 다시 모으신 후에 남은 것은 무너진 하나님의 성전이 재건되고 하나님의 임재하심이 회복되는 것입니다. 에스겔은 새 성전에 대한 환상 가운데 하나님의 임재하심이 그 땅에 다시 이루어지는 것을 보고 임재의 회복을 선포합니다.

새 성전(40~44장). 에스겔은 포로로 잡혀온 지 스물다섯째 해, 첫째 달 열흘에 새 환상을 보았습니다. 첫째 달(티슈리 월) 열흘은 이스라엘 절기 중 속죄일로서 50년 속죄일에는 종이 해방되고 기업을 회복하는 희년이 선포되는 날입니다(레 25:9). "스물다섯째 해"라는 것은 희년까지 절반이 지났음을 의미합니다. 그러므로 여기에서 에스겔은 그 백성이 포로에서 해방되어 원래의 기업을 회복하게 되는 희년의 날을 대망하고 있다고 할 수 있습니다.

선지자는 환상 가운데 한 "빛난 사람"의 인도를 따라 새 성전을 바깥에서부터 안에까지 돌아보며 그가 측량하는 것을 봅니다. 바깥뜰의 사방에 둘린 담과 문(40:5~27), 안뜰의 사방 문과 성전 문 현관을 봅니다(40:28~49). 성전에 들어가서 성소와 지성소(41장) 그리고 제사장들의 방을 둘러보았습니다(42장). 그다음에 에스겔은 하나님의 영광이 동문을 통하여 다시 성전으로 들어가시고 그 영광이 성전에 가득한 것을 봅니다(43:1~5). 에스겔은 자신이 소명을 받을 때에 목격했던 하나님의 영광 그리고 그 백성의 죄 때문에 성전과 예루살렘을 떠났던 그 영광이 새 성전에 다시 돌아온 것을 보고 있습니다. 하나님의 임재하심이 회복된 것입니다. 성전의 번제단이 봉헌되고(43:13~27), 하나님을 섬기는 레위인과 제사장의 임무와 규정이 주어졌습니다(44:9~31).

새 기업(45~48장). 성전을 중심으로 모두에게 그 땅의 새 기업이 배당되었습니다. 성소를 위한 거룩한 땅과 제사장, 레위인, 왕을 위한 기업이 분배되고 (45:1~8), 나머지는 각 지파대로 분배되었습니다(48:1~29). 특이한 것은 그 가운데 머물러 사는 타국인에게도 각 지파에서 기업을 분배하게 했다는 것입니다(47:22~23).

또한 분배받은 기업이 유지되도록 희년의 규례가 적용되게 하셨습니다 (46:16~18). 더 이상 이 땅에서와 같이 각자의 기업이 권세자나 기득권자에게 휘둘리지 않도록 하신 것입니다. 이렇게 각자에게 기업이 보장되고 그 중앙에 하나님의 성소가 있게 하실 것입니다(48:8, 10, 21). 그리고 그 성전에서 흘러나오는 물이 그 땅을 비옥하게 하고 활기차게 합니다(47:1~12). 이것은 성전에 임재하신 하나님이 함께 살게 하신 백성에게 복을 주시고 그 땅에 생명이 넘쳐나게 하시는 것을 의미합니다. 그리고 회복된 성읍 새 예루살렘의 이름은 "여호와삼마"(여호와께서 거기에 계시다)라고 할 것입니다(48:35). 그래서 하나님의 백성이 하나님의 임재하심 가운데 영원한 복을 누릴 것입니다.

〈갈라디아서〉 4장 7절을 적어 봅시다.

❖ 〈에스겔서〉를 정리해 봅시다.

	이사야	예레미야/애가	에스겔	다니엘
	새 시온	새 언약	새 성전	새 왕국
대선지서	이스라엘 심판	심판 선고	( )	
	이방 심판			
	참 도움	심판 실현	이방 심판	
	히스기야			
	구원 약속	이방 심판		
	시온 회복	애가	( )	
	영원한 복			

※ 〈에스겔서〉 외에 나머지 빈칸은 해당 단원에 가서 차례로 정리할 것입니다.

4과
다니엘

다니엘은 1차 바벨론 유형(주전 605년)때 포로로 끌려가 이방의 궁정에서 약 65년(주전 601~536년) 동안 사역했습니다. 그는 바벨론 왕 느부갓네살과 벨사살의 궁정에서 사역했고, 바벨론 멸망 이후에는 메데 왕 다리오의 신하로서 백성을 다스리는 관리의 역할을 했으며(6:1~3), 바사(페르시아) 왕 고레스(1:21, 10:1) 시대까지 사역했습니다. 이와 같이 다니엘은 현실 정치에 관여하고 있고 그 가운데 이방 제국의 변천 역사를 가까이 본 사람입니다. 그래서 에스겔이 하나님의 성소, 새 언약 등 종교적 차원에서 회복을 예언한 것과 달리, 다니엘의 예언은 정치적 차원에서 하나님의 주권과 나라의 회복을 선포하는 것입니다. 이런 이유로 다니엘의 예언이 다루는 역사의 범위는 바벨론과 페르시아 제국 이후 그리스와 로마 제국 시대까지도 포함하고 있습니다.

〈다니엘서〉의 전반부(1~6장)는 전기적 기사로서 바벨론의 포로로 끌려간 다니엘과 그의 친구들이 이방 권세와 문화의 도전 가운데 사는 삶과 궁정에서의 활동을 보여 주고 있습니다. 후반부(7~12장)는 묵시적 기사로서 다니엘 자신이 본 환상들과 이에 대한 해석을 기록하고 있습니다. 그러나 전반부와 후반부는 별개의 예언이 아니라 긴밀하게 연결되어 있습니다. 예를 들어 2장의 네 부분으로 구분된 신상에 대한 꿈과 7장의 네 짐승 환상은 네 제국의 변천을 가리키며, 둘 다 마지막 때에 이루실 영원한 하나님 나라의 완성을 바라보고 있습니다. 또한 전반부에서 다니엘과 세 친구의 경건한 삶의 방식은 후반부에서 마지막을 기다리는 성도의 삶을 위한 실제적인 귀감이 되는 것입니다.

다니엘

새 왕국

〈다니엘서〉의 구조와 요점

1 궁정 기사 (1~6장)	다니엘과 세 친구가 이방 궁정에서 겪은 역사에 대한 기사로서 하나님의 주권을 증거합니다.		
	1) 느부갓네살의 꿈(1~4장) 여호와가 모든 나라와 권세를 주관하시는 분임을 왕과 백성이 알게 됩니다.	**2) 벨사살의 잔치**(5장) 벨사살이 하나님의 주권을 무시하므로 왕권은 메대 왕 다리오에게 넘겨졌습니다.	**3) 다리오의 금령**(6장) 다니엘이 다리오의 명을 어기고 기도하여 극형을 받았으나 하나님이 보호하셨습니다.
2 환상 예언 (7~12장)	다니엘이 환상을 통해 장차 일어날 전쟁과 환난, 하나님 나라의 도래를 보았습니다.		
	1) 벨사살 때(7~8장) 다니엘이 장차 일어날 제국들의 변천 역사를 환상을 통해 보았습니다.	**2) 다리오 때**(9장) 다니엘이 백성의 대표로 통회 기도를 하고 칠십 이레에 대한 계시를 받았습니다.	**3) 고레스 때**(10~12장) 다니엘이 미래에 일어날 큰 전쟁들과 환난에 대한 환상을 보았습니다.

1. 궁정 기사(단 1~6장)

1) 느부갓네살의 꿈(1~4장)

느부갓네살은 바벨론을 대제국으로 성장시킨 왕이며 유다를 멸망시키고 다니엘을 비롯한 포로들을 잡아 온 장본인입니다. 〈다니엘서〉의 처음 네 장은 느부갓네살 궁정에서 일어난 역사를 이야기합니다. 포로로 끌려온 이들은 이방 왕의 통치 아래 중대한 신앙의 도전에 직면하지만, 순결한 신앙을 유지함으로써 성도의 모범을 제시합니다. 그 가운데 하나님은 느부갓네살의 꿈을 통하여 하나님이 온 세상의 주권자이신 것을 나타내십니다.

성도의 첫 번째 시련: 부정한 음식(1장). 바벨론 왕은 포로로 끌려온 왕족과 귀족들 자손 가운데 인재들을 선발해서 바벨론 식 교육을 받게 했습니다. 아마도 제국을 강화하기 위해 인재 양성을 목표로 한 것으로 보입니다. 다니엘과 그의 친구들도 여기에 선발되어 교육을 받았는데, 문제는 여기에서 제공된 왕의 진미가 율법에서 금지된 부정한 것들이었습니다. 그래서 다니엘과 그 친구들은 왕의 음식들로 자신들을 부정하게 하지 않기로 결단하고, 자기들을 관장하는 환관장과 함께 실험한 끝에 허락을 받아 내어 신앙의 순결을 지켰습니다. 하나님은 이들에게 육체적인 건강을 주셨을 뿐만 아니라 더욱 지혜롭게 하시고 특히 다니엘은 환상과 꿈을 깨달아 알게 하셨습니다. 이 사건은 신앙의 정조를 지키려 하는 자들에 대한 하나님의 특별한 은혜를 증거하면서, 동시에 선지자로서 다니엘의 권위를 입증하는 것입니다.

왕의 첫 번째 꿈: 큰 신상(2장). 느부갓네살은 이상한 꿈을 꾸고 그 뜻을 알고자 하여 갈대아의 술객들을 불러 해몽하게 했습니다. 그는 정말 믿을 만한 해석을 얻기 위해 꿈의 내용을 알리지도 않은 채 해석을 요구했는데, 술객들로부터 불가능하다는 말을 듣자 화가 나서 바벨론의 모든 지혜자를 처형하도록 명

령했습니다. 그래서 다니엘과 친구들도 죽게 되었는데, 이때 다니엘이 하나님에게 기도하여 응답을 받고 왕에게 꿈을 풀어 주었습니다.

머리: 금		바벨론
가슴, 팔: 은		메대 – 바사
배, 넓적다리: 놋		그리스
종아리: 쇠		로마
발: 쇠 + 흙		열국

왕은 꿈에 네 가지 물질로 된 큰 신상을 보았습니다. 그리고 "손대지 아니한 돌"이 나와서 그 신상의 발을 쳐서 무너뜨리고 신상은 없어지고 "손대지 아니한 돌"은 태산을 이루었습니다. 신상이 의미하는 것은 바벨론 제국부터 시작해서 계속되는 제국의 세력이 바뀌게 되는 것을 의미합니다. 그런데 여기에서 각각의 물질이 어떤 제국을 가리키는지는 크게 중요하지 않습니다. 보다 중요한 것은 나라와 권세와 영광을 주시는 분은 하나님이라는 것입니다(2:37). 즉 제국이 바뀌는 역사 이면에 이 세상의 역사를 주관하시는 하나님이 계신다는 것이고, 바로 그 하나님이 장차 "손대지 아니한 돌"을 통해 한 나라를 세우시고, 그 나라가 모든 나라 위에 군림하고 영원할 것을 예언하는 것이 핵심입니다. 느부갓네살은 다니엘의 해석에 흡족해 하며 "너희 하나님은 참으로 모든 신들의 신이시요 모든 왕의 주재시로다"(2:47)고 인정합니다. 그리고 다니엘을 높여 바벨론 전역을 관할하는 총리로 삼았고 또 다니엘의 추천으로 그의 세 친구를 지방 감독으로 세웠습니다.

성도의 두 번째 시련: 우상숭배(3장). 지방에서 근무하던 다니엘의 친구들에게 두 번째 시련이 닥쳤습니다. 왕이 금으로 큰 신상을 만들어 지방에 세우고 낙성식을 하면서 모든 백성에게 그 신상 앞에 절하게 했습니다. 그러나 다니엘의 세 친구는 절하지 않았고 그것 때문에 왕의 진노를 사서 왕 앞에 소환되었습니다. 그들은 왕의 거듭되는 권고와 협박에도 굴복하지 않고 하나님의 구원을 믿었으며 또 설사 구원하시지 않는다 하더라도 신상 앞에 절하지 않겠다고 하며 신앙의 절개를 지켰습니다. 더 화가 난 왕은 풀무불을 더 세게 피워 그들을 던졌지만, 그들은 털끝 하나도 상하지 않고 거기에서 나왔습니다. 풀무불 가운데

"신들의 아들" 같이 보이는 인물이 그들과 함께 하는 것을 사람들이 보았습니다. 하나님이 사자를 보내서서 핍박 가운데 믿음을 지킨 성도들을 구원하시는 것을 보여 주신 것입니다. 이것은 왕의 고백을 통해 분명하게 선포되었습니다.

왕의 두 번째 꿈: 큰 나무(4장). 느부갓네살이 또 꿈을 꾸고 다니엘에게 해몽을 받았습니다. 이번에는 하늘까지 닿을 정도로 크게 자란 나무를 보았습니다. 많은 잎사귀에 열매가 무성하여 온갖 들짐승과 새들이 깃들어 있는데, 한 순찰자(거룩한 자)가 나타나 다 쫓아내고 나무를 찍어서 그루터기만 남겨 놓은 것이었습니다. 다니엘은 이 꿈의 의미는 느부갓네살이 왕위에서 쫓겨났다가 복위하게 되는 것을 의미한다고 풀이했습니다. 여기에서 중요한 것은 이 꿈과 사건이 일어나게 하신 목적을 아는 것입니다. 그것은 곧 "지극히 높으신 이가 사람의 나라를 다스리시며 자기의 뜻대로 그것을 누구에게든지 주시며 또 지극히 천한 자를 그 위에 세우시는 줄을 사람들이 알게 하려 함이라"는 말씀에 나타나 있습니다(4:17, 25, 32). 다시 한 번 인간의 역사와 왕권에 대한 하나님의 주재권이 강조되고 있습니다. 다니엘은 왕에게 "하나님이 다스리는 줄을 왕이 깨달은 후에야 왕의 나라가 견고하리이다"(4:26)고 했고, 그 예언은 그대로 성취되었습니다. 그래서 왕은 하나님의 주재권을 더 확실하게 인정했습니다(4:34~37).

2) 벨사살의 잔치(5장)

〈다니엘서〉에 의하면 바벨론 제국의 마지막 왕은 벨사살입니다. 이 왕은 큰 잔치를 베풀고 선대왕이 예루살렘 성전에서 탈취해 온 금그릇과 은그릇을 가져오게 해서 그것으로 술을 마시며 우상들을 찬양했습니다. 그때 손이 나타나 벽에 글씨를 썼고 왕은 바벨론 술객들에게 해석하라고 했지만 아무도 못했습니다. 그때 사람들이 다니엘을 추천하므로 다니엘을 불러다가 해석하게 했습니다. 그 글씨는 "메네 메네 데겔 우바르신"이며 "하나님이 이미 왕의 나라의 시대를 세어서 그것을 끝나게 하셨다"는 의미라고 했습니다. 또한 왕이 자신을 하나님보다 더 높여 불경한 짓을 했기 때문에 하나님이 그 왕권을 빼앗을 것이라고 했습니다. 그날 밤에 벨사살이 죽고 제국의 권세는 메대 사람 다리오에게 넘어갔습니다.

3) 다리오의 금령(6장)

제국의 권세가 바뀐 후에 다니엘에게는 또 다른 시련이 찾아왔습니다. 다니엘을 시기한 고관들이 그를 없애기 위해 왕을 꼬드겨 30일 동안 왕 외에 다른 신이나 사람에게 무엇을 구하지 못하도록 금령을 만들었고, 이를 어기면 사자 굴에 던지도록 했습니다. 다니엘은 이것을 알고도 평소대로 예루살렘을 향하여 하루 세 번씩 기도했습니다. 다니엘은 왕 보다 더 높으신 하나님을 믿었기 때문에 왕의 금령을 어기고 사자 굴에 던져지는 것을 감수했습니다. 하나님은 다니엘의 친구들을 구원하셨던 것처럼 이번에도 천사를 보내셔서 다니엘을 구원하셨습니다. 이 일로 다리오 왕은 하나님을 확실하게 인정하게 되었고 온 나라에 조서를 내려 하나님을 경외하고 그의 나라와 권세를 높이게 했습니다(6:26~27).

2. 환상 예언(단 7~12장)

1) 벨사살 때(7~8장)

네 짐승과 한 사람(7장). 다니엘이 꿈속에서 환상을 보고 기록했습니다. 네 무서운 짐승은 느부갓네살의 첫째 꿈에서와 마찬가지로 계속되는 세상의 네 제국을 상징합니다. 여기에서도 그 짐승들이 각각 어떤 나라를 가리키는지 규정하는 것은 그리 중요하지 않습니다. 다니엘의 환상이 전하는 핵심은 "인자 같은 이"가 구름을 타고 와서 옛적부터 항상 계신 이로부터 영원한 권세와 영광과 나라를 얻는다는 것입니다(7:13~14). 이는 느부갓네살의 꿈에 나타난 "손대지 아니한 돌"과 같습니다. 그러므로 이 환상은 하나님이 일정 기간 동안 세상 권세를 허용하시고 그래서 성도들이 핍박을 받기도 하지만, 마지막 때에 "인자 같은 이"를 통해 영원한 나라를 세우실 것을 확증하는 예언입니다. 이 예언은 의심할 여지없이 예수 그리스도가 최후에 이루실 하나님 나라를 가리키는 것입니다(마 24:30, 막 13:26, 14:62, 눅 21:27). 그때에 하나님은 핍박당한 성도들의 원한을 풀어주시고 성도들은 그리스도와 더불어 세상을 다스릴 것입니다(7:22, 27; 참고 계 5:10, 22:5).

〈요한계시록〉 5장 10절을 적어 봅시다.

_____

_____

숫양과 숫염소(8장). 다니엘은 벨사살 왕 때 본 다른 환상을 소개합니다. 두 뿔 달린 숫양이 한 뿔 달린 숫염소에게 공격당한 환상을 보았고, 천사를 통해 환상에 대한 구체적인 설명을 들었습니다. 숫양은 메대-바사 제국을 가리키며 그 가운데 보다 긴 뿔은 실제적인 세력을 가진 바사 제국을 가리킵니다. 한 뿔 달린 숫염소는 알렉산더가 이끄는 그리스 제국을 의미하며 이들이 바사 제국을 정복했습니다. 그다음에 큰 뿔이 꺽이고 네 뿔이 나온 것은 알렉산더가 갑자기 죽고 그의 부하들에 의해 네 나라로 나뉜 것을 말합니다.

천사는 네 뿔 가운데 한 뿔에서 자라난 작은 뿔에 대해 설명합니다(8:9). 이는 네 나라 가운데 한 나라에서 뻔뻔하고 속임수에 능한 왕이 나올 것을 예고합니다(8:23). 이 왕은 주전 175년경 시리아 지역의 왕이 된 안티오코스 4세 에피파네스로서 유다를 점령하고 성전에 제우스 신상을 세워 놓고 돼지로 희생제사를 드리게 하는 등 갖은 신성모독과 핍박을 행했습니다. 〈다니엘서〉의 예언(8:9~14, 23~25)은 이 처절한 박해의 시대를 내다보며 하나님의 백성으로 하여금 환난을 대비하게 합니다. 또한 다니엘과 그 친구들이 시련을 겪으면서

메대
바사
헬라

도 믿음을 지키고 하나님의 기적적인 구원을 체험한 기사들은 박해 아래 있는 유대인들에게 귀한 모범이 됩니다. 이것은 또한 로마의 박해 아래 있는 그리스도인들과 그 이후 여러 모양으로 핍박을 받는 모든 성도에게도 적용됩니다. 또한 영원한 메시아 왕국에 대한 예언은 바벨론 포로에 잡혀 있던 다니엘 당대의 이스라엘 백성은 물론 환난 가운데서도 주의 나라를 사모하는 모든 성도에게 소망을 주는 말씀입니다.

알렉산더 사후 네 나라: 카산더(Cassander) 장군은 마케도니아와 그리스 본토를 차지했고, 리시마커스(Lysimachus) 장군은 트라키아의 지역을 장악했습니다. 셀류커스(Seleucus) 장군은 소아시아 동부, 시리아와 앗시리아를 포함하여  동쪽 지방을 차지했으며, 톨레미(Ptolemy) 장군은 남쪽의 이집트를 차지했습니다. 뒤의 두 나라가 중간기 이스라엘 역사와 밀접한 관련이 있으며 〈다니엘서〉 11장의 북방 왕과 남방 왕에 해당합니다. 또한 8:9~14, 23~25의 뻔뻔한 왕은 셀류커스가 세운 셀류키드 왕조에서 나온 안티오코스 4세를 가리킵니다.

2) 다리오 때(9장)

다니엘은 백성을 대표해 죄를 애통하는 기도를 했습니다(9:3~19). 그는 이스라엘이 망한 것은 그 백성이 하나님의 율법을 지키지 않고 패역했기 때문임을 고백하면서, 하나님의 긍휼하심을 다시 구했습니다. 하나님은 기도에 대한 응답으로 가브리엘을 통해 하나님의 뜻을 계시하시는데(9:20~27), 여기에서 칠십 이레에 대한 예언이 나왔습니다. 칠십 이레는 거룩한 성을 위하여 하나님이 정한 기한입니다. 그 칠십 이레 동안에 일어날 일들에 대해 다양한 해석이 분분합니다. 그러므로 이것을 가지고 어떤 종말론적 연대기를 예상하기는 어렵지만 이 예언이 전달하는 핵심은 분명합니다. 정한 기한 동안 여러 환난이 있겠지만 하나님은 반드시 마지막 때에 하나님 나라를 이루신다는 것입니다.

3) 고레스 때(10~12장)

마지막으로 다니엘은 큰 전쟁(10:1)과 환난(12:1)에 대해 예언합니다. 이 예언은 하나님 나라가 완성되기 전에 성도에게 있을 환난을 알게 하며, 성도에게 인내하고 기다릴 것을 권고합니다. 11장의 남방 왕과 북방 왕의 전쟁은 알렉산더 사후 분열된 네 왕국 중에서 애굽의 톨레미 왕조와 시리아 지역의 셀류키드 왕조 사이에 일어난 세력 다툼에 대한 것입니다. 이스라엘은 이 두 왕조 사이에 끼어 고난당하다가 결국 북방 왕(셀류키드)의 지배 아래 놓이게 될 것입니다. 특히 안티오코스 4세에 의해 성전이 더럽혀지고 백성은 핍박을 받는 큰 환난을 겪게 될 것입니다(11:31~32). 그러나 이 환난의 시기가 끝나고 하나님의 나라가 이루어지는 끝 날이 있을 것이기 때문에 성도는 그날을 바라보면서 기다려야 할 것입니다(12:12~13).

❖ 〈다니엘서〉를 정리해 봅시다.

	이사야	예레미야/애가	에스겔	다니엘
	새 시온	새 언약	새 성전	새 왕국
대선지서	이스라엘 심판	심판 선고	유다 심판	궁정 기사
	이방 심판			
	참 도움	심판 실현	이방 심판	
	히스기야			
	구원 약속	이방 심판		( )
	시온 회복	애가	회복	
	영원한 복			

High light Bible

하 이 라 이 트 성 경

5 부

호세아~말라기

새 시대의 소망

〈호세아서〉부터 〈말라기서〉까지 12권은 각 책의 분량이 적다하여 소선지서라고 합니다. 그런데 〈호세아서〉나 〈스가랴서〉는 14장으로 되어 있어 12장으로 된 〈다니엘서〉보다 길지만, 여전히 소선지서 안에 분류되어 있습니다. 이것은 소선지서 전체가 마치 한 권의 책인 것처럼 연결되어 있기 때문입니다. 히브리어 성경에서 소선지서는 12권이 아니라 1권으로 간주됩니다. 그러므로 소선지서를 읽을 때는 각 성경에 대한 이해도 중요하지만 소선지서 전체의 구성과 흐름 그리고 서로의 연관성을 살펴보는 것도 중요합니다.

소선지서의 배열은 대체로 역사적 흐름을 따른 것이지만 전후 순서가 딱 맞게 된 것은 아닙니다. 예를 들어 시대적인 순서로 따져 보면 호세아(주전 750년)는 아모스(주전 760년)나 요나(주전 780년)보다 뒤에 와야 하지만 가장 앞에 배치되어 있습니다. 이것은 호세아가 하나님과 그 백성의 수직적인 언약 관계를 다룸으로써 선지자들의 예언을 이해하는 데 기초를 제공하기 때문입니다. 즉 호세아는 하나님과 이스라엘 백성은 언약으로 결속된 관계이며, 그 안에서 하나님은 한결같이 그 백성을 사랑하시고 언약에 신실하셨지만, 그 백성은 하나님을 배반하여 심판을 초래했다는 것을 선포합니다.

〈호세아서〉가 언약 백성을 향한 하나님의 사랑을 이야기하며 소선지서를 열었다면 〈말라기서〉는 다시 하나님의 사랑을 이야기하며 소선지서를 마무리합니다. 비록 앞선 선지자들이 예언한 영광스러운 여호와의 날이 당대까지 이루어지지 않았지만 하나님은 여전히 언약 백성을 사랑하고 계신다는 것, 그리고 여호와의 날은 약속하신 대로 반드시 이루어질 것을 선포하며 종말에 대한 소망을 가지고 다가올 새 시대를 준비하며 살게 합니다.

결론적으로 소선지서 12권은 각각 별개의 책으로 떼어 볼 것이 아니라 전체의 구성을 생각하고 각 성경의 앞뒤 연결과 흐름을 염두에 두고 읽어야 합니다. 이렇게 소선지서를 전체로 읽기 위해서는 차례로 3권씩 묶어서 그 안의 작은 흐름을 살펴보고 전체로 연결시키는 것이 유익합니다.

호세아, 요엘, 아모스

대선지서 각각의 성경에서 보듯이 선지서의 흐름은 '심판'으로 시작하여 '회복'으로 진행됩니다. 소선지서 12권을 한 권으로 읽을 때 그 안에서도 이런 흐름을 발견할 수 있습니다. 처음 세 권 〈호세아서〉, 〈요엘서〉, 〈아모스서〉는 그 자체 안에 심판과 구원의 예언을 다 담고 있지만 소선지서 전체의 흐름에서 본다면 심판을 선고하는 역할을 합니다. 다시 말해서 〈호세아서〉, 〈요엘서〉, 〈아모스서〉는 소선지서 서두에서 이스라엘 백성이 하나님을 거역하고 언약의 의무를 다하지 못한 죄를 질책하며 그에 따르는 심판을 경고합니다. 호세아는 하나님의 언약적 사랑을 배반한 이스라엘의 음란함을 지적하며 회개하고 돌아올 것을 권고합니다. 요엘은 회개하지 않으면 심판을 받아 재난을 겪을 것이며, 반대로 회개하면 하나님이 재난을 돌이키시고 풍성한 복을 주실 것이라고 합니다. 아모스는 이 백성이 회개하지 않았기 때문에 하나님이 재난을 돌이키지 않으시고 무서운 심판을 내리실 것을 선고합니다.

질책과 경고: 언약 백성의 죄를 질책하며 심판을 경고합니다.

호세아: 배역한 백성	요엘: 회개의 촉구	아모스: 철저한 심판
여호와는 배역한 언약 백성을 질책하시며 그들이 회개하고 돌아오기를 기다리십니다.	회개하지 않으면 더 큰 심판이 있겠지만, 회개하면 풍성한 복을 주실 것입니다.	언약 백성이 회개하지 않으므로 하나님도 재앙을 돌이키지 않고 철저히 심판하십니다.

^A배역한 백성

선지자 호세아는 8세기 중엽 북왕국 이스라엘에서 활동했습니다. 호세아 당시의 이스라엘은 여로보암 2세의 통치 아래 옛 영토를 회복하고(왕하 14:22) 경제적 번영을 이루었습니다. 같은 시기에 남 유다 역시 웃시야(주전 792~740년경)의 통치로 팽창과 번영의 시대를 지내고 있었습니다. 남북 왕국이 모두 다윗과 솔로몬의 황금 시대에 버금가는 풍요와 영광을 누리고 있었지만 영적으로는 타락하여 우상숭배가 심했고, 사회적으로도 부정과 토색, 억압이 만연했습니다. 그래서 북 이스라엘은 여로보암 이후 극심한 정치적 혼란과 함께 계속 쇠퇴하다가 주전 722년에 신흥 제국 앗수르에 의해 멸망당했습니다. 이런 시대적 상황에서 호세아는 이스라엘이 하나님을 버리고 우상숭배하며 강대국을 의지하는 배역함을 질책하고, 그에 따른 심판으로 이스라엘이 멸망할 것을 예언했습니다. 그러나 동시에 이스라엘을 향한 하나님의 신실한 사랑으로 말미암아 하나님이 회복시키실 것을 예언하면서, 하나님에게로 돌아올 것을 촉구합니다.

〈호세아서〉는 크게 2단원으로 구분됩니다. 앞부분 1~3장은 호세아의 결혼을 다루는 전기적 기사이고, 나머지 4~14장은 예언의 말씀입니다. 예언의 말씀 가운데 4~10장은 이스라엘의 죄와 그에 따른 심판을 선고하며, 11~14장은 회개의 권고와 함께 회복의 약속을 제시합니다.

〈호세아서〉의 구조와 요점

1 결혼 기사 (1~3장)	호세아가 음란한 여인과 결혼하는 상징 행위로 이스라엘의 배역함을 질책합니다.		
	1) 음란한 고멜(1:1~2:1) 호세아가 하나님의 명령을 따라 음란한 고멜과 결혼하여 자식들을 낳았습니다.	**2) 음란한 백성**(2:2~2:3) 하나님이 배역한 이스라엘을 심판하시지만 후에는 언약 관계를 회복하실 것입니다.	**3) 재결합**(3장) 호세아가 음녀와 재결합하는 상징 행위로써 장차 이스라엘이 회복될 것을 예고합니다.
2 심판 선고 (4~10장)	하나님을 배반한 이스라엘이 온전히 회개하지 않아서 심판을 피할 수 없습니다.		
	1) 죄와 심판(4~5장) 이스라엘이 하나님을 알지 않고 우상을 숭배하므로 하나님이 심판하실 것입니다.	**2) 불성실한 회개**(6~7장) 이스라엘이 회개하는 것처럼 보였지만 온전히 돌아서지는 않습니다.	**3) 파멸의 확정**(8~10장) 하나님이 원수들로 이스라엘을 치게 하셔서 그들을 심판하실 것입니다.
3 회개 권고 (11~14장)	하나님은 심판 중에도 여전히 이스라엘을 사랑하시므로, 회개할 것을 권고하십니다.		
	1) 하나님의 사랑(11:1~11) 이스라엘을 자식처럼 돌보신 하나님의 사랑은 그들을 포기하지 않으십니다.	**2) 거짓된 백성**(11:12~13:16) 이스라엘은 하나님을 속이고 대적한 죄로 하나님의 심판을 받을 것입니다.	**3) 회개와 회복**(14장) 하나님은 배역한 백성이라도 돌아오기를 바라시며 풍성한 복을 약속합니다.

1. 결혼 기사(호 1~3장)

1~3장에서 선지자는 음란한 여인과 결혼하는 상징 행위를 통해 하나님과 이스라엘 백성의 관계를 보여 줍니다.

1) 음란한 고멜(1:1~2:1)

심판의 선고(1:1~9). 호세아는 하나님의 명령을 따라 음란한 여인 고멜과 결혼하여 세 자녀를 낳았습니다. 여기에서 음란한 여인은 배역한 이스라엘을 상징하고, 그 자식들에게는 이스라엘을 향한 하나님의 심판을 나타내도록 상징적인 이름이 지어졌습니다. (1) "이스르엘"은 이스르엘 골짜기라는 지명을 따라 지은 이름입니다. 이곳에서 예후가 이스라엘 왕 요람을 죽이고 아합 왕조의 잔당을 종식시켰습니다(왕하 9:14~27, 10:11). 그런데 호세아는 이스르엘에서 이스라엘이 군사적 패배를 맞게 될 것을 예고합니다. "이스르엘의 피를 예후의 집에 갚는다"고 했는데 이것은 예후 이후 4대를 이어온 강력한 예후 왕조가 망하게 될 것을 예언하는 것입니다(왕하 15:8~12). (2) "로루하마"는 '긍휼이 없다'는 의미로서, 이제 하나님의 긍휼하심이 북왕국 이스라엘을 떠나고 결국 그들은 멸망하게 될 것을 선고합니다. (3) "로암미"의 뜻은 '내 백성이 아니다'입니다. 이것은 이스라엘이 하나님의 소유된 백성이라는 언약적 지위를 상실하게 되는 것을 의미합니다.

〈열왕기하〉 10장 11절을 적어 봅시다.

238

회복의 약속(1:10~2:1). 그러나 심판이 끝이 아니고 회복의 약속이 뒤따라 나옵니다. 이스라엘이 패망했던 "이스르엘"에서 놀라운 국가적 회복이 일어나고, 이스라엘은 "암미"(내 백성) 곧 하나님의 백성으로 다시 세워지며, 그들을 향한 하나님의 "루하마"(긍휼)가 회복될 것입니다.

2) 음란한 백성(2:2~23)

버림 받을 이스라엘(2:2~13). 음란한 고멜과 같이 이스라엘은 하나님에게 음란한 아내였습니다. 하나님이 그 백성에게 그 땅에서 소산을 거두게 하시고 풍요를 주셨음에도 불구하고 그들은 가나안의 풍요의 신 바알이 그렇게 한 것처럼 바알을 숭배했습니다. 그래서 하나님은 마치 남편이 음행한 아내와 이혼하고 버리는 것처럼 배역한 이스라엘을 내치시고 그들로 하여금 극심한 시련을 겪게 하실 것이라고 했습니다.

언약 관계의 회복(2:14~23). 심판 후에 하나님은 이스라엘을 다시 아내로 맞아들이실 것을 말씀하십니다. "거친 들로 데리고 가서 말로 위로"(2:14)하는 모습은 마치 출애굽 후 하나님이 이스라엘 백성을 광야로 인도하시고 시내 산에서 언약의 말씀을 주신 때를 연상시킵니다. 또 "포도원을 그에게 주고 아골 골짜기로 소망의 문"(2:15)을 삼으시는 것은 가나안 땅을 기업으로 주셔서 정복하게 하신 때를 생각하게 합니다.

3) 재결합(3장)

하나님은 호세아에게 음행한 여인을 다시 사랑하라고 명령하셨고 호세아는 순종하여 여인을 다시 아내로 맞이했습니다. 이것은 이스라엘의 배역에도 불구하고 여전히 그 백성을 불쌍하게 여기시고 그들과 관계를 회복하기 원하시는 하나님의 심정을 보여 줍니다. 그래서 호세아는 이스라엘이 일정 기간 동안 시련을 겪다가 하나님과 다윗 왕조의 왕권 아래 돌아오게 될 것을 예언합니다.

2. 심판 선고(호 4~10장)

4장부터는 상징 행위가 아니라 직접적으로 하나님의 말씀을 선포합니다. 특히 4~10장에서 하나님은 마치 법정에서 이스라엘을 고소하듯이 그들의 죄를 질책하며 그에 따른 심판을 선고합니다.

1) 죄의 질책(4~5장)

이스라엘 백성의 죄를 고발하는 가운데 특히 그들에게 "하나님을 아는 지식"이 없다는 것이 강조되고 있습니다(4:1, 6, 5:4). 이 지식은 단순히 지적인 정보를 갖는 것이 아니라, 하나님을 인정하고 그분과 신실한 언약적 관계를 유지하는 것을 의미합니다.

호세아 시대에 이스라엘 백성은 하나님을 잊어버리고 우상을 숭배하여 하나님과의 언약 관계를 파기했습니다. 그래서 하나님은 그들을 떠나시고(5:6) 마치 젊은 사자와 같이 무섭게 그들을 공격하실 것이라고 경고하십니다(5:14). 하지만 하나님의 뜻은 그들을 멸망시키시는 것이 아니라 그 백성이 회개하고 하나님을 찾기를 기다리시는 것입니다(5:15).

2) 불성실한 회개(6~7장)

"오라 우리가 여호와께로 돌아가자 …… 우리가 여호와를 알자"(6:1~3)는 외침은 그 백성의 회개를 기다리시는 하나님의 기대에 대한 바른 응답이라고 할 수 있습니다. 그러나 문제는 그들의 '인애'가 오래 지속되지 못하고 아침 안개나 이슬과 같이 금방 사라진다는 것입니다(6:4). 하나님이 그 백성을 치료하시려고 해도 그들의 죄가 가로막았습니다(7:1). 그 백성은 진심으로 하나님을 찾은 것이 아니라 자신들의 탐욕을 위해 모였으며, 하나님을 거역하고 그에게 악을 행하였습니다(7:14~16).

3) 파멸의 확정(8~10장)

이스라엘의 죄와 불성실한 회개 때문에 하나님은 그 백성을 심판하실 것입니다. 이스라엘이 하나님의 언약을 파기하고 그의 율법을 어겼으므로 하나님은 이방의 원수들로 그 나라를 침략하게 하실 것입니다(8:1~7). 그때에 그들이 견고하게 쌓은 성들도 불에 타고 무너지게 될 것이며(8:14, 10:14), 금송아지를 비롯해 그들의 우상과 제단들도 다 파괴될 것입니다(8:5~6, 10:2, 5~6, 8). 또한 그 백성은 더 이상 약속의 땅에 살지 못하고 애굽과 앗수르 같은 이방 땅에 끌려가 부정한 음식을 먹게 될 것이며(8:13, 9:3, 6), 이스라엘의 왕 역시 심판을 피하지 못할 것입니다(10:7, 15).

3. 회개 권고(호 11~14장)

지금까지 하나님은 배역한 이스라엘에 대해 무서운 심판을 선고하셨지만, 11장에서부터 하나님은 그들을 향한 사랑과 긍휼을 말씀하시며 적극적으로 회개를 권고합니다.

1) 하나님의 사랑(11:1~11)

마치 부모가 자식을 낳고 양육하듯이 하나님은 이스라엘을 애굽에서 구출하여 내시고 그들의 길을 가르치고 돌보셨습니다(11:1~4). 이렇게 이스라엘은 하나님의 특별한 언약적 사랑을 받았지만, 그들은 하나님의 사랑과 은혜를 알지 못하고 하나님을 멀리했습니다. 그러므로 하나님이 그 백성을 심판하시어 앗수르의 포로가 되게 하시고, 그들의 성읍이 이방인의 칼에 짓밟히게 하실 것을 경고합니다(11:5~6). 그러나 하나님은 지극히 긍휼하신 분이라 그 백성을 아주 버리지 아니하시고 장차 그의 맹렬한 진노를 거두시고 그 백성을 이방의 포로에서 구원하여 그들의 기업에 다시 정착하게 하시기를 원하십니다(11:8~11). 그렇기에 그 백성이 회개하고 돌아오기를 간절히 기다리십니다.

〈호세아서〉 11장 8절을 적어 봅시다.

_____

_____

_____

2) 거짓된 백성(11:12~13:16)

하나님의 신실한 사랑에도 불구하고 이스라엘이 망할 수밖에 없는 것은 그 백성의 죄 때문입니다. 하나님은 그 백성의 진실한 회개를 원하시는데 그들은 속임수와 거짓으로 하나님을 대했습니다. 그들은 하나님을 의지하는 대신 애굽과 앗수르 같은 강대국의 도움을 요청하고(12:1) 우상을 만들어 섬겼습니다(13:2). 또한 하나님이 그들을 애굽에서 구출하시고 광야에서 먹이셨지만 그들은 풍요롭게 되자 교만하여 하나님을 잊었고(13:6), 그들을 도우신 하나님을 대적했습니다(13:9). 이와 같은 죄 때문에 이스라엘은 자연재해와 전쟁의 위협을 겪게 될 것입니다(13:15~16). 이것은 〈신명기〉에서 경고하신 언약의 저주에 따른 심판입니다(신 28:47~48).

3) 회개와 회복(14장)

호세아의 마지막 예언은 강력한 회개를 촉구하며 회복의 약속을 확증합니다. 즉 이스라엘을 향하여 앗수르를 의지하고, 우상을 섬기며 음란했던 죄를 떠나 하나님에게 돌아오라고 권고합니다(14:1~3). 이렇게 그 백성이 돌아오면 하나님은 다시 그들에게 복을 주셔서 땅이 풍성한 열매를 거두게 하실 것을 약속하셨습니다.

요엘

ⓑ 회개의 촉구

　　〈요엘서〉 안에는 시대적 배경을 알려 주는 구체적인 단서가 없기 때문에 그 연대를 확정하기가 어렵고, 다만 몇 가지 암시들을 가지고 추정할 수 있을 뿐입니다. 요엘은 메뚜기 재난이라는 현실적인 상황을 이야기하며 다가올 심판을 경고하고 있지만, 메뚜기 재난은 그다지 드문 일이 아니었으므로 연대에 대한 결정적인 증거가 되지 못합니다. 그래서 그 연대에 대해서 학자들은 요아스의 통치 초기(주전 835년)부터 포로 후기(주전 400년), 심지어 2세기 초에 이르기까지 다양한 이론을 제시합니다. 하지만 〈요엘서〉의 의미는 역사적 상황과 상관없이 분명하기 때문에 그 연대를 확정하는 일이 중요한 것은 아닙니다. 즉 〈요엘서〉의 경우 역사적 배경을 찾기보다 그 본문 자체의 메시지에 주목해야 합니다. 또한 현재 성경의 배열을 따라 앞의 〈호세아서〉, 뒤의 따라오는 〈아모스서〉와 각각 어떤 연관성을 갖고 있는지를 살펴보는 것도 의미가 있습니다.

　　〈요엘서〉는 전반부에서 강력한 심판의 메시지를 전하고(1:1~2:11), 회개의 권고를 한 다음(2:12~17), 후반부에서 회개한 후 달라지는 회복에 대해 생생하게 묘사합니다(2:18~3장). 한마디로 회개하느냐 하지 않느냐에 따라 달라지는 심판과 회복의 상반된 그림을 통해서 〈호세아서〉보다 더욱 강력하게 회개를 촉구하고 있습니다.

〈요엘서〉의 구조와 요점

1 재앙과 전쟁 (1:1~2:11)	하나님이 이스라엘을 심판하셔서 그 땅에 재앙과 전쟁이 있을 것을 경고합니다.	
	1) 땅의 황폐(1장) 메뚜기와 가뭄의 재앙으로 땅이 황폐해져 곡식과 포도주가 다 떨어져 먹을 것이 없는 기근을 탄식합니다.	**2) 외적 침입(2:1~11)** 하나님이 이스라엘을 심판하시려고 이방 군대를 불러 그 백성을 약탈하게 하실 것입니다.
2 회개 권고 (2:12~17)	하나님이 언약 백성에게 회개를 권고하시며 땅의 회복과 보호하심을 약속합니다.	
	1) 땅의 회복(2:12~14) 하나님에게로 돌아오면 하나님이 그 땅에서 재앙을 돌이키실 것이므로 진정으로 회개하라고 권고합니다.	**2) 외적 방어(2:15~17)** 하나님이 이방 대적들로부터 이스라엘을 구원하시고 보호해 주시도록 기도하라고 권고합니다.
3 풍성한 복 (2:18~3:21)	언약 백성이 회개한 후에 받게 될 새 시대의 풍성한 복과 구원을 보여 줍니다.	
	1) 복된 시대(2:18~32) 하나님이 그 땅에 풍요와 안전을 보장하시고 또 만민에게 하나님의 영을 부어 주실 것을 말씀합니다.	**2) 만국 심판(3장)** 하나님이 예루살렘에 임재하시면서 그의 백성을 괴롭힌 모든 나라를 심판하실 것입니다.

1. 재앙과 전쟁(욜 1:1~2:11)

1) 땅의 황폐(1장)

요엘의 예언은 메뚜기 재앙에 대한 탄식으로 시작합니다(1:4~7). 메뚜기 떼뿐만 아니라 가뭄 때문에도 곡식과 포도주가 떨어졌습니다(1:10). 그래서 곡식으로 하나님 앞에 드리는 소제와 전제도 끊어지고 그래서 백성이 드리는 소제와 전제를 먹고 살던 제사장들도 슬퍼합니다(1:9, 13, 16). 심지어 들짐승들조차 헐떡거린다 할 정도로 극심한 가뭄과 기근이 그 땅을 황폐하게 했습니다.

2) 이방 군대(2:1~11)

2장에서는 여호와가 군대를 일으켜 그 백성을 심판하실 날이 임박해 있다는 것을 경고합니다(2:1~11). 군인들이 사방에서 죽이고 약탈하는 모습을 생생하게 묘사합니다. 여기에서 문자적인 군대를 의미하는 것이 아니라 메뚜기 떼에 대한 비유적인 표현이라고 보는 해석도 있습니다. 하지만 〈신명기〉의 언약적 저주에 의하면 백성이 언약을 어기고 율법을 지키지 않았을 때 하나님은 그 땅을 재앙과 질병으로 치시고(신 28:20~24) 또 대적들의 침략을 받게 될 것이라고 했습니다(신 28:25~26). 그래서 앞에 나오는 호세아와 마찬가지로(호 13:15~16) 요엘도 두 가지 하나님의 언약적 심판을 말하고 있습니다. 즉 1장은 그 땅이 저주를 받아 자연 재앙의 심판을 받는 것을 설명하고, 2장은 대적들의 침략으로 심판이 임할 것을 예언하는 것입니다.

2. 회개 권고(욜 2:12~17)

1) 땅의 회복(2:12~14)

요엘이 시작부터 극심한 기근과 외적들의 침략의 상황을 상세하게 예언하는 목적은 그 백성이 회개하여 재앙을 피하도록 하려는 것입니다. 그래서 선지자는 그 백성에게 하나님의 은혜로우신 성품을 상기시키며 진정으로 회개하고 하나님에게로 돌아오라고 권면합니다.

이렇게 하나님 앞에 돌아오면 하나님은 그 땅의 저주를 거두시고 다시 복을 주셔서 논밭의 풍성한 소출로 끊어진 소제와 전제를 다시 드리게 하시지 않겠느냐고 질문하며 회개를 권고합니다.

<요엘서> 2장 13절을 적어 봅시다.

_____

_____

_____

2) 안전 보장(2:15~17)

선지자는 또한 외적의 침략에 대해서도 그 백성을 구원하시고 보호하실 분은 하나님이므로 하나님에게 기도하라고 합니다. 대적들의 침략으로 고통을 받는 것은 그들을 지키시는 하나님이 약해서가 아니라 그들의 죄 때문에 하나님이 심판하시는 것입니다. 그러므로 하나님에게 참회하는 것만이 구원의 길입니다..

3. 풍성한 복(욜 2:18~3:21)

회개의 메시지를 전환점으로 해서 〈요엘서〉 후반부는 하나님이 선포하시는 위로와 약속의 말씀을 전하는 예언으로 분위기가 달라집니다. 즉 그 백성이 진정으로 회개했을 때 따르는 회복을 약속하시는 말씀입니다.

1) 복된 시대(2:18~32)

"그 때에"(2:18)는 이 백성이 회개한 후에 하나님이 이루실 새 시대를 의미합니다. 하나님은 그 백성의 회개에 대해 응답하여 말씀하시기를 그 땅에서 풍성한 곡식을 거두게 하시고 이방의 대적들을 멀리 쫓아내실 것을 약속하십니다(2:19~20). 그래서 그 백성으로 영원히 수치를 당하지 않게 하시고(2:19, 26, 27) 그들이 풍족하게 먹고 마시며 즐거워하면서 여호와의 이름을 찬송할 것이라고 하십니다.

더욱 놀라운 것은 이 시대에 하나님의 영을 모든 육체에게 부어 주신다고 약속하신 것입니다(2:28~29). 구약 시대에 하나님의 영은 특별한 사람에게 일시적으로 내렸습니다. 그러나 새 시대에는 남녀노소를 막론하고 하나님이 성령을 부어 주심으로 그들 가운데 직접 역사하실 것입니다. 그러나 이 날은 어떤 사람들에게는 크고 두려운 날이 될 것이며 오직 여호와의 이름을 부르는 자들이 구원을 얻을 것입니다(2:30~32). 이 예언은 신약 시대에 와서 예수 그리스도의 이름을 믿고 부르는 자에게 부요함과 구원을 주시는 은혜로 나타났습니다(롬 10:12~13).

〈로마서〉 10장 12~13절을 적어 봅시다.

2) 만국 심판(3장)

여호와의 구원의 날이 왜 크고 두려운 날이 될 것인지 보다 자세하게 말씀합니다. 하나님이 언약 백성을 예루살렘에 모으신 후에 그 백성을 괴롭힌 모든 나라를 심판하실 것이기 때문입니다. 하나님은 여호사밧 골짜기로 이방 나라들을 모으시고 그들이 하나님의 백성을 괴롭힌 죄에 대해 심문하실 것입니다 (3:1~8).

하나님의 심판은 단지 심문에서 끝나지 않고 형벌까지 집행하십니다. 하나님은 여호사밧 골짜기로 만국 백성을 모으시고 거기에서 전쟁을 하실 것이라고 합니다(3:11~12). 이것은 여호사밧 때에 모압과 암몬과 에돔 족속이 연합하여 유다와 예루살렘을 공격하였으나 하나님이 그들을 자멸하게 하시고 유다 백성으로 많은 전리품을 얻게 하셨던 역사를 떠올리게 합니다(대하 20장). 백성은 감격하여 그곳을 브라가(축복) 골짜기라 하였고, 이방 모든 나라가 하나님에게 이스라엘의 적군을 치셨다는 소문을 듣고 하나님을 두려워하게 되었습니다. 이와 같이 하나님은 새 시대에 그 백성의 원수들을 물리치시고 다시는 그들이 하나님의 거룩한 성과 그 백성을 넘보지 못하도록 보호하실 것을 말씀합니다.

아모스

철저한 심판 ⓒ

  아모스는 남 유다의 웃시야와 북 이스라엘의 여로보암 시대에 지진이 일어나기 2년 전(약 760년)에 사역을 시작했습니다(암 1:1). 그는 남 유다의 목자요 농사꾼으로서 전문적인 선지자는 아니었지만 소명을 받고 북 이스라엘에서 활동했습니다(암 7:14~15).

  〈아모스서〉의 구조를 보면 전반적으로 심판을 선포하다(1:1~9:10), 마지막에 짧게 회복과 구원의 말씀으로 마감합니다(9:11~15). 심판의 예언은 다시 세 부분으로 나뉘어집니다. 첫 단원 1~2장은 이방 나라들과 유다와 이스라엘의 죄를 책망하고 그에 따른 심판을 선고합니다. 나머지 두 단원은 다섯 가지 변론 신탁(3~6장)과 다섯 가지 환상(7:1~9:10)으로서 이스라엘의 죄와 그에 따른 심판에 대해 보다 구체적으로 다루고 있습니다.

〈아모스서〉의 구조와 요점

1 선고 (1~2장)	하나님이 주변 나라와 이스라엘의 죄에 대하여 심판을 돌이키지 않으실 것을 선고합니다.	
	1) 주변 나라(1:1~2:5) 이스라엘 주변의 일곱 국가의 폭력과 압제의 죄를 질책하며 하나님의 심판이 있을 것을 경고합니다.	2) 이스라엘(2:6~16) 이스라엘의 죄에 대해 하나님이 심판하실 것을 선고하며, 그 이유와 심판의 엄중함을 설명합니다.
2 변론 (3~6장)	이스라엘이 언약 백성으로서 책임을 다하지 않았고, 회개하지도 않았기 때문에 하나님의 심판이 정당하다는 것을 변론합니다.	
	1) 논증(3:1~5:17) "들으라"로 시작하는 세 편의 설교로서, 이스라엘의 불의와 압제에 대한 심판이 정당함을 논증합니다.	2) 저주시(5:18~6:14) "화 있을진저"로 시작하는 두 편의 저주시로서, 여호와의 날의 두려움과 지도자들의 죄를 지적합니다.
3 환상 (7:1~9:10)	하나님이 이스라엘 백성의 죄를 참고 기다리시지만, 결국 심판이 불가피한 것을 환상을 통해 보여 주십니다.	
	1) 철회된 심판(7:1~6) 하나님이 이스라엘에 대해 메뚜기와 불의 심판을 작정하셨으나, 아모스의 중재로 돌이키셨습니다.	2) 확정된 심판(7:7~9:10) 하나님의 심판이 확정되고, 어느 누구도 그 심판을 피할 수 없습니다.
4 회복 (9:11~15)	심판 후에 하나님이 이스라엘 왕국을 회복하시고 풍성한 복을 내리실 것을 약속하십니다.	
	1) 왕국 재건(9:11~12) 하나님이 다윗 왕조를 회복하시고, 에돔을 비롯한 주변 나라가 그 지배 아래 있게 하실 것입니다.	2) 복의 약속(9:13~15) 이스라엘 백성이 포로에서 돌아와 약속의 땅에서 영원토록 풍성한 복을 누리게 될 것입니다.

1. 선고(암 1~2장)

1) 주변 나래(1:1~2:5)

표제(1:1~2). 아모스가 사역하던 시대의 상황과 그의 배경을 언급한 다음에 "여호와께서 시온에서 부르짖으시며 예루살렘에서부터 소리를 내시리니"라고 선포합니다. 이것은 〈요엘서〉의 마지막을 연상하게 합니다. 앞에서 요엘 역시 여호와가 시온에서 부르짖고 예루살렘에서 목소리를 내신다고 하면서, 여호와가 시온에서 그 백성을 복 주실 것을 예언했습니다(욜 3:16~21). 시온에서 부르짖는 용사의 이미지가 〈아모스서〉의 첫 부분에 그대로 나오면서 아모스는 요엘의 예언을 이어가는 것처럼 보입니다(암 1:2). 그러나 여기에서 아모스는 "목자의 초장이 마르고 갈멜산 꼭대기가 마르리로다"고 선포함으로써 그 백성을 향한 심판의 분위기를 암시하고 있습니다. 아모스는 마지막에 가서야 요엘과 같이 하나님이 그 땅에 복 주셔서 풍성한 열매를 거두게 하실 것을 예언합니다(암 9:13; 참조. 욜 3:18).

〈아모스서〉 1장 2절과 9장 13절을 적어 봅시다.

_____

_____

_____

_____

_____

심판의 경고(1:3~2:5). 아모스는 먼저 이스라엘의 주변의 일곱 나라에 대해 그들의 죄를 질책하며 하나님의 심판이 있을 것을 경고합니다. 적대적이거나 관계가 먼 세 나라로부터 시작해서 요단 동편에 있는 친족국인 세 나라 그리고 마지막으로 동족인 유다의 죄로 그 범위가 가까워집니다. 그러므로 선지자가 주변 나라의 죄에 대한 질책으로 시작하는 것은 이스라엘에 대한 심판의 경고를 위한 준비 과정과도 같은 것입니다. 이방 나라들도 하나님이 심판하시는데 하물며 율법을 받은 하나님의 언약 백성이 그 율법을 어기고 죄를 지었을 때 결코 징벌을 피할 수 없다는 것을 강조합니다.

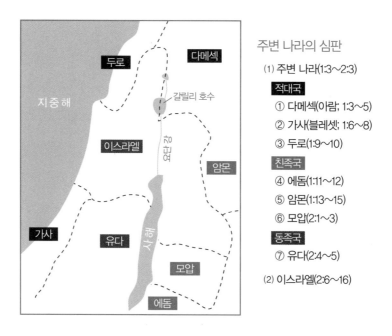

주변 나라의 심판

(1) 주변 나라(1:3~2:3)

적대국
① 다메섹(아람; 1:3~5)
② 가사(블레셋; 1:6~8)
③ 두로(1:9~10)

친족국
④ 에돔(1:11~12)
⑤ 암몬(1:13~15)
⑥ 모압(2:1~3)

동족국
⑦ 유다(2:4~5)

(2) 이스라엘(2:6~16)

2) 이스라엘(2:6~16)

이스라엘의 죄(2:6~12). 이방 나라에 대한 질책 끝에 아모스는 그 화살을 이스라엘에게 돌립니다. 주변 나라에 대한 심판의 말씀과 마찬가지로 "서너 가지 죄로 말미암아 내가 그 벌을 돌이키지 아니하리니"는 문구로 시작합니다. 그런데 다른 나라들에 대해서는 간략하게 죄를 언급하고 넘어갔지만 이스라엘에 대해서는 실제로 그 죄를 일곱 가지로 조목조목 열거합니다(2:6~8).

① 이는 그들이 은을 받고 의인을 팔며
② 신 한 켤레를 받고 가난한 자를 팔며
③ 힘 없는 자의 머리를 티끌 먼지 속에 발로 밟고
④ 연약한 자의 길을 굽게 하며
⑤ 아버지와 아들이 한 젊은 여인에게 다녀서 내 거룩한 이름을 더럽히며
⑥ 모든 제단 옆에서 전당 잡은 옷 위에 누우며
⑦ 그들의 신전에서 벌금으로 얻은 포도주를 마심이니라.

아모스가 질책하는 이스라엘의 죄는 주로 가난한 이웃에 대한 압제에 초점을 맞추고 있습니다. 앞에서 지적된 이방 나라의 죄 역시 주로 폭력과 압제 혹은 형제애를 버린 경우였습니다. 이스라엘의 범죄 역시 이웃에 대한 억압과 학대와 관련된 것이며, 이것은 유다의 경우와 마찬가지로 여호와의 율법을 버린 죄에 해당합니다.

하나님 나라의 삶의 원리는 한편으로 하나님을 사랑하고 다른 한편으로 이웃을 사랑하는 것입니다. 아모스와 같은 시대에 사역했던 호세아는 이스라엘 백성이 하나님을 사랑하는 것에 실패한 영적 타락을 책망했습니다. 즉 하나님과의 수직적 관계를 다루었습니다. 아모스는 그 공동체 안에서 벌어지는 억압과 부패 등 사회적 불의에 주로 관심을 기울여 수평적 관계를 바로 세우려고 했습니다.

다른 나라들에 대한 선고와 또 하나 다른 점은 하나님과 이스라엘의 특별한 관계가 강조되고 있다는 것입니다(2:9~12). 하나님은 이스라엘 백성을 애굽에서 이끌어 내시고 또 이방 족속을 가나안 땅에서 몰아내어 그 백성으로 정착하게 하셨습니다. 그런데 이스라엘 백성은 이와 같은 하나님의 은혜를 배

반하고 선지자를 통해 주시는 하나님의 말씀을 거역했습니다.

피할 수 없는 형벌(2:13~16). 이 백성의 죄에 대해 하나님이 심판하시므로 아무도 피할 수 없다는 것을 아모스는 일곱 행의 시적인 표현으로 선고했습니다. 하나님은 사랑이시지만 심판하실 때는 이만큼 철저하고 엄중하게 응징하시는 무서운 분인 것을 강조하고 있습니다.

① 빨리 달음박질하는 자도 도망할 수 없으며
② 강한 자도 자기 힘을 낼 수 없으며
③ 용사도 자기 목숨을 구할 수 없으며
④ 활을 가진 자도 설 수 없으며
⑤ 발이 빠른 자도 피할 수 없으며
⑥ 말 타는 자도 자기 목숨을 구할 수 없고
⑦ 용사 가운데 그 마음이 굳센 자도 그 날에는 벌거벗고 도망하리라.

2. 변론(암 3~6장)

1) 논증: "들으라"
　(1) 죄의 보응(3장)
　(2) 완악한 백성(4장)
　(3) 애가(5:1~17)
2) 저주시: "화(禍) 있을진저"
　(4) 어두운 여호와의 날(5:18~27)
　(5) 지도자들 심판(6:1~14)

1) 논증(3:1~5:17)

선지자는 "들으라"로 시작하는 세 편의 설교로 이스라엘의 죄에 대해 하나님이 심판하실 수밖에 없는 이유를 설명합니다.

첫 번째 설교: 죄의 보응(3장). 이스라엘은 하나님과 특별한 언약 관계에 있기 때문에 하나님이 그 죄값을 치르게 하십니다(3:1~2). 아모스는 하나님이 심판을 작정하셨다는 것을 일곱 질문의 형식으로 변증하고(3:3~6), 자신이 말하는 심판의 말씀이 하나님에게로부터 왔다는 것을 역설

합니다(3:7~8). 이것은 심판의 말씀을 거부하는 자들을 향한 경고입니다(2:12, 7:13). 선지자는 임박한 하나님의 심판이 어떻게 나타날지 구체적으로 설명합니다. 하나님은 그 백성의 궁궐이 대적들에게 약탈당하게 하시고 불사르게 하시며, 그 제단들을 헐어버리실 것입니다(3:9~15). 즉 이스라엘의 모든 정치적인 기반과 종교적인 기반을 다 파괴하실 것을 선고합니다.

두 번째 설교: 완악한 백성(4장). 선지자는 이스라엘의 수도 사마리아 성 안에서 벌어지는 집권층과 기득권자들의 사치와 부패, 약자에 대한 억압 등을 지적하고 심판을 경고합니다(4:1~3). 이웃을 그렇게 압제하면서 하나님을 섬긴다고 하는 그들의 위선적인 종교 생활에 대해서도 질책합니다(4:4~5). 그리고 하나님이 그 백성을 돌이키시려고 일곱 가지 경고의 심판을 내리셨지만 - 기근(4:6), 가뭄(4:7~8), 병충해(4:9a), 메뚜기(4:9b), 전염병(4:10a), 전쟁(4:10b), 파괴(4:11) - 그 백성은 완악하여 돌아오지 않았습니다. 그래서 하나님은 더 큰 심판으로 그들을 치실 것이라고 경고합니다. 앞에서 호세아는 하나님이 배역한 백성을 기다리신다고 하며 돌아오기를 촉구했습니다. 요엘은 하나님의 무서운 심판과 풍요로운 회복을 대조하면서 그들의 회개를 촉구했습니다. 아모스는 이제 그 백성이 돌아오지 않으므로 심판이 불가피하다고 선언합니다.

세 번째 설교: 이스라엘을 위한 애가(5:1~17). 선지자는 심판으로 말미암아 무너질 이스라엘에 대한 애가를 부릅니다(5:1~3). 그러면서 비록 심판이 임박해 있지만 오직 여호와를 찾고(5:4~6), 악에서 떠나 선을 구하면(5:14~15) 살 수 있다고 하며 회개를 권고합니다. 그러나 이 백성은 여전히 선지자의 책망을 거부하고 이웃을 압제하며 불의를 행하므로 하나님은 이들을 망하게 하실 것입니다 (5:7~13). 그래서 결국 이 나라에는 애곡하는 소리만 남을 것입니다(5:14~15).

A 심판 예고: 애가(5:1~3)
 B 회개 촉구: 여호와를 찾으라(5:4~6)
  C 이스라엘의 죄와 심판(5:7~13)
 B′ 회개 촉구: 선을 찾으라(5:14~15)
A′ 심판 예고: 애곡(5:16~17)

2) 저주시(5:18~6:14)

"화 있을진저"로 시작하는 두 편의 저주시는 심판의 메시지를 더욱 강력하게 전달합니다. 첫 번째 저주시는 하나님과의 수직적 관계의 단절을 그리고 두 번째 저주시는 수평적 관계의 단절을 보여 줍니다.

첫 번째 저주시: 어두운 여호와의 날(5:18~27). 충격적이게도 선지자는 "여호와의 날을 사모하는 자"들에게 화가 있을 것이라고 저주합니다. 신약의 성도들이 예수 그리스도의 재림을 사모하는 것처럼 여호와의 날을 사모하는 것은 신실한 성도들의 표징일 것입니다. 그런데도 아모스가 여호와의 날을 사모하는 자들에게 화를 선언하는 이유는 그 백성이 여호와의 날의 양면성을 간과하고 있기 때문입니다. 여호와의 날은 신실한 성도들에게 구원의 날이지만 패역한 자들에게는 심판의 날입니다. 하나님의 뜻을 거역하고 살면서 근거 없는 낙관주의로 하나님의 복주시는 날을 기대하는 백성에게 선지자는 단호하게 여호와의 날은 빛이 아니라 캄캄하고 어두운 날이라고 선언합니다(5:18, 20). 이 점에서 아모스는 여호와의 날이 캄캄한 날이요, 두려운 날이라고 선포한 요엘과 함께합니다(욜 2:1~2, 11). 이 백성은 여호와의 날을 기대하며 절기를 지키고 번제를 드리지만 하나님은 그들의 위선된 종교 행위를 거부하시고 그들의 찬양도 듣지 않으십니다(5:21~23). 진정으로 하나님이 원하시는 것은 정의와 공의가 그 땅에 마르지 않는 강처럼 흐르게 하는 것입니다. 그러나 이스라엘은 그 뜻을 따르지 않았으므로 포로로 사로잡혀 갈 것입니다(5:27).

〈요엘서〉 2장 11절을 적어 봅시다.

두 번째 저주시: 불의한 지도자(6:1~14). 두 번째 저주시의 대상은 "시온에서 교만한 자와 사마리아 산에서 마음이 든든한 자"(6:1)입니다. 이들은 남 유다와 북 이스라엘 수도에 있는 고관들입니다. 이들은 최고의 명품을 갖추고 살면서 자기들만의 향락과 사치를 즐기고 이웃의 환난에 대해서는 외면했습니다(6:4~6). 그러므로 하나님은 그들이 가장 먼저 포로로 잡혀가게 하시고 그들의 화려한 궁궐과 성읍을 원수들에게 짓밟히게 하실 것입니다(6:7~8). 하나님은 한 나라를 일으켜 그들을 치게 하신다고 했고(6:14), 결국 이스라엘은 이 경고대로 앗수르에 의해 멸망했습니다.

3. 환상(암 7:1~9:10)

아모스는 앞에서 예언의 말씀으로 이스라엘이 받을 심판을 선고했는데 여기에서는 다섯 편의 환상을 통해 하나님의 심판이 확정되었음을 선포합니다.

1) 철회된 심판(7:1~6)

처음 두 환상은 하나님이 심판을 철회하신 것을 증거합니다. 하나님은 이스라엘을 심판하시기 위해 메뚜기 재앙과 불 심판을 예비하셨지만 아모스의 중보기도를 들으시고 뜻을 돌이키셨습니다.

환상 1. 메뚜기 재앙

환상 2. 불 심판

2) 확정된 심판(7:7~9:10)

하나님은 그 백성을 불쌍히 여기시고 심판을 돌이키시는 은혜로운 분이지만, 무작정 죄를 간과하시는 분은 아닙니다. 세 번째 환상에서 본 다림줄은 하나님이 분명한 기준을 가지고 공의롭게 심판하시는 분인 것을 말합니다. 이제 더 이상 아모스는 백성을 위해 기도하지 못합니다. 하나님의 심판이 확정되었기 때문입니다(참고. 렘 7:16). 하나님은 더 이상 그들을 용서하지 않으시고 그들의 성소와 왕궁을 쳐서 무너뜨리신다고 합니다.

아모스의 예언에 대해 벧엘의 제사장 아마샤가 발끈하여 왕의 성소와 나라의 궁궐을 모독하는 예언을 하지 말라고 했습니다(7:10~13). 그는 하나님의 뜻을 분별하지 않고 권세자에게 아부하는 부패한 종교인의 전형이었습니다.

아모스는 여기에 굴하지 않고 아마샤의 집에 저주를 선포하면서, 더욱 확고하게 이스라엘이 포로로 끌려갈 것을 예언했습니다.

네 번째 환상으로 아모스는 여름과일 한 광주리를 보았습니다(8:1). 여름과일은 히브리어로 '카이츠'라고 하며 무화과나 석류를 가리키는데 이것은 '끝'을 의미하는 히브리어 '케츠'와 소리가 비슷합니다. 그래서 이 환상과 함께 하나님은 더 이상 그 백성을 용서하지 않으시고 이스라엘의 '끝'이 오게 하신다는 것을 선고합니다(8:2).

다섯 번째 환상으로 아모스는 성소를 파괴하고 그 백성을 죽이라고 명령하시는 여호와를 봅니다. 남은 자까지도 칼로 죽이시고 숨어 있는 자도 끝까지 찾아내어 처단하시는 철저한 심판을 묘사합니다.

그러나 이렇게 철저한 심판의 예언으로 그 백성에게 경고를 주시는 가운데에도 하나님은 언약 백성을 "온전히 멸하지는 아니하리라"는 약속을 주십니다(9:8).

| 환상 3. 다림줄 | 환상 4. 여름 과일 광주리 | 환상 5. 성소의 파괴 |

〈예레미야서〉 7장 16절을 적어 봅시다.

_____

_____

4. 회복(암 9:11~15)

〈아모스서〉의 마지막은 비록 짧지만 소망의 메시지를 전합니다. 즉 하나님이 심판하신 후에 그 나라와 백성을 회복하시고 풍성한 복을 다시 주실 것을 예언합니다.

1) 왕국 재건(9:11~12)

하나님은 다윗의 무너진 장막을 다시 세우실 것을 약속합니다. 이것은 다윗 왕조의 회복을 의미합니다. 북 이스라엘이 다윗 왕조와 결별하고 타락하여 결국 이방 나라에 짓밟히겠지만 다윗의 자손을 중심으로 회복될 하나님 나라에 구원의 소망이 있습니다. 하나님의 백성이 에돔의 남은 자와 만국을 기업으로 얻는다는 것은 성도의 궁극적인 승리를 보장하는 것입니다. 이것은 성도들이 나라를 얻을 것이라고 한 다니엘의 예언처럼(단 7:18, 22, 27) 세상 권세를 이기고 하나님 백성의 나라가 든든하게 서는 것을 의미합니다. 그러나 이것은 이웃 나라를 정복하고 약탈하는 제국주의를 의미하는 것이 아니라 온 세상에 정의와 평화가 이루어지는 하나님 나라의 회복을 소망하는 것입니다.

〈다니엘서〉 7장 27절을 적어 봅시다.

_____

_____

_____

2) 복의 약속(9:13~15)

호세아와 요엘처럼 아모스 역시 회복된 하나님 나라에서 하나님이 언약 백성이 기업으로 얻은 땅에서 풍성한 복을 얻게 될 것을 예언합니다. 추수가 끝나자마자 곧 바로 씨를 뿌리고, 씨를 뿌리자마자 포도 열매를 거두어 포도즙을 수확한다고 할 만큼 땅에서 풍성한 소출을 거두게 될 것입니다. 또한 이 백성이 약속의 땅에 정착하여 다시는 쫓겨나지 않도록 하나님이 영원한 안전을 보장해 주셨습니다.

❖ 〈호세아서〉, 〈요엘서〉, 〈아모스서〉를 정리해 봅시다.

	질책과 경고	회개의 권고	멸망의 선고	궁극적 소망
소선지서	호세아 ( )			
	요엘 ( )			
	아모스 ( )			

※ 〈호세아서〉, 〈요엘서〉, 〈아모스서〉 외에 나머지 빈칸은 해당 단원에 가서 차례로 정리할 것입니다.

2과
오바댜, 요나, 미가

소선지서의 처음 세 권 〈호세아서〉, 〈요엘서〉, 〈아모스서〉는 주로 그 백성의 죄를 질책하며 그에 따른 심판을 경고했습니다. 그다음에 오는 두 번째 모음 〈오바댜서〉, 〈요나서〉, 〈미가서〉는 언약 백성에 대한 하나님의 사랑과 은혜를 강조하며 회개를 권고합니다. 즉 하나님은 그 백성을 심판하시더라도 여전히 그 백성을 사랑하시고 또 인자와 긍휼이 무궁하신 분이라 그들을 완전히 멸망시키지 않으시면서, 그들이 회개하고 돌아오기를 기다리신다는 것입니다. 〈오바댜서〉는 이스라엘과 에돔을 비교하며 하나님은 여전히 그 언약 백성에 대한 사랑을 놓지 않으신다는 것을 말합니다. 〈요나서〉는 비록 이스라엘을 향한 심판이 확정되었다 하더라도 하나님은 여전히 그 백성을 아끼시고 그들이 회개하고 돌아오기를 기다리신다는 것을 강조합니다. 〈미가서〉는 이스라엘이 멸망한 것처럼 유다도 멸망할 것을 예고하면서도 하나님은 인애를 기뻐하시므로 오래 진노하지 않으신다는 것을 선포합니다.

회개의 권고: 하나님의 은혜를 강조하며 회개를 권고합니다.

오바댜: 에돔 심판	요나: 긍휼하신 주	미가: 인애하신 주
언약 백성이 망했다고 좋아하며 함께 괴롭힌 원수 에돔을 하나님이 심판하십니다.	하나님은 심판을 작정했다가도 회개하면 망하지 않게 하시는 긍휼하신 분입니다.	이스라엘이 망한 것처럼 유다도 망하지만 하나님은 회복하게 하시는 인애한 분입니다.

오바댜

Ⓐ 에돔 심판

선지자 오바댜에 대해서는 알려진 것이 없어서 그의 연대를 알 수가 없습니다. 성경 학자들은 주전 850년부터 400년대에 이르기까지 다양한 추측을 제시합니다. 유다 멸망을 암시하는 문구들(12~14절)과 바벨론 포로를 암시하는 문구(20절)에 근거해 우리는 이 예언을 포로 시대나 그 이후의 것으로 추정할 수 있습니다. 그러나 〈요엘서〉와 마찬가지로 이런 경우에는 그 역사적인 배경보다 메시지의 의미에 주목할 필요가 있습니다.

한 장으로 된 이 짧은 예언서는 주로 에돔에 대한 심판을 다루고 있습니다(참고. 렘 49:7~22). 에돔은 야곱의 쌍둥이 형 에서의 후손들입니다. 따라서 이들은 야곱의 후손인 이스라엘에게 친족국이었고, 이에 하나님은 이스라엘이 출애굽하여 가나안으로 진행할 때 그들과 전쟁하거나 약탈하지 말고 그대로 통과하게 하셨습니다(신 2:4~8). 그러나 에돔 족속은 이스라엘이 재난 가운데 있을 때 형제로서 돕기보다 오히려 이스라엘의 불행을 기뻐하고 그들을 약탈하기까지 했으므로 심판을 받게 됩니다.

〈아모스서〉의 마지막에 이스라엘이 에돔의 남은 자를 얻을 것이라는 예언이 있으므로(암 9:12) 에돔의 심판을 예언한 〈오바댜서〉가 〈아모스서〉 뒤에 오는 것은 자연스럽습니다. 그러나 〈오바댜서〉가 에돔의 운명을 말하는 것이 목적이 아닙니다. 〈오바댜서〉는 에돔의 심판을 통해서 언약 백성을 향한 하나님의 사랑을 말씀하는 것입니다. 〈오바댜서〉가 에돔의 심판을 통해 언약 백성의 구원을 선포한다는 것은 그 구조를 봐도 알 수 있습니다. 〈오바댜서〉 전반부(1~14절)는 에돔의 죄와 그에 따른 하나님의 심판을 이야기합니다. 그러나 후반부는(15~21절) 시온에서 이루실 하나님의 구원에 초점을 맞추고 있습니다.

〈오바댜서〉의 구조와 요점

1 에돔 심판 (1~14절)	하나님은 이스라엘이 망할 때 조롱하고 괴롭힌 친족국 에돔을 심판하십니다.	
	1) 심판 선고(1~9절) 하나님이 교만한 에돔을 철저하게 심판하시어 낮추시고 다른 나라들에게 약탈당하게 하실 것입니다.	**2) 심판 이유(10~14절)** 에돔이 심판받는 것은 이스라엘이 다른 나라에게 약탈당할 때 방관하고 약탈자들과 함께 했기 때문입니다.
2 시온의 승리 (15~21절)	하나님이 에돔과 이방 대적들을 심판하시고 언약 백성으로 시온 산에서 승리하게 하실 것입니다.	
	1) 심판의 본보기(15~16절) 하나님이 만국을 심판하실 때, 특히 에돔이 본보기로 심판을 받을 것입니다.	**2) 시온의 구원(17~21절)** 하나님의 백성이 시온 산에서 구원을 얻고 기업을 회복하며 주변 나라까지도 얻게 될 것입니다.

1. 에돔 심판(옵 1~14절)

1) 심판 선고(1~9절)

오바댜는 하나님이 여러 나라들을 불러 에돔을 치게 하신다는 경고로 시작합니다. 에돔은 바위틈에 거주하며 높은 곳에 살기 때문에 교만했지만 결국 처절하게 약탈당했다고 했습니다(1:3~5). 물론 이 예언은 에돔의 지리적 환경을 반영하고 있습니다. 에돔이 자리 잡은 세일 산은 사해 남쪽 높고 험한 바위산 지역으로서 즉 천연적인 요새를 형성하고 있었습니다. 그런데 소선지서의 흐름을 따라 읽을 때 이 묘사는 〈아모스서〉와 연결됩니다. 앞에서 아모스는 하나님이 이스라엘 백성을 철저히 심판하여 징벌하실 것을 말했습니다(암 9:1~4). 그들이 심판을 피해 아무리 높이 올라가고 아무리 깊은 곳에 숨어도 반드시 하나님이 찾아내어 처단하실 것이라고 했습니다.

2) 심판 이유(10~14절)

에돔이 심판받는 이유는 예루살렘이 환난을 당할 때 그들도 동참하여 괴롭혔고(참고. 욜 3:19~20) 그렇게 하나님의 백성이 패망할 때 친족국으로서 돕기보다 방관하고 즐거워했기 때문입니다. 이것은 비록 언약 백성이 죄로 말미암아 망하게 되더라도 하나님은 그 백성을 핍박하는 자들에게 여전히 분개하신다는 것을 보여 주며, 따라서 심판 중에도 그 백성에 대한 하나님의 사랑이 아주 끊어지지 않는다는 것을 말합니다.

〈요엘서〉 3장 19~20절을 적어 봅시다.

_____

_____

_____

2. 시온의 승리(옵 15~21절)

1) 심판의 본보기(15~16절)

하나님이 만국을 심판하실 날에 에돔은 하나님의 백성을 괴롭힌 원수의 전형으로서 심판을 받을 것입니다.

2) 시온의 구원(17~21절)

세일 산의 에돔이 심판을 받아 "없던 것 같이" 패망하는 것과 대조되게 시온 산의 하나님의 백성은 구원을 받고 기업을 누릴 것입니다. 19절의 네겝과 에서의 산은 남쪽, 평지와 블레셋은 서쪽, 그리고 길르앗은 요단 동쪽의 땅에 해당합니다. 그리고 20절의 사르밧은 북쪽으로 두로를 넘어서는 곳입니다. 이와 같이 그 백성의 기업이 동서남북 사방으로 확장되고 그들은 대적들을 정복하고 심판하는 위치에 있게 될 것입니다.

〈사도행전〉 6장 7절과 9장 31절을 적어 봅시다.

_____

_____

_____

_____

요나

긍휼하신 주 Ⓑ

　요나는 여로보암 2세(주전 793~753년)의 영토 회복에 대해서 예언한 선지자입니다(왕하 14:25). 특이하게도 〈요나서〉는 예언의 말씀보다 요나의 활동에 대한 전기적인 묘사로 되어 있습니다. 또한 요나의 사역은 이스라엘에서 이루어진 것이 아니라 앗수르의 수도 니느웨를 대상으로 한 것입니다. 앗수르는 이후에 북왕국 이스라엘을 멸망시킬 원수이지만(주전 722년), 요나가 사역할 당시에는 아직 고대 근동에서 패권을 잡지 못한 미미한 나라였습니다. 그런데 하나님이 이곳에 요나를 보내 심판의 메시지를 전하게 하셨고, 그 말씀을 듣고 니느웨 백성이 회개하여 멸망하지 않게 되었다는 것이 〈요나서〉의 줄거리입니다.

　〈요나서〉의 구조를 보면 1~2장은 요나의 개인적인 구원에 대한 것입니다. 3~4장은 이방 족속인 니느웨 백성의 구원을 말합니다. 이들은 요나의 예언을 듣고 회개하여 멸망하지 않게 되었습니다. 바로 앞의 〈오바댜서〉는 에돔을 심판하시고 언약 백성을 구원하시는 하나님에 대해 말씀했는데 그와 달리 〈요나서〉는 보편적인 하나님을 보여 주는 것 같습니다. 하나님은 이스라엘만 사랑하시는 것이 아니라 니느웨 백성도 아끼시는 분으로 묘사되기 때문입니다. 물론 다른 선지자에서 보듯이 이방인의 구원은 하나님의 전체 구원 역사에 중요한 비중을 차지합니다. 그러나 소선지서의 전체적 흐름에서 볼 때 〈요나서〉가 전달하려고 하는 메시지는 하나님의 보편적인 사랑이나 이방 선교의 필요성을 강조한다기보다는 하나님의 성품을 알리는 데 강조점이 있습니다. 즉 여호와는 심판을 작정하셨더라도 회개하는 자를 불쌍히 여기셔서 재앙을 돌이키시는 긍휼하신 하나님이라는 것입니다. 이렇게 긍휼하신 하나님을 증거함으로써 그 언약 백성에게 회개를 권고하는 것이 〈요나서〉의 주목적입니다.

〈요나서〉의 구조와 요점

1 요나의 구원 (1~2장)	요나가 하나님의 소명을 거역하고 도망가다 죽을 뻔했는데, 회개하여 구원받았습니다.	
	1) 소명의 거부(1장) 요나가 니느웨에 심판을 선포하라는 하나님의 명령을 거역하고 딴 길로 가다 물고기에게 삼켜졌습니다.	**2) 요나의 기도**(2장) 요나가 물고기 뱃속에서 3일을 있으면서 하나님의 응답과 구원을 감사하며 기도했습니다.
2 니느웨 구원 (3~4장)	니느웨 백성이 회개하자 하나님은 뜻을 돌이켜 심판을 거두시는 은혜를 베푸셨습니다.	
	1) 니느웨의 회개(3장) 요나가 니느웨에 가서 멸망을 선포하자 니느웨 백성이 회개했고, 하나님은 작정하신 심판을 거두셨습니다.	**2) 하나님의 은혜**(4장) 하나님이 니느웨를 용서하시므로 요나가 불평했지만, 하나님은 니느웨도 아끼시는 은혜로우신 분입니다.

1. 요나의 구원(욘 1~2장)

1) 소명의 거부(1장)

요나는 여로보암 2세(주전 793~753년) 때 이스라엘의 영토 확장을 예언한 선지자입니다(왕하 14:25). 그의 사역 시기는 아직 앗수르가 고대 근동의 강국으로 등장하기 이전으로 추정됩니다. 하나님은 니느웨의 악독을 보시고 요나에게 니느웨에 가서 사역하도록 보내셨습니다. 하지만 요나는 이를 거역하고 하나님을 피해 니느웨와 정반대 길로 배를 타고 도망갔습니다.

그가 탄 배가 풍랑을 만나 모두들 살려고 아우성일 때 요나는 배 밑층에서 깊은 잠을 자고 있었습니다. 이때 선장이 요나를 깨우며 "일어나서 네 하나님께 구하라 혹시 하나님이 우리를 생각하사 망하지 아니하게 하시리라"(1:6)고 말했습니다. 선장의 말은 〈요나서〉의 핵심 주제와 연결됩니다. 즉 하나님을 거역한 요나 때문에 풍랑으로 망하게 되었더라도 하나님의 은혜를 구하면 그 풍랑을 거두시지 않겠냐는 것입니다. 요나가 이 풍랑이 자신 때문인 것을 고백하고, 사람들은 여호와를 두려워하여 그를 바다에 던졌습니다. 그리고 큰 물고기가 그를 삼켜 사흘 동안 그는 물고기 뱃속에 있었습니다.

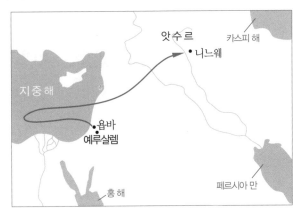

2) 요나의 기도(2장)

물고기 뱃속에서 요나는 하나님에게 기도했습니다. 요나의 기도는 절망스러운 상황에서 하나님에게 부르짖었더니 하나님이 응답하시고(2:2) 그를 죽지 않도록 구원하신 것을 감사하는 기도였습니다(2:9). 그러므로 요나의 기도 역시 '심판을 돌이키시는 하나님의 은혜'라는 중심 주제를 이어가고 있습니다.

2. 니느웨 구원(욘 3~4장)

1) 니느웨의 회개(3장)

물고기가 요나를 육지에 토해낸 후 요나는 다시 하나님의 명령을 받아 니느웨로 가서 말씀을 선포했습니다. "사십 일이 지나면 니느웨가 무너지리라"는 요나의 예언을 듣고 니느웨 사람들이 금식을 선포하며 거친 베옷을 입었습니다. 이것은 애통과 회개의 표시였습니다. 이 소식을 왕도 듣고 온 백성으로 금식과 회개를 하라는 조서를 내렸습니다. 그의 조서에 〈요나서〉의 중심 주제가 잘 나타나 있습니다.

하나님은 이방 백성이라도 그들이 악한 길에서 돌이켜 떠난 것을 보시고 작정하신 재앙을 내리지 않으셨습니다. 이것은 하나님의 은혜로우신 성품의 결과입니다(참고. 렘 18:7~10).

〈요나서〉 3장 8~9절을 적어 봅시다.

_____

_____

_____

_____

2) 하나님의 은혜(4장)

하나님이 니느웨의 회개를 보시고 재앙을 내리지 않으시자, 요나는 성내며 하나님에게 따져 물었습니다. 비록 그의 행동은 불손했지만 이때 그의 입에서 나온 하나님의 성품에 대한 고백은 〈요나서〉의 핵심 주제를 잘 드러냅니다.

하나님은 은혜롭고 자비로우신 분이라 노하기를 더디하신다는 이 고백은 성경에서 자주 증거되는 하나님의 본질적인 성품입니다(참고. 출 34:6; 시 86:15). 소선지서 안에서도 요엘이 이것을 증거했습니다(욜 2:13). 하지만 요나는 입술로는 그렇게 인정하면서도 정작 하나님이 은혜로 니느웨를 구원하신 것을 받아들이지는 못했습니다. 차라리 자신의 생명을 거두어 달라고 할 정도로 분을 내었습니다. 여기에 대해 하나님은 요나에게 박 넝쿨을 사용하여 교훈하시며 하나님이 니느웨의 백성을 아끼신다는 것을 가르치셨습니다.

결론적으로 〈요나서〉의 중심 메시지는 하나님이 은혜롭고 자비로우신 분이라 심판을 작정하셨어도 회개하면 뜻을 돌이켜 재앙을 거두신다는 것입니다. 하나님은 니느웨 백성의 본을 통해서 이것을 보다 확실하게 보이셨습니다. 즉 하나님이 니느웨 백성도 회개하면 용서해 주셨는데 하물며 그 택하신 백성이 회개하면 더 아끼시고 재앙을 돌이키지 않으시겠습니까? 하지만 북 이스라엘은 회개하지 않아서 결국 아모스의 예언대로 망했습니다. 그래도 아직 유다는 남아 있습니다. 그래서 요나 다음에 오는 미가는 하나님의 인애를 강조하며 남 유다와 예루살렘을 향하여 북 이스라엘의 전철을 밟지 말고 회개하여 심판을 받지 않도록 회개를 촉구합니다.

〈요나서〉 4장 2절을 적어 봅시다.

미가

인애하신 주 ⓒ

미가는 요담(주전 740~732년), 아하스(주전 735~715년), 히스기야(주전 729~686년) 시대에 활동한 남 유다의 선지자로서 이사야와 같은 시대에 사역했습니다. 다만 이사야가 주로 예루살렘 궁정에서 왕들을 상대하여 예언하면서 예루살렘의 운명과 다윗 왕조에서 날 메시아에 초점을 맞춘 반면, 미가는 서민들의 입장에 서서 주로 부자와 지도자들의 죄를 책망하고 있습니다. 그래도 같은 시기에 사역한 만큼 두 사람의 예언에는 일맥상통한 면이 많이 있습니다. 이 시대는 특히 북 이스라엘이 멸망하는 시기입니다. 미가는 초반부에 사마리아의 멸망을 이야기하면서, 결국 남 유다도 그 죄를 따라 멸망의 길로 가고 있다는 것을 지적하고 있습니다. 하지만 요나에 이어 미가는 하나님이 그 백성의 허물을 용서하는 인애하신 분이라는 것을 강조하면서 구원의 소망을 잃지 않도록 권고하고 있습니다(미 7:7~8).

〈미가서〉는 3단원으로 구분됩니다. 각 단원은 "들으라"('시므우')는 명령과 함께 시작하므로 이것은 선지자의 세 편의 설교와 같습니다. 1부(1~2장)는 백성들을 대상으로 하고, 2부(3~5장)는 지도자들을 대상으로 합니다. 마지막 3부(6~7장)는 대상을 지정하지 않고 '여호와의 말씀'을 들으라는 명령으로 시작하며 이스라엘의 죄와 하나님의 심판을 논증하는 '여호와의 변론'을 제시하고 있습니다. 또한 각 단원은 죄의 질책과 **심판**의 선고로 시작하여 **구원**과 회복을 약속하는 소망의 메시지로 마무리됩니다.

〈미가서〉의 구조와 요점

1 백성 (1~2장)	하나님이 이스라엘과 유다를 심판하신 후에 남은 자들을 모아 나라를 회복하실 것입니다.	
	1) 심판(1:1~2:11) 하나님이 언약 백성의 죄 때문에 사마리아와 예루살렘을 쳐서 심판하실 것을 경고합니다.	**2) 구원**(2:12~13) 하나님이 남은 자들을 모아 나라를 회복하시고 세우신 왕과 함께 친히 그들의 인도자가 되실 것입니다.
2 지도자 (3~5장)	하나님이 타락한 지도자들 때문에 예루살렘을 심판하시고 그 후 새 나라를 세우실 것입니다.	
	1) 심판(3장) 통치자와 선지자와 제사장이 다 타락하여, 하나님이 그들 때문에 예루살렘과 성전을 황폐하게 하실 것입니다.	**2) 구원**(4~5장) 예루살렘이 세계의 중심으로 높아지고, 다윗 같은 왕이 등장하여 그 백성이 대적들을 정복할 것입니다.
3 변론 (6~7장)	하나님이 배역한 이스라엘을 심판하시지만 그는 인애하심으로 언약 백성을 회복시키실 것입니다.	
	1) 심판(6장) 이스라엘 백성이 하나님의 법을 어겨 언약을 파기했으므로, 하나님이 그들을 망하게 하실 것입니다.	**2) 구원**(7장) 선지자는 절망 가운데 하나님을 바라보며, 인애하신 하나님이 백성의 죄를 용서하시고 회복하실 것을 확신합니다.

1. 백성(미 1~2장)

미가는 첫 설교에서 하나님이 이스라엘과 유다를 심판하신 후에 남은 자들을 모아 나라를 회복하신다는 것을 백성을 향하여 외치고 있습니다.

1) 심판: 이스라엘과 유다의 죄(1:1~2:11)

이스라엘의 심판(1:1~7). 첫 머리의 표제(1:1)에 따르면 미가의 예언은 "사마리아와 예루살렘에 관한 묵시"입니다. 미가는 아직 북 왕국 이스라엘이 멸망하기 전에 예언을 하고 있기 때문에, 그의 활동 영역인 유다와 예루살렘뿐만 아니라 사마리아의 심판에 대해서도 예언합니다.

사마리아와 예루살렘은 각 왕국의 수도로서 특히 거기에 있는 지도자들이 백성을 잘못 인도한 책임을 가지고 있기 때문에 각각 "야곱의 허물"과 "유다의 산당(죄)"이라고 합니다(1:5). 하나님이 이들을 심판하시기 위해 강림하시고 사마리아를 들의 무더기 같게 하실 것입니다.

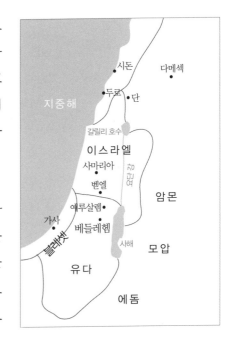

유다 예루살렘의 심판(1:8~16). 이스라엘이 멸망하는 것을 보고 유다와 예루살렘이 각성해야 하는데 그렇지 않고 북 이스라엘의 죄를 따라가고 있으므로 유다와 예루살렘에도 멸망의 그림자가 드리워지고 있었습니다. 1:10~15에서 미가는 유다의 여러 성읍을 열거하며 예루살렘을 향해 위기가 좁혀지고 있음을 이야기합니다.

기득권자들에 대한 심판(2:1~11). 언약 백성이 심판받는 가장 큰 이유는 기득권자들이 약자들을 억압하여 그들의 땅과 집을 빼앗고 자기들의 욕심만 채우고 있기 때문입니다(2:1~5). 그들은 예언자들의 경고를 거부하며 어려움 당한 사람들을 돌아보지 않고 자신들의 즐거움만 누리는 이기적인 죄에 빠져 있으므로 하나님은 그들에게 멸망을 선고하셨습니다(2:6~11).

2) 구원: 남은 자(2:12~13)

이스라엘이 하나님의 뜻대로 살지 못하여 심판을 받아 망하지만, 하나님은 그 가운데 남은 자를 양 떼와 같이 모아서 새 나라를 이루실 것입니다. 그들 가운데 의로운 왕을 세우시고, 하나님이 친히 그들을 인도하는 목자가 되실 것을 약속하십니다.

2. 지도자(미 3~5장)

미가의 두 번째 설교는 지도자들을 향해 직접 질책하는 형식으로 되어 있습니다. 부패한 지도자들 때문에 하나님은 예루살렘을 멸망시키시지만 다시 회복하시고 새 의로운 통치자를 중심으로 영광스러운 새 나라를 세우실 것을 말씀합니다.

1) 심판: 부패한 지도자들과 시온의 파멸(3장)

"야곱의 우두머리들과 이스라엘 족속의 통치자"는 하나님 나라의 정의를 이루기 위해 세워진 자들임에도 불구하고 그들은 오히려 더 부패하여 백성을 착취하므로 하나님은 그들을 외면하셨습니다(3:1~4). 또한 그들은 정의를 멀리 하고 뇌물을 받고 재판을 굽게 하였습니다(3:9, 11). 선지자는 하나님의 뜻을 바르게 선포하는 것이 아니라 자기들의 이익에 따라 예언하며(3:5), 돈을 위하여 점을 치고 제사장들은 오로지 삯을 위해 교훈했습니다(3:11). 이와 같이 부패한 지도자들 때문에 예루살렘에 억압과 죄가 가득 찼음에도 불구하고 그들은 하나님이 함께 하시며 재앙이 멀리 있다고 굳게 믿고 있었습니다(3:10~11). 정의가 결여된 낙관적인 신앙은 부패한 종교의 전형적인 특징입니다. 하나님은 이 부패한 지도자들 때문에 예루살렘을 무더기가 되게 하실 것이라고 선고하셨습니다(3:12).

2) 구원: 시온과 지도자의 회복(4~5장)

새 시온(4장). 하나님은 무더기가 된 시온을 다시 일으키실 것을 약속하십니다. 그때에 시온은 세상의 중심이 되어 하나님의 율법과 말씀이 나오는 곳, 즉 하나님의 통치의 자리가 될 것입니다(4:1~2). 하나님의 통치 아래 세상의 전쟁이 그치고 각 사람은 더 이상 기득권자들에게 기업을 빼앗기지 않고 자기 땅에서 거둔 열매를 먹으며 안전하게 살게 될 것입니다(4:3~4). 하나님은 회복된 시온에 포로된 이스라엘 백성을 구원하여 다시 모으시고 거기에서 그들을 다스리시며 그 백성으로 승리하게 하실 것을 약속하십니다.

새 통치자(5장). 미가는 이스라엘을 다스릴 자가 유다 베들레헴에서 나올 것을 예언합니다. 즉 하나님이 다윗 언약을 따라 다윗과 같은 새 통치자를 세우실 것을 예고하는 것입니다. 이상적인 통치자는 당대의 부패한 통치자들과 달리 "여호와의 능력과 그의 하나님 여호와의 이름의 위엄을 의지"하여 통치하는 신실한 대리자가 될 것이며 그의 통치는 땅 끝까지 이를 것입니다. 우리는 신약의 증거를 통하여 예수 그리스도가 이 예언의 말씀을 성취하신 분이라는 것을 믿습니다('베들레헴' 마 2:6; '땅 끝' 행 1:8).

3. 변론(미 6~7장)

마지막 설교에서 미가는 하나님이 죄에 대해 심판하시는 것이 정의로운 것임을 선포하고, 심판 후에는 인애하신 하나님이 그 백성을 회복하실 것을 예언합니다.

1) 심판: 이스라엘의 불의(6장)

하나님은 법정 고소 형식으로 이스라엘 백성의 죄를 질책하십니다. 하나님은 그 백성을 애굽의 속박에서 구출하여 내시고 그들로 가나안 땅에 정착하게 하셨습니다. 이렇게 하나님이 그 백성에게 은혜를 베푸시며 그들에게 바라신 것은 엄청난 희생 제사가 아니라 "오직 정의를 행하며 인자를 사랑하며 겸손하게 네 하나님과 함께 행하는 것"(6:8)이었습니다. 그러나 그 백성은 강포와 거짓으로 이웃을 압제하고(6:10~12), 하나님의 법을 따르지 않고 북 이스라엘의 타락한 오므리 왕조 아합의 길로 갔습니다(6:16). 그래서 하나님은 이 백성을 심판하셔서 칼과 기근의 재앙으로 치실 것을 선고하셨습니다(6:13~15).

2) 구원: 인내와 소망(7장)

선지자는 이스라엘 백성의 죄와 그에 따른 하나님의 무서운 심판에 대해 탄식합니다(7:1~6). 그러나 동시에 그 백성이 회개하여 다시 회복될 것을 내다봅니다. 아모스는 철저한 하나님의 심판을 예언하기 때문에 "처녀 이스라엘이 엎드러졌음이여 다시 일어나지 못하리로다 자기 땅에 던지움이여 일으킬 자 없으리로다"고 선언했습니다(암 5:2). 그러나 미가는 구원의 하나님을 바라보며 "나는 엎드러질지라도 일어날 것이요 어두운 데에 앉을지라도 여호와께서 나의 빛이 되실 것임이로다"고 선언합니다(7:8). 아모스는 하나님의 공의로운 심판을 강조하며 그 백성이 회개하지 않으면 일어날 수도 없고 아무도 일으킬 자가 없다는 것을 예언했습니다. 그러나 미가는 하나님의 인애하심을 강조하며 그 백성이 죄를 고백하고 하나님의 도우심을 구하면 하나님이 용서하시고 회복하게 하실 것을 예언하는 것입니다(7:9). 그래서 미가는 자신의 이름이 의미하는 대로 "주와 같은 신이 어디 있으리이까?"라는 물음과 고백으로 그의 예언을 마무리합니다(7:18~20).

〈미가서〉 7장 18~20절을 적어 봅시다.

❖ 〈오바댜서〉, 〈요나서〉, 〈미가서〉를 정리해 봅시다.

	질책과 경고	회개의 권고	멸망의 선고	궁극적 소망
소 선 지 서	**호세아** 배역한 백성	**오바댜** ( )		
	요엘 회개의 촉구	**요나** ( )		
	아모스 철저한 심판	**미가** ( )		

※ 〈오바댜서〉, 〈요나서〉, 〈미가서〉 외에 나머지 빈칸은 해당 단원에 가서 차례로 정리할 것입니다.

3과
나훔, 하박국, 스바냐

소선지서의 세 번째 모음 〈나훔서〉, 〈하박국서〉, 〈스바냐서〉는 유다 말기 곧 앗수르 제국이 쇠퇴하고 바벨론이 새로운 제국 세력으로 등장하는 전환기를 배경으로 하고 있습니다. 이런 역사적인 상황 속에서 이 세 선지자가 공통적으로 전하는 예언은 하나님의 심판으로 옛 질서가 완전히 멸망하게 됨을 선고합니다. 나훔은 북 이스라엘을 멸망시킨 원수 앗수르 제국의 멸망을 예언합니다. 하박국은 신흥 강대국 바벨론에 의해 유다가 짓밟히겠지만 결국 하나님이 바벨론을 무너뜨리신다고 합니다. 스바냐는 유다의 멸망을 예고하면서 아울러 노아 홍수 때처럼 악인과 함께 온 세상이 파멸될 것으로 봅니다. 그러나 이와 같은 멸망은 하나님의 나라를 이루기 위한 과정이며 하나님은 궁극적으로 시온을 구원하시며 만백성으로 하나님을 섬기게 하실 것입니다.

소선지서의 흐름에서 살펴보면 앞에서 〈요나서〉와 〈미가서〉는 하나님의 은혜와 인애를 강조했습니다. 그렇다고 하나님은 마냥 좋으시기만 한 분은 아닙니다. 〈나훔서〉는 여호와가 대적들 앞에 단호하게 맞서서 심판하시는 거룩한 용사이신 것을 강조합니다. 즉 북 이스라엘을 멸망시키고 유다를 괴롭힌 원수의 나라 앗수르를 심판하시는 하나님을 보여 주고 있습니다. 〈하박국서〉 역시 용사이신 하나님의 이미지를 이어가면서 바벨론의 멸망을 예언합니다. 용사로서 하나님의 이미지는 〈스바냐서〉에서 절정에 이르러, 그는 하나님을 온 땅을 멸절하시는 분으로 묘사합니다.

멸망의 선고: 심판으로 옛 질서가 멸망할 것을 예고합니다.

나훔: 앗수르 멸망	하박국: 바벨론 멸망	스바냐: 세상과 유다 멸망
이스라엘을 멸망시키고 유다를 괴롭혀 온 원수 앗수르를 하나님이 심판하실 것입니다.	유다를 심판하기 위해 바벨론을 도구로 쓰시지만 장차 바벨론도 심판하실 것입니다.	하나님이 온 세상과 유다를 쓸어버리시지만 장차 예루살렘에서 회복을 이루실 것입니다.

Ⓐ 앗수르 멸망

〈나훔서〉의 역사적 배경을 정확히 단정하기는 어렵습니다. 그런데 적어도 나훔이 이집트의 테베가 앗수르에 의해 점령당한 역사를 알고 있고(주전 663년; 나 3:8~10), 아직 니느웨의 멸망(주전 612년)을 미래의 사건으로 제시한 것으로 봐서, 나훔의 시기는 앗수르의 세력이 쇠퇴하기 시작한 7세기 후반(주전 630년)으로 추정됩니다. 이때는 요나가 니느웨를 찾아가 사역한 지 거의 한 세기 반이 지난 후입니다. 〈요나서〉에서 니느웨는 회개함으로 심판을 면했지만, 나훔은 반대로 교만한 니느웨가 하나님의 진노로 멸망할 것을 예언하고 있습니다.

나훔은 먼저 1장에서 용사로서 하나님의 성품과 역사에 초점을 맞춥니다. 그래서 1장에서는 니느웨를 말하지 않고, 2~3장에 가서 직접적으로 니느웨와 앗수르를 언급하며 그 멸망을 예언합니다.

〈나훔서〉의 구조와 요점

1 거룩한 용사 (1장)	하나님은 강한 용사로서 그를 대적하는 원수를 무찌르시고 그의 백성을 구원하십니다.	
	1) 여호와의 성품(11~8) 하나님은 대적들에게는 보복하시는 용사이지만, 그의 백성에게는 선한 피난처가 되십니다.	**2) 여호와의 심판(19~15)** 하나님이 그를 거역하고 그의 백성을 괴롭힌 원수를 치시고 유다를 구원하실 것입니다.
2 니느웨 함락 (2~3장)	하나님이 제국의 권세를 자랑하던 앗수르와 그 수도 니느웨를 황폐하게 하실 것입니다.	
	1) 니느웨의 파멸(2장) 하나님이 강한 용사들을 일으키셔서 니느웨를 완전히 무너뜨리실 것을 선고합니다.	**2) 니느웨의 수치(3장)** 열국 위에 군림하던 니느웨가 망하여 열국의 수치와 조롱을 받게 될 것을 예언합니다.

1. 거룩한 용사(나 1장)

1) 여호와의 성품(1:1~8)

여호와의 두 가지 성품이 소개되어 있습니다. 하나는 "질투하시며 보복하시는 하나님"입니다(1:2). 다소 부정적으로 보이지만 질투는 열정 또는 열심을 의미하며, 보복은 감정적인 앙갚음이 아니라 하나님의 공의로운 보응을 의미합니다. 여호와는 당신을 거스르고 대적하는 자에게 엄중하게 심판하시는 하나님이십니다. 하나님은 노하기를 더디하시지만 그렇다고 벌 받을 자를 마냥 간과하지 않으시는 무서운 분입니다(1:3). 다른 한편으로 여호와는 "선하시며 환난 날에 산성"이십니다(1:7).

2) 여호와의 심판(1:9~15)

하나님의 두 성품은 그의 백성과 대적을 다루시는 역사에서 분명하게 나타납니다. 여호와는 당신에게 악을 꾀하는 자들을 반드시 파멸하게 하십니다(1:9~12a). 그러나 하나님의 백성에 대해서는 심판하셨더라도 다시 회복하게 하십니다(1:12b~13). 하나님은 원수들이 의지하는 우상을 멸절시키시고(1:14), 유다 백성을 보호하셔서 그들로 절기와 서원을 지키게 하심으로 참 예배를 회복하게 하십니다(1:15).

A 대적 멸절(1:9~12a)
  B 유다 회복(1:12b~13)
A′ 우상 멸절(1:14)
  B′ 유다의 예배 회복(1:15)

2. 니느웨 함락(나 2~3장)

1) 니느웨의 파멸(2장)

나훔은 니느웨를 듣는 대상으로 하면서 "파괴하는 자", "약탈자", "용사"들에 의해 처참하게 공격당하는 것을 적나라하게 묘사합니다(2:1~7). 이것은 바벨론에 의해서 멸망당하는 것을 예언하는 것이지만, 그 이면에 여호와 하나님이 그들의 대적이 되시므로 일어난 것입니다(2:13).

2) 니느웨의 수치(3장)

2장은 니느웨가 공략당하는 상황을 주로 묘사했고, 이제 3장은 왜 앗수르가 심판을 받게 되는지 그 이유와 함께 심판의 결과로 몰락한 앗수르 제국의 수치스러운 상태를 설명하고 있습니다. 니느웨는 거짓과 포악 그리고 탈취가 가득한 성이었습니다(3:1). 이것은 여러 나라를 잔인하게 압제한 것을 가리킵니다. 또한 앗수르는 정복한 나라들에 우상들을 퍼뜨려 만국을 미혹하게 하였습니다(3:4). 하나님은 이런 제국의 세력을 멸망시키시고 만국의 조롱거리가 되게 하실 것입니다(3:5, 19). 나훔의 예언대로 니느웨는 주전 612년 바벨론에 의해 함락되었고, 앗수르는 605년 갈그미스 전투에서 애굽과 연합하여 바벨론에 대항하다 대패하여 완전히 멸망하였습니다.

〈요한계시록〉 18장 23절을 적어 봅시다.

바벨론 멸망 Ⓑ

하박국 선지자에 대해서는 알려진 것이 별로 없습니다. 다만 그의 예언은 바벨론이 고대 근동의 강자로 등장하고 유다를 칠 것을 말하고 있으므로(합 1:6), 그의 사역 시기는 대략 7세기 후반으로 추정됩니다. 아마도 요시야 통치(주전 640~609년) 말기나 여호야김 통치(주전 609~598년) 초기에 해당하는 것으로 보입니다.

앞에서 나훔은 거룩한 용사이신 하나님이 이스라엘을 멸망시키고 유다를 괴롭혀 온 앗수르 제국을 심판하실 것을 예언했습니다. 그다음에 하박국은 새 제국 세력 바벨론의 등장을 예고하며, 이것이 유다를 심판하기 위한 하나님의 섭리인 것을 말합니다. 그러나 하나님이 결국에는 바벨론을 멸망시키고 당신의 백성을 구원하실 것을 약속하셨습니다.

〈하박국서〉는 선지자 하박국과 여호와의 대화 형식으로 기록되어 있습니다. 1~2장에서 선지자는 두 차례에 걸쳐 현실 문제에 대해 탄식하며 하나님에게 묻고, 이에 대해 하나님이 각각의 물음에 응답하셨습니다. 3장은 하나님의 응답을 받은 후 하나님의 구원을 확신하는 선지자의 찬양을 담고 있습니다.

〈하박국서〉의 구조와 요점

1 탄원 (1~2장)	하박국이 하나님 앞에 탄식하며 질문하고, 하나님은 심판의 메시지로 그에게 응답하십니다.	
	1) 첫 번째 대화(1:1~11) 이스라엘의 죄와 압제에 대한 하박국의 질문에 하나님은 바벨론을 들어 심판하실 것을 말씀했습니다.	**2) 두 번째 대화**(1:12~2장) 바벨론을 심판의 도구로 쓰시지만, 교만하고 무자비한 바벨론도 결국 심판받을 것이라고 하셨습니다.
2 찬양 (3장)	하박국이 하나님의 응답을 듣고 신뢰의 고백과 함께 용사이신 하나님을 찬양합니다.	
	1) 거룩한 용사(3:1~15) 하나님이 강한 용사로 강림하시어 악인들을 치시고 자기 백성을 구원하실 것입니다.	**2) 신뢰의 결단**(3:16~19) 선지자는 두려운 상황에서도 하나님을 신뢰하고 즐거워하기로 결단했습니다.

1. 탄원(합 1~2장)

1) 첫 번째 대화: 심판의 도구 바벨론(1:1~11)

하박국은 강포로 말미암아 부르짖어도 하나님이 듣지도 않으시고 구원하시지도 않는다고 탄식합니다(1:2). 이것을 앗수르의 압제로 보는 해석도 있지만 그다음 구절은 이것이 율법이 해이해진 것으로 말합니다. 그러므로 이것은 하나님의 백성이 율법대로 살지 않고 거기에 정의가 없는 것을 탄식하는 것이라고 보는 것이 자연스럽습니다. 즉 앞선 선지자들이 외쳤던 것처럼 기득권자들이 약자를 강탈하고 돌보지 않는 불의를 탄식하는 것입니다. 선지자의 탄식 어린 물음에 대해 하나님은 '사납고 성급한 백성' 곧 바벨론 군대를 들어서 유다를 심판하실 것을 말씀하셨습니다.

2) 두 번째 대화: 바벨론의 심판(1:12~2장)

선지자는 하나님의 응답을 듣고 다시 호소하면서 "악인이 자기보다 의로운 사람을 삼키는데도 잠잠하시나이까?"라고 물었습니다(1:13). 이것은 악한 바벨론이 유다를 치게 하신 것이 과연 정당한지 따져 묻는 것입니다. 또한 바벨론이 계속해서 다른 나라들을 무자비하게 정복하도록 허용하시는 것이 옳은지를 물었습니다(1:17). 여기에 대해 하나님은 하나님의 때를 기다리라고 하시면서 이 백성을 심판하신 후에 교만하고 무자비한 바벨론을 심판하실 것을 말씀하셨습니다.

탄원과 응답(1:2~2장)

A 탄원: 정의의 부재(1:2~4)
　B 응답: 심판의 도구(1:5~11)
A′ 탄원: 바벨론의 만행(1:12~17)
　B′ 응답: 바벨론의 심판(2:2~20)

2. 찬양(합 3장)

1) 거룩한 용사(3:1~15)

하박국은 나훔과 같이(나 1:3~6) 자연의 격변을 동반하는 하나님의 위대하신 강림을 묘사합니다. "하나님이 데만에서부터 오시며 거룩한 자가 바란 산에서부터 오시는도다"(3:3)라는 표현은 출애굽한 이스라엘 백성이 시내 산에서 광야 길을 지나오는 동안 함께 하신 하나님의 임재와 관련이 있습니다(신 33:2; 삿 5:4~5). 하박국은 과거 하나님이 광야에서 그 백성을 보호하시고 인도해 오신 것처럼 새로운 원수들의 위협에서 이 백성을 구원해 주시고 최후 승리를 얻게 하실 것을 고대하고 있습니다.

〈신명기〉 33장 2절을 적어 봅시다.

_____

_____

_____

2) 신뢰의 결단(3:16~19)

하박국은 이 모든 것을 듣고 두려움과 떨림이 생겼습니다. 유다와 예루살렘의 주민이 바벨론에게 짓밟히며 겪을 환난의 날을 생각하며 몸서리가 쳐진 것입니다. 그러나 하박국은 그 모든 역사를 주관하시며, 때를 따라 구원을 이루실 여호와 하나님에 대한 절대적인 신뢰를 가지고 있기 때문에, 어떤 험난한 상황 속에서도 여호와로 말미암아 즐거워할 수 있다는 결단을 고백합니다.

하박국 앞에 놓인 상황은 그의 시적 표현처럼 단지 소득이 조금 부족한 정도가 아니었습니다. 유다가 망하고 동족이 죽어 나가는 국가적인 재난이요, 더 나아가 하나님 나라와 그의 백성이 멸망하는 처절한 상황이었습니다. 그러나 하박국의 하나님에 대한 믿음은 그와 같은 현실을 극복할 수 있게 했습니다. 하박국의 이런 자세는 "의인은 그의 믿음으로 말미암아 살리라"(2:4)는 하나님의 말씀에 합당한 본을 보여 줍니다.

〈하박국서〉 3장 17~19절을 적어 봅시다.

_____

_____

_____

_____

스바냐

세상과 유다 멸망 ⓒ

스바냐는 히스기야의 현손으로서 요시야 시대(주전 640~609년)에 활동한 선지자입니다(1:1). 히스기야와 요시야는 경건한 왕이었지만 그 사이에 있었던 므낫세와 아몬은 유다에서 가장 악한 왕으로 꼽히는 자들입니다. 스바냐가 유다의 부패한 상황을 묘사하고 있는 것을 보면(1:3~13, 3:1~5) 그가 사역한 시기는 아마도 요시야가 개혁을 시행하기 전 대략 주전 630년경으로 예상됩니다. 이 시기는 므낫세와 아몬의 악한 통치의 영향으로 유다가 심히 타락한 상태였고, 스바냐는 이 타락한 세대가 곧 심판을 받을 것을 경고하고 있습니다. 그러나 심판 이후에 궁극적으로 하나님이 이루실 하나님 나라의 회복도 예언하고 있습니다.

소선지서가 전반적으로 '여호와의 날'에 대해서 이야기하지만 그중에서 특히 〈스바냐서〉가 이 주제를 집중적으로 다룹니다. 〈스바냐서〉의 구조는 두 가지 여호와의 날에 대한 예언으로 구분됩니다. 앞의 대부분은 여호와가 진노하시는 심판의 날을 보여 주고(1:1~3:8), 나머지는 심판에서 살아남은 자들을 위한 복된 구원의 날에 대해 이야기합니다(3:9~20). 소선지서의 맥락에서 보면 심판의 날에 대한 예언은 〈나훔서〉와 〈하박국서〉로 연결되는 심판의 예언을 마무리 짓는 정점의 역할을 하며, 구원의 날(3:9~20)에 대한 부분은 새 시대를 예고하면서 〈학개서〉, 〈스가랴서〉, 〈말라기서〉로 연결됩니다.

〈스가랴서〉의 구조와 요점

1 심판의 날 (1:1~3:8)	여호와의 날은 하나님이 땅 위의 모든 것과 유다를 심판하시는 날입니다.	
	1) 임박한 심판(1:1~2:3) 하나님이 유다와 예루살렘을 포함하여 땅 위의 모든 것을 심판하실 날이 임박해 있음을 선포합니다.	**2) 나라들의 심판(2:4~3:8)** 하나님이 유다 주변의 나라들과 패역한 성 예루살렘을 심판하실 것을 선포합니다.
2 구원의 날 (3:9~20)	여호와의 날은 하나님을 기다린 신실한 자들을 구원하시는 복되고 즐거운 날입니다.	
	1) 구원의 약속(3:9~13) 하나님이 여러 백성을 구원하셔서 하나님을 섬기게 하시고, 이스라엘의 남은 자를 구원하실 것입니다.	**2) 시온의 기쁨(3:14~20)** 하나님이 시온 가운데 거하시며 구원받은 공동체와 함께 기뻐하며 즐거워하실 것입니다.

1. 심판의 날(습 1:1~3:8)

1) 임박한 심판(1:1~2:3)

총체적인 심판(1:1~6). 서두에 하나님이 땅 위의 모든 것을 쓸어버리시겠다고 하시는 위협적인 선고는 노아의 홍수 때와 같은 상황을 떠올리게 합니다. 그런데 여기에서 하나님은 사람을 다 쓸어버리려고 하시는 것이 아니라 악인들을 진멸하려고 하시는 것입니다(1:3). 유다와 예루살렘을 심판하실 때도 우상숭배 하는 자들 곧 "여호와를 배반하고 따르지 아니한 자들과 여호와를 찾지도 아니하며 구하지도 아니한 자들을 멸절하리라"고 하시며 심판의 대상을 분명히 밝힙니다(1:6).

임박한 여호와의 날(1:7~2:3). 여호와의 심판의 날이 가까이 왔음을 선포하며(1:7, 14), 심판받는 대상들을 보다 구체적으로 묘사합니다. 하나님은 통치자(방백들과 왕자들), 이방의 가증한 풍속을 좇는 자(이방인의 옷을 입은 자), 포악과 거짓을 행하는 자들을 벌 주시며(1:8~9), 은밀하게 죄를 지으며 하나님을 무시하는 자들을 다 찾아내어 처벌하실 것입니다(1:12). 그러나 이들과 달리 하나님의 신실한 자들에게는 심판을 피할 수 있도록 겸손하게 바른 삶을 살도록 권고합니다(2:3). 이들이 바로 심판 가운데 구원을 받을 "남은 자"입니다.

〈스바냐서〉 2장 3절을 적어 봅시다.

---

2) 나라들의 심판(2:4~3:8)

이방 나라(2:4~15). 스바냐는 이스라엘의 오랜 원수인 블레셋(2:4~7), 그리고 롯의 후손으로서 친족국인 모압과 암몬이 받을 심판을 예고합니다(2:8~11). 이들의 땅은 "남은 자"를 위한 기업이 될 것입니다(2:7, 9). 남쪽의 구스와(2:12) 강대하여 오만하기 그지없던 앗수르에게도 멸망이 선고되었습니다(2:13~15).

예루살렘(3:1~9). 심판 예언의 절정은 패역한 예루살렘입니다. 하나님의 거룩한 성 예루살렘이 심판받는 이유는 그 백성의 불성실함에 대한 선지자의 탄식에 잘 나타나 있습니다. "그가 명령을 듣지 아니하며 교훈을 받지 아니하며 여호와를 의뢰하지 아니하며 자기 하나님에게 가까이 나아가지 아니하였도다"(3:2). 이스라엘의 타락의 주범은 부패한 지도자들이었습니다(3:3~4). 여호와가 시온에 계시며 날마다 공의의 본을 보여 주셨지만 그 백성은 자기들의 불의를 깨닫지 못하고 부끄러워 할 줄도 몰랐습니다. 하나님은 이방 나라들에 대한 심판을 본보기로 보이시며 그 백성에게 "너는 오직 나를 경외하고 교훈을 받으라 그리하면 내가 형벌을 내리기로 정하기는 하였지만 너의 거처가 끊어지지 아니하리라"(3:7)고 약속하셨습니다. 그러나 이들은 여전히 악을 행하였습니다. 하나님은 마치 노아에게 다가올 대홍수를 경고하시고 방주를 짓게 하셨던 것처럼 신실한 자들을 향하여 "내가 일어나 벌할 날까지 너희는 나를 기다리라"고 말씀하십니다(3:8).

2. 구원의 날(습 3:9~20)

1) 구원의 약속(3:9~13)

하나님의 궁극적인 뜻은 심판과 멸망이 아니라 구원과 회복입니다. 여기에서 스바냐의 예언은 구원의 날에 대한 것으로 바뀝니다. 하나님은 여러 나라를 끊어버리셨지만(3:6) 최후에는 여러 백성의 입술을 정결하게 하셔서 하나님을 섬기게 하실 것입니다(3:9~10; 참고. 2:11). 교만한 자들은 이 구원에 동참하지 못하며 남은 자 곧 오직 여호와의 이름을 의탁하는 곤고하고 가난한 백성이 보호를 받을 것입니다.

2) 시온의 기쁨(3:14~20)

구원의 약속을 전한 후에 선지자는 "기뻐하라"고 소리칩니다. 하나님이 시온에 이루실 구원에 대한 확신과 소망을 가지고 있기 때문입니다. 여호와가 시온 공동체 가운데 함께 계시며 원수들을 쫓아내시고 그들을 괴롭히는 자들을 벌하셔서 그 백성을 보호하시기에 더 이상 두려워하지 않아도 될 것입니다.

〈스바냐서〉 3장 17절을 적어 봅시다.

_____

_____

_____

❖ 〈나훔서〉, 〈하박국서〉, 〈스바냐서〉를 정리해 봅시다.

	질책과 경고	회개의 권고	멸망의 선고	궁극적 소망
소 선 지 서	**호세아** 배역한 백성	**오바댜** 에돔 심판	**나훔** (　　　)	
	요엘 회개의 촉구	**요나** 긍휼하신 주	**하박국** (　　　)	
	아모스 철저한 심판	**미가** 인애하신 주	**스바냐** (　　　)	

※ 〈나훔서〉, 〈하박국서〉, 〈스바냐서〉 외에 나머지 빈칸은 해당 단원에 가서 차례로 정리할 것입니다.

학개, 스가랴, 말라기

소선지서의 마지막 네 번째 모음에 해당하는 〈학개서〉, 〈스가랴서〉, 〈말라기서〉는 포로기 이후 역사적 상황을 배경으로 하고 있습니다. 포로 귀환이라는 구원의 사건을 경험하고 또 성전 재건을 비롯해 나라의 회복을 위한 역사가 진행 중에 있기는 했지만, 그 백성이 실제 느끼는 현실은 이상과 너무 동떨어져 있었습니다. 성전 재건이 반대에 부딪혀 중단되는가 하면, 완성된 성전도 그다지 영광스럽게 보이지 않았습니다. 다윗 왕조의 후손은 페르시아 제국의 일개 지방 관리에 불과했고, 그 백성은 변방의 가난한 야만족 취급을 받았습니다. 이런 역사적 상황에서 학개, 스가랴, 말라기는 언약 백성으로 하여금 하나님 나라가 현실을 넘어서 궁극적으로 완성될 새 시대를 바라보게 합니다. 학개는 성전 재건을 독려하며 새 성전의 영광이 크게 될 것을 예언합니다. 스가랴는 예루살렘의 회복을 예언하며 하나님이 언약 백성과 함께 거주하게 될 그날을 예고합니다. 말라기는 여호와의 이름이 온 세상에서 영화롭게 될 하나님 나라의 완성을 바라보며 여호와를 경외하며 살 것을 권고합니다.

궁극적 소망: 완전한 하나님 나라의 성취를 소망하게 합니다.

학개: 새 성전	스가랴: 새 예루살렘	말라기: 존귀한 이름
성전을 재건하게 하시고 성전의 나중 영광이 이전보다 크게 될 것을 약속하십니다.	새 시대에 이상적인 대제사장과 통치자를 세우시고 예루살렘을 새롭게 하실 것입니다.	언약 백성이 여호와의 이름을 멸시하나 그 이름은 온 세상에서 존귀하게 될 것입니다.

Ⓐ 새 성전

학개는 다리오 왕 2년 여섯째 달(주전 520년; 학 1:1)에 예언하기 시작했습니다. 이때는 주전 536년에 시작된 성전 재건 공사가 사마리아인들의 방해로 중단된 상황이었습니다. 그러다 학개와 스가랴의 사역에 힘입어 성전 공사가 재개되어(스 5:1~2, 6:14), 그로부터 4년 만에 제2성전이 완공되었습니다(주전 516년). 그래서 이들의 예언은 고난 가운데 하나님의 성전을 짓는 귀환자들에게 미래에 대한 소망을 제시하고 격려하는 메시지를 담고 있습니다.

〈학개서〉의 구조는 성전 재건 공사 재개 이전의 예언과 이후의 예언으로 나뉩니다. 1장은 학개가 중단된 성전 건축을 독려하여 공사가 다시 진행된 것을 보여 주며, 2장은 공사가 재개된 이후 하나님의 복의 약속을 전하는 예언입니다. 세부적인 구조는 학개가 말씀을 받은 날짜에 따라 구별됩니다.

학개가 말씀을 받은 날

1:1　다리오 왕 제이년 여섯째 달 곧 그 달 초하루에 여호와의 말씀이 선지자 학개로 말미암아

2:1　일곱째 달 곧 그 달 이십일일에 여호와의 말씀이 선지자 학개에게 임하니라 이르시되

2:10　다리오 왕 제이년 아홉째 달 이십사일에 여호와의 말씀이 선지자 학개에게 임하니라 이르시되

2:20　그 달 이십사일에 여호와의 말씀이 다시 학개에게 임하니라 이르시되

〈학개서〉의 구조와 요점

1 성전 재건 (1장)	성전 공사가 중단되어 방치된 것을 질책하며 성전 공사가 다시 진행되게 했습니다.		
	1) 방치된 성전(1:1~11) 성전 공사가 중단되어 방치되었음에도 불구하고 자기 집만 챙기는 백성의 행태를 책망합니다.	**2) 성전 공사 재개**(1:12~15) 학개의 말씀에 힘입어 총독 스룹바벨과 대제사장 여호수아의 주도로 성전 공사가 재개되었습니다.	
2 새 시대 소망 (2장)	성전 공사가 재개된 이후에 하나님은 새로운 복된 시대가 열릴 것을 약속합니다.		
	1) 새 성전의 영광(2:1~9) 새 성전이 이전의 성전보다 더 영광스럽게 될 것을 하나님이 약속합니다.	**2) 새 시대의 복**(2:10~19) 성전 재건에 힘쓰는 백성에게 하나님이 복 주실 새 시대의 시작을 알립니다.	**3) 새 왕권의 확립**(2:20~23) 하나님이 세상의 권세를 멸하시고 다윗의 자손으로 왕권을 세우실 것입니다.

1. 성전 재건(학 1장)

1) 방치된 성전(1:1~11)

표제(1:1)는 말씀을 전하는 선지자 학개를 소개하고 아울러 말씀을 받는 주요 대상으로서 유다 총독 스룹바벨과 대제사장 여호수아를 소개합니다. 스룹바벨은 다윗 왕조의 후손으로서 성전을 지을 책임자입니다. 하나님은 맨 먼저 성전을 짓게 하실 때 다윗의 뒤를 이어 왕이 된 아들 곧 솔로몬에게 짓도록 하시고, 동시에 다윗과 그 후손에게 영원한 왕권을 약속하셨습니다(삼하 7:13). 그러므로 이제 나라를 회복하는 이 시점에서 성전을 재건하는 권리와 사명을 가진 합법적인 책임자는 바로 스룹바벨입니다. 스룹바벨과 함께 성전 재건 사업을 주도하는 또 다른 핵심적인 인물은 성전 봉사자로서 최고 책임을 가진 대제사장 여호수아입니다. 바벨론 포로에서 돌아온 사람들이 이 두 사람의 주도 아래 성전을 짓기 시작했지만 대적들의 방해로 중단되고, 짓다만 성전은 그대로 16년 동안 방치되어 있었습니다. 그런데 하나님의 집이 이렇게 버려져 있는데도 백성은 아랑곳하지 않고 자기 집을 가꾸는 데 급급했습니다. 그래서 하나님은 그 땅에 재앙을 내려 황폐하게 하시고, 그들이 수고한 대로 제대로 거두지 못하도록 징벌하셨습니다(1:6, 9~11).

2) 성전 공사 재개(1:12~15)

스룹바벨과 대제사장 여호수아와 그 백성이 여호와를 경외하고 또 학개를 통해 주신 말씀 "내가 너희와 함께 하리라"는 말씀에 감동을 받아 성전 재건 공사를 재개했습니다. 성전은 하나님의 집으로 하나님이 그 언약 백성과 함께 하신다는 가시적인 표현입니다. 포로 후기의 처참한 현실에서 그 백성은 하나님이 그들과 함께하신다는 믿음을 가지지 못했지만 학개를 통해 주신 약속을 믿고 하나님의 집을 짓기 시작한 것입니다.

2. 새 시대 소망(학 2장)

1) 새 성전의 영광(2:1~9)

성전 공사가 다시 시작되었어도 그 규모나 재질로 따지면 과거 솔로몬의 성전에 비해서 보잘 것 없었습니다. 하나님은 스룹바벨과 여호수아와 백성에게 다시 한 번 "내가 너희와 함께 하노라"고 약속하시며 그들의 용기를 북돋아 주었습니다. 그러면서 장차 하나님이 온 세상을 진동하게 하시며 강림하실 것을 예언했습니다. 이때에 비로소 새 성전에 하나님의 영광이 충만하게 될 것을 말씀합니다.

2) 새 시대의 복(2:10~19)

하나님과 학개의 대화를 기록한 말씀입니다. 옷자락에 싼 거룩한 고기의 비유를 통해 하나님은 백성의 실상을 알게 하십니다. 거룩한 고기는 하나님을 상징하고 옷자락은 성전이라 할 수 있습니다. 옷자락이 다른 것에 닿았다고 성물이 되지 못하는 것처럼 성전의 존재 자체가 그 나라와 백성을 거룩하게 하지 못합니다. 그러나 시체를 만져 부정한 자가 어떤 물건을 만져 그것이 부정해진다는 것은 이 백성의 범죄로 말미암아 자신들은 물론 약속의 땅이 저주를 받고 그들이 하는 모든 일과 드리는 모든 제물도 부정하게 된 것을 의미합니다. 이것이 지금까지 그들이 심판을 받고 풍성한 소출을 거두지 못한 이유입니다. 그러나 이제 하나님은 그들에게 풍성한 복을 주시겠다고 약속하시며 백성을 격려하셨습니다.

3) 새 왕권의 확립(2:20~23)

학개의 마지막 예언은 스룹바벨에 집중하고 있습니다. 스룹바벨은 다윗의 후손으로서 메시아의 계보에 있는 사람입니다. 예레미야는 다윗 왕조에 대한 하나님의 심판을 예언하면서 "여호야김의 아들 고니야(여호야긴)가 나의 오른 손의 인장반지라 할지라도 내가 빼어" 바벨론에 넘기실 것이라고 했습니다 (렘 22:24~25). 다윗 왕조의 후손은 다윗 언약을 따라 하나님의 통치를 실현하는 대리자로서 유다의 왕권을 이어갔지만, 그들은 하나님의 말씀에 불순종하여 하나님의 뜻을 이루지 못했으므로 심판을 받고 그 나라마저 망했습니다. 그러나 하나님은 다윗과 맺은 언약을 포기하지 않으시고 세상의 다른 권세를 멸하신 후에 다윗의 후손을 새 인장반지로 삼으셔서 하나님 나라를 이루실 것을 약속하십니다(2:23).

<학개서> 2장 23절을 적어 봅시다.

_____

_____

_____

B 새 예루살렘

학개와 거의 같은 시기에 사역한 스가랴는 학개보다 두 달 정도 늦게(슥 1:1; '다리오왕 2년 8월') 예언의 말씀을 받기 시작했습니다. 학개와 마찬가지로 스가랴 역시 성전 재건을 도운 선지자로 언급되었습니다(스 5:1~2, 6:14). 그중에서 학개의 예언은 보다 현실적이고 구체적인 삶의 정황을 다루는 반면, 스가랴의 예언은 많은 환상과 상징을 담고 있습니다. 또한 학개가 성전에 초점을 맞추었다고 한다면 스가랴는 예루살렘 성읍 자체에 대해 예언합니다.

〈스가랴서〉의 구조는 크게 두 단원으로 나뉩니다. 전반부 1~8장은 다리오 왕 통치 2년부터 4년(주전 520~518년)까지 즉 성전이 완공되기 이전에 선포된 말씀으로서 각 예언들 마다 스가랴가 받은 시기를 표시하고 있습니다. 후반부 9~14장은 연대에 대한 언급 없이 소개된 두 편의 경고의 말씀(마싸; 9~11장, 12~14장)을 전하고 있으므로 그 구체적인 시기를 알 수가 없습니다. 다만 그 내용이 전쟁의 상황을 다루고 있기 때문에 아마도 성전 재건 이후에 대한 예언의 말씀으로 추정할 수 있습니다.

스가랴가 말씀을 받은 날

1:1 다리오 왕 제이년 여덟째 달에 여호와의 말씀이
　　잇도의 손자 베레갸의 아들 선지자 스가랴에게 임하니라 이르시되
1:7 다리오 왕 제이년 열한째 달 곧 스밧월 이십사일에
　　잇도의 손자 베레갸의 아들 선지자 스가랴에게 여호와의 말씀이 임하니라.
7:1 다리오 왕 제사년 아홉째 달 곧 기슬래월 사일에 여호와의 말씀이 스가랴에게 임하니라.

〈스가랴서〉의 구조와 요점

1 새 시대 (1~8장)	언약 백성에게 새 시대의 도래를 확증하며 하나님의 말씀대로 살 것을 권고합니다.	
	1) 환상(1~6장) 8편의 연결된 환상을 통해 하나님이 대적들을 파멸하시고 새 시대를 이루실 것을 확증하고 있습니다.	**2) 금식**(7~8장) 금식에 대한 교훈을 통해 새 시대에 언약 백성이 하나님의 말씀대로 순종하며 살 것을 가르칩니다.
2 새 나라 (9~14장)	하나님이 세상 나라와 권세를 멸하시고 예루살렘에서 천하의 왕이 되실 것입니다.	
	1) 지도자의 정화(9~11장) 하나님이 대적들과 악한 지도자들을 제거하시고, 겸손한 왕과 의로운 지도자들을 세우실 것입니다.	**2) 예루살렘의 정화**(12~14장) 하나님이 예루살렘을 심판하시고 회복하신 후에는 거기에서 천하를 다시리실 것입니다.

1. 새 시대(슥 1~8장)

1) 환상(1~6장)

서론(1:1~6). 스가랴는 조상들이 하나님을 거역했고 또 선지자를 통해 주신 회개하라는 권고조차 거부하여 심판받은 것을 상기시키며 백성에게 회개하라고 촉구합니다.

여덟 가지 환상(1:7~6:8). 스가랴는 짜임새 있게 연결되어 있는 8편의 환상을 통해 새 시대의 도래를 예언합니다.

```
A  네 말과 순찰자(1:7~17)
 B  네 뿔: 대적의 제거(1:18~21)
  C  예루살렘의 측량(2:1~5)
   D  여호수아와 싹(3:1~10)
   D′  두 감람나무(4:1~14)
  C′  날아가는 두루마리(5:1~4)
 B′  에바 속 여인: 악(惡)의 제거(5:5~11)
A′  네 말과 순찰자(6:1~8)
```

① **네 말과 순찰자(1:7~17).** 스가랴는 각각 다른 색의 네 말과 그 위에 탄 사람을 보았습니다. 천사는 이들이 "땅에 두루 다니라고 보내신 자들"이라고 했습니다. 넷은 동서남북 사방을 의미하며 이들은 온 세상의 순찰자로 보내심을 받았습니다. 여기에서 각각의 말이 의미하는 바가 무엇인지를 규명하는 것은 중요하지 않습니다. 중요한 것은 이들이 세상을 돌아보고 난 후 올린 보고와 천사의 반응입니다. 순찰자들은 "온 땅이 평안하고 조용하더이다"라고 보고했습니다(1:11). 얼핏 들으면 좋은 말 같지만 이 보고를 들은 천사의 반응을 보면 그렇지 않다는 것을 알 수 있습니다. 천사는 유다와 예루살렘이 버려진 채 70년이 지났는데 언제 여호와가 구원하실지 탄식하고 있습니다.

여기에 대해 하나님은 시온(예루살렘)을 위한 열정을 가지고 "안일한 여러 나라들 때문에 심히 진노하나니"(1:15)라고 하시며 성전의 재건과 예루살렘의 회복을 약속하십니다.

〈요한계시록〉 6장에서 일곱 인 가운데 처음 네 인을 떼실 때 나타나는 네 말에 대한 환상은 여기에 있는 스가랴의 예언을 배경으로 한 것입니다.

스가랴가 본 천사의 탄식 대신에 요한은 다섯째 인을 떼실 때 나타나는 순교자의 호소를 전합니다. 그리고 그것은 천사의 탄식과 마찬가지로 하나님에게 세상을 심판하시고 그 백성을 구원해 주실 것을 간구하는 탄원입니다(계 6:10). 스가랴가 말한 안일한 세상 나라에 대한 하나님의 진노는 여섯째 인을 떼실 때 땅의 권세자들이 두려워하는 것으로 나타납니다. 그리고 스가랴가 예루살렘의 회복을 예언한 것은 〈요한계시록〉에서 새 예루살렘의 도래로 연결됩니다(계 21:2).

〈요한계시록〉 21장 2절을 적어 봅시다.

---

② **네 뿔: 대적의 제거(1:18~21).** 스가랴는 네 뿔과 그것들을 치는 네 명의 대장장이를 보았습니다. 네 뿔은 "유다와 이스라엘과 예루살렘을 흩뜨린 뿔"로서 언약 백성을 압제하고 망하게 한 이방 나라를 의미하며 하나님은 이들을 심판하여 제거하실 것을 약속하셨습니다.

③ **예루살렘의 측량(2:1~5).** 스가랴는 측량줄을 가지고 예루살렘의 너비와 길이를 재려고 가는 사람과 그에게 다른 천사를 보내 말을 전하는 천사를 봅니다. 그가 전하려는 말은 "예루살렘은 그 가운데 사람과 가축이 많으므로 성곽 없는 성읍이 될 것이라"(2:4)는 것입니다. 이것은 예루살렘이 성곽이 따로

없는 그래서 그 너비와 길이를 측량할 수 없는 광대한 성이 될 것을 예고하는 것입니다(참고. 사 49:20, 54:2). 성곽이 없다고 해서 무방비한 성이 되는 것이 아니라 하나님이 친히 불로 둘러싼 성곽이 되어 확실하게 그 성을 보호하실 것입니다(2:5; 참고. 사 4:5).

④ **여호수아와 싹(3:1~10).** 스가랴는 대제사장 여호수아와 그를 대적하는 사탄을 보았습니다. 그다음에 여호와가 사탄을 책망하신 후 여호수아의 더러운 옷을 벗기고 정결한 옷을 입히고 정결한 관을 씌우게 하신 것을 보았습니다. 이것은 부패한 종교적 지도자들을 심판하시고 신실한 성직자들을 세우시는 것과 참된 예배의 회복을 예언하는 것이라고 볼 수 있습니다. 여기에 간단하게 언급되었지만 "내가 내 종 '싹'을 나게 하리라"(3:8)는 말씀은 다윗 계열의 왕을 세우실 것을 의미하며 따라서 중요한 메시아 예언이라고 할 수 있습니다(참고. 6:12; 사 4:2, 11:1; 렘 23:5). 다윗 계열의 메시아에 대해서는 다음 다섯째 환상이 보다 자세하게 설명합니다.

⑤ **두 감람나무(4:1~14).** 스가랴는 순금 등잔대와 그 곁에 있는 두 감람나무를 보았습니다. 두 감람나무는 "기름 부음 받은 자 둘"을 의미하며(4:14), 성전 재건을 주도하는 스룹바벨과 대제사장 여호수아를 가리킨다고 볼 수 있습니

다. 앞의 넷째 예언은 여호수아에 초점을 맞추었고, 여기 다섯째 예언은 스룹바벨에 대해 주로 말합니다. 천사는 성전의 기초를 놓은 스룹바벨이 성전을 완성할 것을 예언합니다(4:9). 이것은 스가랴 당대에 성전이 완성될 것을 의미하는 것이면서, 동시에 진정

한 메시아에 의해 완성될 영원한 성전을 연상하게 합니다. 또한 큰 산이 스룹바벨 앞에서 평지가 된다는 것은(4:7) 학개의 예언과 같이(학 2:21~23) 다윗 계열의 메시아 왕권이 세상 권세 위에 서는 것을 의미합니다.

⑥ 날아가는 두루마리(5:1~4). 스가랴는 날아가는 두루마리를 보았습니다. 모든 사람이 볼 수 있게 거대한 크기의 두루마리가 높이 날았습니다. 여기에 저주의 글이 기록되어 있으며 누구든지 죄를 지으면 거기에 기록된 저주가 내릴 것이라고 선포합니다. 셋째 환상이 크게 번영한 예루살렘 공동체를 예고하는 것이라고 한다면, 여기 두루마리 환상은 하나님의 언약적 심판이 시행되는 정의로운 예루살렘 공동체를 보여 주는 것이라고 할 수 있습니다.

⑦ 에바 속 여인: 악의 제거(5:5~11). 천사가 스가랴에게 에바(계량하는 광주리)를 보여 주며 그 가운데 '악'(惡)이라는 여인이 있다고 했습니다. 그리고 둥근 납 한 조각으로 에바를 밀봉한 뒤 두 날개 달린 여인이 그 에바를 들어 시날 땅(바벨론)으로 옮겨 가게 했습니다. 이것은 유다의 악을 상징화한 것으로 보는 해석도 있지만, 둘째 환상과 짝을 이루는 것을 고려한다면 바벨론과 같이 유다를 괴롭힌 대적의 세력으로 보는 것이 자연스럽습니다.

⑧ 네 말과 순찰자(6:1~8). 환상의 초점은 다시 네 말과 순찰자에게로 돌아왔습니다. 첫째 환상에서는 세상이 평안하였지만 이제는 하나님의 영이 안식합니다.

⑨ 여호수아와 싹(6:9~15). 환상 이후 스가랴는 하나님의 명령을 들었습니다. 여호수아를 만나 면류관을 씌워 주고 싹이라 하는 사람이 성전을 건축할 것을 말하며, 또 둘 사이에 평화의 의논이 있으리라고 선포하게 하셨습니다. 이것은 스룹바벨과 여호수아가 왕과 대제사장으로서 연합하여 성전을 세우고

나라를 든든하게 유지할 것을 예언하는 말씀입니다. 이 두 직분은 예수 그리스도에게서 통합되어 완전하게 성취되었습니다. 예수는 다윗의 후손으로서 왕권을 가지신 분이지만 동시에 대제사장으로서 우리의 중보자가 되시기 때문입니다(참고. 히 4:14, 5:10).

〈히브리서〉 4장 14절을 적어 봅시다.

_____

_____

2) 금식(7~8장)

이 단원은 금식에 대한 교훈과 함께 새 시대의 약속과 새로운 삶의 규범을 제시합니다. 벧엘에서 온 사람들이 스가랴에게 금식에 대해 질문했습니다. 포로로 잡혀 있는 동안 예루살렘 함락과 성전의 파괴 등에 대해 애통해하며 금식을 했는데, 이제 포로에서 해방되어 돌아온 상황에서도 계속 금식을 해야 하는가의 문제였습니다(7:1~7). 여기에서 스가랴는 금식 자체를 다루기보다 의로운 삶의 문제를 이야기합니다. 하나님은 그들에게 의로운 삶을 요구하셨지만 이 백성은 하나님의 말씀을 거부하여 순종하지 않았으므로(7:8~12) 하나님도 그들을 거부하시고 재앙을 내려 그 백성을 쫓아내고 그 땅을 황폐하게 하셨습니다(7:13~14). 그러나 하나님은 예루살렘을 완전히 버리지 않으시고 시온에 다시 돌아와 거주하시며 언약 백성도 돌아오게 하셔서 거기에 거주하게 하십니다(8:1~8). 또한 무너진 하나님의 성전도 재건되게 하시고 그들에게 복을 부어 주십니다(8:9~13). 이렇게 하나님이 재앙을 돌이켜 그 백성에게 은혜를 베풀기로 하셨으므로(8:14~15) 이제 그들은 하나님이 원하시는 의로운 삶을 살아야 할 것입니다

A 금식: 애통의 절기(7:1~7)
 B 의로운 삶의 거부(7:8~12)
  C 재앙으로 심판(7:13~14)
   D 예루살렘 회복-남은 자 귀환(8:1~8)
   D′ 성전 재건-남은 자의 복(8:9~13)
  C′ 재앙을 돌이키시는 은혜(8:14~15)
 B′ 의로운 삶의 권고(8:16~17)
A′ 금식: 희락의 절기(8:18~23)

(8:16~17). 이후로는 금식하는 날이 애통하는 절기가 아니라 기쁨과 즐거움을 나누는 희락의 절기가 될 것입니다(8:18~23).

2. 새 나라(슥 9~14장)

〈스가랴서〉의 전반부(1~8장)는 주로 예루살렘과 유다의 회복이 이루어지는 새 시대를 다루었고, 이제 후반부(9~14장)은 하나님이 최종적으로 세상 나라와 권세를 심판하시고 천하의 왕이 되심으로 하나님 나라를 든든하게 세우실 것을 선포합니다.

1) 견고한 나라(9~11장)

주변의 정복과 평화(9:1~10). 하나님이 그의 나라를 든든하게 세우기 위해 북쪽의 다메섹과 두로와 시돈(9:1~4), 서쪽의 블레셋 지역의 도시(9:5~7) 등 주변의 나라들을 정복하십니다. 그러나 이것은 약탈과 침략을 위한 제국주의적인 정복이 아니라 위협적인 세력들을 제압하여 하나님의 나라를 든든하게 세우기 위한 것입니다(9:8). 그 후에 하나님은 예루살렘에 왕을 세우실 것입니다. 겸손하여 나귀를 타는 그 왕은 전쟁을 종식시키고 이방에까지 화평을 전합니다(9:9~10). 이와 같은 정복과 평화는 이스라엘 역사에서 다윗과 솔로몬 시대를 연상하게 합니다. 스가랴는 과거에 하나님이 다윗을 통해 주변 나라를 정복하게 하시고 솔로몬에 이르러 완전한 평화의 시대가 오게 하셨던 것처럼 장차 견고한 새 나라를 이루실 것을 내다보고 있습니다.

강한 백성(9:11~11:3). 여기에서 선지자는 하나님의 백성에 초점을 맞춥니다. 하나님은 포로로 잡힌 백성을 해방시키시고 돌아오게 하실 것입니다(9:11~12, 10:6~12). 또한 그 백성을 강한 용사로 삼아 그 원수들을 쳐서 정복하게 하실 것을 약속하십니다(9:13~15, 10:3~5). 그때에 세상 나라의 권세들은 다 내려앉을 것입니다(11:1~3).

못된 목자의 심판(11:4~17). 하나님은 가련한 양 떼를 잡혀 죽게 만든 못된 목자들을 심판하실 것을 말씀합니다. 이들은 그 백성을 잘못 인도하여 범죄하게 하고 결국 심판을 받게 한 타락한 지도자들을 의미합니다. 이 못된 목자들은 자신들의 풍요함만 챙기고 양들의 괴로움은 아랑곳하지 않습니다(11:5, 16). 그래서 하나님은 이 부패한 지도자들에게 엄중한 심판을 내리실 것입니다(11:17).

2) 예루살렘의 정화(12~14장)

예루살렘의 심판과 구원(12~13장). 예루살렘은 하나님이 택하신 거룩한 성이지만 그 백성이 부패하였으므로 하나님은 이방 나라들을 동원하여 예루살렘을 치게 하셨습니다(12:2, 14:2). 그러나 하나님은 그 성을 아주 버리시지 않으시고 예루살렘을 친 원수들을 심판하시고 그 주민들을 보호하십니다(12:3~9). 그때에 이 백성은 애통하며 회개하고(12:10~14), 하나님은 그들의 죄와 더러움을 씻으시며 우상과 거짓 선지자와 더러운 귀신들을 그 땅에서 제거하실 것입니다(13:1~2).

천하의 왕 여호와(14장). 12~13장은 언약 백성의 내부적인 관점에서 예루살렘의 심판과 구원을 말한 반면, 14장은 외부 곧 이방 나라에 대해 초점을 맞춥니다. 예루살렘에서 천하의 왕이 되신 여호와 하나님은(14:9) 예루살렘을 공격한 나라들과 싸우시고 재앙으로 그들을 치실 것입니다(14:3, 12~13). 그때에 예루살렘을 치러왔던 이방인들이 오히려 여호와를 섬길 것이며, 여호와를 섬기러 오지 않는 나라들은 저주를 받을 것입니다(14:16~19).

ⓒ 존귀한 이름

　구약 성경의 마지막에 놓인 〈말라기서〉는 역사적으로도 마지막 선지자의 예언으로 추정됩니다. 말라기에 대해서는 거의 알려진 바가 없고 그의 사역 연대 역시 분명하지 않습니다. '총독'이나 '성전'에 대한 언급이 있고, 또 당시 부패한 시대적 상황을 묘사한 것으로 볼 때 아마도 말라기는 성전 재건 이후(1:10, 3:1, 8) 곧 에스라 느헤미야가 활동하던 2차, 3차 포로 귀환(주전 458, 444년)시기를 배경으로 하고 있는 것으로 보입니다. 이 시기는 성전이 재건된 이후이지만, 학개와 스가랴가 예언한 영광스러운 하나님의 나라는 도래하지 않았고, 이스라엘 백성은 여전히 비참한 생활을 하고 있었습니다. 그래서 이스라엘 백성은 영적으로 침체되어 구원의 감격도 잃어버리고 신앙생활도 엉망이 되었습니다. 이런 상황에서 말라기는 하나님이 여전히 그들을 사랑하고 계신다는 것과 장차 여호와가 강림하시어 모든 민족을 심판하시고 그의 이름이 온 세상에서 존귀하게 될 새 시대가 도래할 것을 선포하면서 그 백성에게 하나님에게 돌아올 것을 촉구하고 있습니다. 이 점에서 〈말라기서〉는 〈호세아서〉가 제시한 하나님의 사랑과 회개 권고의 메시지와 짝을 이루며 소선지서를 마무리하고 있습니다. 〈말라기서〉는 6차에 걸친 하나님과 그 백성 간의 변론 형식으로 구성되어 있습니다.

〈말라기서〉의 구조와 요점

1 불충한 백성 (1:1~2:16)	하나님의 언약 백성이 하나님을 경외하지 않으므로 그들을 심판하셨습니다.		
	1) 하나님의 사랑(1:1~5) 하나님이 야곱의 자손 이스라엘 백성을 특별히 선택하시고 사랑하셨습니다.	**2) 부실한 제물**(1:6~2:9) 제사장들이 부실한 제물을 하나님에게 드림으로 그의 이름을 더럽혔습니다.	**3) 거짓된 행실**(2:10~16) 하나님은 언약을 어기고 거짓을 행하며 학대하는 자들을 미워하십니다.
2 심판주 강림 (2:17~4:6)	하나님이 심판주로 오셔서 악인에게 벌주시고, 의인에게 상 주실 것을 약속합니다.		
	1) 하나님의 정의(2:17~3:6) 하나님이 심판하러 강림하셔서 악인들에게 벌을 내리실 것을 경고합니다.	**2) 온전한 봉헌**(3:7~12) 하나님이 언약 백성에게 하나님에게 돌아와 온전한 봉헌을 드리라고 권고합니다.	**3) 순종의 보상**(3:13~4:6) 여호와의 이름을 경외하고 순종하는 자들에게 복을 주실 것을 약속합니다.

1. 불충한 백성(말 1:1~2:16)

1) 하나님의 사랑(1:1~5)

하나님이 이스라엘을 사랑하신다고 말씀하시는데, 그 백성은 "주께서 어떻게 우리를 사랑하셨나이까?"라고 반문합니다(2:2). 이스라엘 백성은 당장 눈앞에 암울한 현실 때문에 낙심하여 하나님의 사랑을 믿을 수 없었습니다. 옛 선지자들을 통해 약속하셨던 영광스러운 하나님 나라가 그들의 기대처럼 당장 이루어지지 않았기 때문입니다. 이들의 불신에 대해 하나님은 에돔을 미워하시고 이스라엘은 특별히 사랑하신다는 것을 말씀하시며 언약 백성에 대한 하나님의 사랑을 입증하셨습니다. 하나님의 사랑을 받지 못한 에돔은 아무리 재건하려 해도 일어설 수가 없습니다. 이와 반대로 이스라엘은 당장 어려운 처지에 있다 하더라도 하나님의 사랑을 받은 백성으로서 그들에게는 미래의 소망이 있습니다.

2) 부실한 제물(1:6~2:9)

하나님의 사랑을 믿지 못하는 백성이 하나님을 진정으로 공경하기를 바라기는 어려울 것입니다. 여기에서 선지자는 제사장들을 집중적으로 질책합니다. 왕도 없고 선지자도 드문 이 시대에 그나마 재건된 성전에서 봉사하며 그 백성을 바르게 인도할 제사장의 역할이 막중하기 때문입니다. 하나님은 제사장들을 향해 "내 이름을 멸시하는 제사장들아"라고 부르시며 그들이 하나님을 공경하지도 경외하지도 않는다고 책망하셨습니다. 그러자 그들은 "우리가 어떻게 주의 이름을 멸시하였나이까?"라고 반문합니다. 그들은 하나님의 식탁을 경멸하고 부정한 떡과 흠 있는 제물을 드림으로 하나님의 이름을 멸시했습니다(1:12). 하나님의 이름이 이렇게 언약 백성 가운데 멸시를 받았지만, 오히려 이방 민족이 깨끗한 제물을 드리며 하나님의 이름이 그들 가운데 높임을 받게 될 것이라고 말씀합니다(1:11, 14). 이것은 곧 스바냐를 통해 주신 말씀 곧 "그

때에 내가 여러 백성의 입술을 깨끗하게 하여 그들이 다 여호와의 이름을 부르며 한 가지로 나를 섬기게 하리니"라고 하신 것과 유사합니다(습 3:9).

제사장과 레위인은 하나님을 경외하며 하나님의 이름을 두려워하도록 하나님과 특별한 언약 관계에 있었습니다(2:5). 즉 그들은 하나님의 율법을 지켜 행하고 또 그것을 백성에게 가르칠 책임이 있었습니다. 그러나 백성을 바른 길로 인도하지 않고 오히려 많은 사람으로 율법에 거스르게 만들었습니다. 이렇게 그들이 하나님의 이름을 영화롭게 하지 않았기 때문에 하나님도 그들에게 저주를 내리시고(2:2), 백성 앞에서 멸시와 천대를 받게 하셨습니다(2:9).

3) 거짓된 행실(2:10~16)

앞에서 선지자는 하나님의 사랑과 공경이라는 수직적 관계에 대해서 말했습니다. 여기에서는 그 백성이 형제에게 거짓을 행하는 죄 곧 수직적 관계가 잘못된 것을 질책합니다. 특히 앞의 레위 언약의 파기에 이어 서약한 아내를 버리고 이혼하는 것을 강하게 책망합니다. 이스라엘에서 기업의 분배나 재산권은 남자에게 있었기 때문에 여자는 경제적 사회적 약자일 수밖에 없습니다. 그러므로 함부로 이혼하는 것은 여자를 학대하는 것이며, 하나님 앞에 서약한 것을 속이는 것이 됩니다. 그 결과 약자들의 눈물과 탄식이 제단을 가려서, 그 백성이 드리는 봉헌물을 하나님은 거부하십니다(2:13). 수평적 관계의 잘못은 수직적 관계를 막습니다.

＊ 표제(1:1)
A 하나님의 사랑(1:2~5)
  B 부실한 제물(1:6~2:9)
    C 거짓된 행실(2:10~16)
A′ 하나님의 정의(2:17~3:6)
  B′ 온전한 봉헌(3:7~12)
    C′ 순종의 보상(3:13~4:3)
＊ 마무리 권고(4:4~6)

---

2. 심판주 강림(말 2:17~4:6)

1) 하나님의 정의(2:17~3:6)

하나님은 이스라엘이 하나님을 괴롭힌다고 지적합니다. "우리가 어떻게 여호와를 괴롭혀 드렸나이까?"라는 질문에 하나님에 대한 부정적인 말로 하나님을 괴롭혔다고 합니다. 즉 그들은 말하기를 "모든 악을 행하는 자는 여호와의 눈에 좋게 보이며 그에게 기쁨이 된다"하고 또 "정의의 하나님이 어디 계시냐?"고 묻습니다. 이런 물음은 악인의 형통을 보고 시험에 들어 하나님의 정의에 대해 의문을 갖는 데서 나오는 반응입니다. 여기에 대해 하나님은 심판주로 강림하실 것을 말씀하셨습니다. 심판주로 오신 여호와는 불의한 자들 곧 간음하는 자, 거짓 맹세 하는 자, 그리고 품꾼이나 과부와 고아, 나그네와 같은 사회적 약자를 압제하고 억울하게 하는 자들과 하나님을 경외하지 않는 자들을 반드시 처벌하실 것을 말씀합니다(3:5).

2) 온전한 봉헌(3:7~12)

하나님은 이스라엘 백성이 조상 때부터 하나님의 규례를 지키지 않았다는 것을 지적하시며 그 백성에게 돌아오라고 권고하십니다. 백성이 "우리가 어떻게 하여야 돌아가리이까?"라고 질문하자 하나님은 그들이 하나님의 것을 도둑질했다고 하시며 온전한 십일조와 봉헌을 드리라고 권고하셨습니다.

하나님은 즐거이 내는 자를 사랑하시고 그 헌물을 받으십니다(고후 9:7). 하나님이 무엇이 필요해서가 받으시는 것이 아니라 언약 백성과 온전한 인격적 관계를 원하시기 때문입니다. 이런 맥락에서 온전한 봉헌을 드리는 것이 하나님에게 돌아오는 관계의 회복과 연결이 됩니다.

〈고린도후서〉 9장 7절을 적어 봅시다.

_____

_____

3) 순종의 보상(3:13~4:6)

하나님은 그 백성이 완악한 말로 하나님을 대적했다고 하셨습니다. 하나님을 대적한 완악한 말은 "하나님을 섬기는 것이 헛되니 만군의 여호와 앞에서 그 명령을 지키며 슬프게 행하는 것이 무엇이 유익하리요? 지금 우리는 교만한 자가 복되다 하며 악을 행하는 자가 번성하며 하나님을 시험하는 자가 화를 면한다 하노라"는 것입니다(3:14~15). 악인의 형통을 보고 하나님의 정의에 대해 의문을 가졌던 것처럼, 하나님을 경외하는 자들이 시험에 들어 하나님을 섬기고 그의 명령에 순종하며 사는 것에 대해 회의를 갖게 되었습니다.

여기에 대해 하나님은 "여호와를 경외하는 자와 그 이름을 존중히 여기는 자를 위하여 여호와 앞에 있는 기념책에 기록하셨다"고 하셨습니다(3:16). 하나님은 성도들의 경외와 섬김을 결코 잊지 않으신다는 의미입니다. 그러므로 사도 바울의 말과 같이 우리는 선을 행하되 낙심하지 말아야 합니다. 때가 되면 거두기 때문입니다(갈 6:9; 살후 3:13). 하나님은 심판의 날에 반드시 하나님을 섬기는 자들을 구별하여 보상하실 것을 약속합니다. 교만한 자와 악을 행하는 자는 지푸라기같이 불살라 버리시지만, 주의 이름을 경외하는 자들에게는 치료의 광선을 비추실 것입니다.

하나님은 이렇게 주를 경외하고 섬기는 자들에게 반드시 보상하신다고 약속하시며, 그 백성에게 "모세에게 명령한 법 곧 율례와 법도를 기억하라"고 하셨습니다(4:4). 하나님의 명령에 순종하는 것은 결코 무익하거나 무의미한 것이 아니기 때문입니다. 하나님은 반드시 심판주로 오셔서 그의 이름을 높이고 그 명령에 순종하는 자들을 높이실 것입니다. 그리고 마지막으로 최후의 날이

4과 학개, 스가랴, 말라기   303

오기 전에 하나님은 당신의 사자 엘리야를 먼저 보내셔서 백성을 준비하게 하실 것을 예언했습니다. 신약 성경은 세례 요한이 바로 이 예언을 성취한 자라고 증거합니다(눅 1:17; 마 11:10). 결론적으로 〈말라기서〉는 포로 후기를 살아가는 백성에게 현실의 비참함에 낙심하지 말고 하나님이 궁극적으로 이루실 완전한 하나님 나라를 바라보며 현재에 하나님의 말씀에 순종하며 신실하게 살 것을 권고합니다. 이것은 또한 주님 오실 날을 기다리며 어려운 현실을 극복하며 살아가는 오늘 우리 성도들에게도 동일하게 주시는 말씀입니다.

〈누가복음〉 1장 17절을 적어 봅시다.

❖ 〈학개서〉, 〈스가랴서〉, 〈말라기서〉를 정리해 봅시다.

	질책과 경고	회개의 권고	멸망의 선고	궁극적 소망
소 선 지 서	**호세아** 배역한 백성	**오바댜** 에돔 심판	**나훔** 앗수르 멸망	**학개** ( )
	요엘 회개의 촉구	**요나** 긍휼하신 주	**하박국** 바벨론 멸망	**스가랴** ( )
	아모스 철저한 심판	**미가** 인애하신 주	**스바냐** 세상과 유다 멸망	**말라기** ( )

❖ 구약 총정리

1부	땅과 자손의 약속		약속의 땅으로				약속의 땅에서	
	창 1~11장	창 12~50장	출 1~18장	출 19~40장 레위기	민수기	신명기	여호수아	사사기 룻기
아브라함	**시 작**	**족 장**	**구 출**	**언 약**	**광 야**	**설 교**	**정 복**	**배 교**
	창조	아브라함	노역	율법	채비	회고	진입	실패
	타락	이삭	모세	성막	반역	율법	전쟁	사사
	홍수	야곱	열 재앙	제사	방황	화복	분배	혼란
	분산	요셉	인도	거룩	신세대	승계	권고	희망

2부	왕권의 형성		왕권의 흥망				왕권의 회복	
	사무엘상	사무엘하	열왕기상	열왕기하	역대상	역대하	에스라 느헤미야	에스더
다윗	**선 택**	**다윗 왕**	**왕 정**	**몰 락**	**성전 준비**	**제1성전**	**제2성전**	**보 호**
	엘리	유다 왕	솔로몬	엘리사	족보	성전 건축	성전 재건	왕후
	사무엘	통일왕	변심	개혁	다윗 왕	분열 전반	율법 정립	위기
	사울	재난	분열	북말기	언약궤	분열 후반	성벽 중수	반전
	다윗	후기	엘리야	남말기	건축 준비	유다 말기	새 공동체	승리

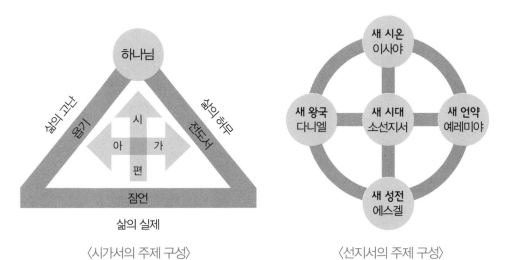

〈시가서의 주제 구성〉

〈선지서의 주제 구성〉

	욥기	시편	잠언	전도서	아가
	삶의 고난	탄식과 찬양	삶의 실제	삶의 허무	사랑의 찬가
3부 **시 가 서**	서문	다윗의 고난	지혜와 미련	허무	연애
	논쟁	왕권의 확립	솔로몬의 잠언	폐단	결혼
	강론	왕국의 멸망		지혜	부부
	결말	하나님 왕권	기타 모음집	권고	후기
		회복된 나라			

	이사야	예레미야/애가	에스겔	다니엘
	새 시온	새 언약	새 성전	새 왕국
4부 **대 선 지 서**	이스라엘 심판	심판 선고	유다 심판	궁정 기사
	이방 심판			
	참 도움	심판 실현	이방 심판	
	히스기야			
	구원 약속	이방 심판		환상 예언
	시온 회복		회복	
	영원한 복	애가		

	질책과 경고	회개의 권고	멸망의 선고	궁극적 소망
5부 **소 선 지 서**	**호세아** 배역한 백성	**오바댜** 에돔 심판	**나훔** 앗수르 멸망	**학개** 새 성전
	요엘 회개의 촉구	**요나** 긍휼하신 주	**하박국** 바벨론 멸망	**스가랴** 새 예루살렘
	아모스 철저한 심판	**미가** 인애하신 주	**스바냐** 세상과 유다 멸망	**말라기** 존귀한 이름

High
light
Bible

하 이 라 이 트 성 경